Uwe Wesel · Die verspielte Revolution

UWE WESEL

Die verspielte Revolution

1968 und die Folgen

KARL BLESSING VERLAG

Umwelthinweis:
Dieses Buch und sein Schutzumschlag wurden
auf chlorfrei gebleichtem Papier gedruckt.
Die Einschrumpffolie (zum Schutz vor Verschmutzung)
ist aus umweltschonender recyclingfähiger PE-Folie.

Der Karl Blessing Verlag ist ein
Unternehmen der Verlagsgruppe Random House GmbH.

1. Auflage

Umschlaggestaltung: Design Team München
Satz: Uhl + Massopust, Aalen
Druck und Bindung: Clausen & Bosse, Leck
Printed in Germany
ISBN 3-89667-190-1
www.blessing-verlag.de

Inhalt

Ankunft

Pan American Airways Flugnummer 746, 17 Uhr 35 ab München und Ankunft in Berlin-Tempelhof 19 Uhr 05. Es war schon dunkel am Freitag, 11. Oktober 1968, die Lampen angeschaltet unter dem großen Vordach des alten Flughafens, wo man noch gehen durfte zwischen den Maschinen und zu den Treppen, die in die Halle führen.

In München hatte ich studiert, meine juristischen Examen gemacht, war einige Jahre Assistent an der juristischen Fakultät und schließlich habilitiert worden in den Fächern Römisches Recht, Bürgerliches Recht und – eher beiläufig – Zivilprozessrecht. Einer der besten Winkel der guten alten Ordinarienuniversität ist es noch gewesen, völlig unberührt von dem, was mich hier an der Freien Universität erwartete im Hexenkessel der Studentenrevolte. Die Münchner Juristenfakultät, das war der Ort, an dem die meisten jener damals Großen der deutschen Rechtswissenschaft lehrten. Alfred Hueck und Karl Larenz, Reinhard Maurach und Karl Engisch, Theodor Maunz und Friedrich Berber. Nicht wenige mit einer sehr problematischen Vergangenheit in jenen zwölf Jahren, über die man langsam anfing zu reden, möglichst ohne Nennung von Namen. Denn Maunz und Larenz hatten in dieser Zeit fürchterliche Sachen geschrieben, aber beide waren sehr liebenswürdig zu uns Studenten, sodass wir ihnen das gar nicht übel nehmen konnten. 1963 gab es sogar eine Ringvorlesung »Braune Universität«, in der für die Juristen mein alter Lehrer gesprochen hat, Wolfgang Kunkel, auch er einer der ganz Großen in seinem Fach, Römisches Recht. Ein kleiner gütiger Mann, sehr bescheiden, leicht gebeugt und mit dünnem Haar, großen Händen und kleinen listigen Augen, ein Bilderbuchprofessor wie aus dem 19. Jahrhundert. Für seinen Vortrag »Der Professor im Dritten Reich« war er von den Juristen am besten geeignet, hatte er doch nicht nur eine völlig reine Weste, sondern sogar ein wenig tapferen Widerstand geleistet in jener Zeit.

Einer seiner Berliner Kollegen hatte ihn Ende 1967 angerufen und gefragt, ob er einen jungen Rechtshistoriker kenne, den sie auf einen frei gewordenen Lehrstuhl berufen könnten, wie man das in der alten Ordinarienuniversität noch zutreffend nannte. Wolfgang Kunkel wurde oft angerufen. Und konnte immer einen benennen. Nämlich immer den jeweils Dienstältesten seiner Assistenten, von denen etwa jedes Jahr einer habilitiert wurde. Auf diese Weise hat er damals die meisten deutschen Universitäten der Bundesrepublik mit Professoren des Römischen und Bürgerlichen Rechts beliefert. 1968 war ich an der Reihe, saß nun in der Pan Am, sah unten die Lichter der Stadt, freute mich und dachte, da wirst du jetzt leben als deutscher Herr Professor. Ohne zu wissen, was mich alles erwartete in dieser erhebenden Eigenschaft.

Ein anderer hat es gewusst. Dr. Eduard Oehl, genannt Onkel Eduard. Er war der Senior einer ziemlich großen Anwaltskanzlei in der Münchner Brienner Straße, wo ich in der Zeit zwischen der Habilitation und dem Flug nach Berlin gearbeitet hatte. Ein wenig spielte ich mit dem Gedanken, dort zu bleiben. Dr. Oehl brauchte noch einen Professor für seine renommierte Kanzlei, um das Renommé etwas zu erhöhen. Einen riesigen Mercedes mit Airconditioning und Chauffeur hatte er schon und zahlte ein fürstliches Gehalt mit der Aussicht auf Teilhabe, die ein Vermögen versprach. Aber ich musste morgens schon um neun Uhr anfangen. An der Universität konnte ich meine Vorlesungen auf den Nachmittag legen. In meiner eigenen Terminologie stand ich vor der Alternative, entweder ein vermögender oder ein ausgeschlafener Mann zu werden. Und entschied mich für ausgeschlafen. Als ich ihm das sagte, antwortete dieser kluge Konservative: »Herr Wesel, Sie dürfen nicht nach Berlin gehen. Dort müssen Sie sich politisch entscheiden. Und Sie werden sich falsch entscheiden.« Er wusste mehr als ich.

In der *Süddeutschen Zeitung* konnte man zwar ab und zu einiges erfahren über die unruhigen Studenten von Berlin. Auch in München hatte es schon Demonstrationen gegeben. 1967, als Benno Ohnesorg beim Schahbesuch von einem Polizisten vor der Berliner Oper erschossen worden war, und nach dem Attentat auf Rudi Dutschke Ostern 1968. Aber das waren nur kurze Störungen im behaglichen Münchner Alltag, zuletzt zwar sehr heftig mit zwei Toten, aber eben nur kurz. Die heimliche Hauptstadt der Bundesrepublik leuchtete, wie man dort sagte. München leuchtete, freundlich und behaglich. Ebenso seine Universität. Berlin war weit, sehr weit. Auch für mich.

In der bei Pan Am verteilten Zeitung – es gab auch noch richtig was zu essen – konnte man am 11. Oktober 1968 lesen, das Berliner Abgeordnetenhaus habe ein »Vorschaltgesetz« für das Otto-Suhr-Institut der Politologen an der Freien Universität beschlossen, mit Drittelparität von Professoren, Assistenten und Studenten im Institutsrat. Eine Vorwegnahme des für das nächste Jahr geplanten Universitätsgesetzes. Ich konnte darüber nur den Kopf schütteln. Auch in München war davon schon die Rede gewesen, beim SDS, dem Sozialistischen Deutschen Studentenbund, einer kleinen Gruppe von Studenten, die ich für Wirrköpfe hielt. Wozu eine Drittelparität in Gremien der Universität? Die juristische Fakultät der Ludwig-Maximilians-Universität hatte glänzende Professoren. Der juristische Repetitor, Herr Dr. Rottmann, war ebenfalls sehr gut. Mit anderen Worten, Forschung und Lehre funktionierten vorzüglich. Wozu um Gottes willen in dieser heilen Welt dann noch eine Drittelparität? Ich vergaß das schnell, verließ also abends kurz nach sieben die Maschine mit der Flugnummer 746, ging unter den Lampen des riesigen Vordachs zu den Treppen, die in die Halle führten, und dann nach Dahlem ins Gästehaus der Freien Universität, voller Selbstvertrauen, optimistisch, 35 Jahre alt und fast ohne Kenntnis darüber, was hier inzwischen schon alles passiert war.

ERSTER TEIL

Aufstieg der Revolte

1965–1968

	1965
7. Mai	Kuby-Affäre, 400 Studenten im Henry-Ford-Bau
10. Juni	Affäre Krippendorf
	1966
22. Juni	Erstes Sit-in an einer deutschen Universität im Henry-Ford-Bau der FU
26. November	Dutschke und andere stören Diskussion des AStA mit Rektor Lieber, »Fachidiotenflugblatt«
	1967
1. Januar	Kommune 1 gegründet
26. Januar	Beschlagnahme der SDS-Mitgliederkartei wegen »Fachidiotenflugblatt«
4. April	Verhaftung Kommune 1 wegen Puddingattentat
30. April	Republikanischer Club gegründet
24. Mai	Kaufhausbrandflugblatt der Kommune 1
2. Juni	Benno Ohnesorg erschossen
9. November	»Unter den Talaren Muff von 1000 Jahren« in Hamburg
29. November	Fritz Teufel: »Na ja, wenn's der Wahrheitsfindung dient.«
	1968
17. Februar	Vietnamkongress in Berlin, nächster Tag große Demonstration
21. Februar	Gegendemonstration, organisiert vom Berliner Senat vor dem Schöneberger Rathaus
22. März	Freispruch für Langhans und Teufel wegen Kaufhausbrandflugblatt
3. April	Brandstiftung in Frankfurter Kaufhäusern durch Baader, Ensslin u. a.
11. April	Attentat auf Rudi Dutschke
Mai	Pariser Mai

Vorspiel auf dem Theater

Die Studentenrevolte hatte schon dreieinhalb Jahre vorher begonnen, am 7. Mai 1965. Dieses Datum wird immer genannt. Zu Recht. Aber wie das so ist mit historischen Daten: Manchmal muss man weiter zurückgehen. Und manchmal ist ein Anfang noch gar nicht der richtige Beginn, sondern nur ein Vorspiel. Jedenfalls hier. Hier muss man sogar noch etwas weiter zurückgehen, denn die Revolte war eng verknüpft mit der Entwicklung des SDS, der ihre treibende Kraft gewesen ist in Berlin bis 1968 und dort eine viel größere Rolle spielte als etwa in München. Früher war er mal die Studentenorganisation der SPD, wie heute noch der RCDS die der CDU. 1960 hat sich die SPD von diesen Studenten getrennt, weil sie die Parteilinie verlassen hatten, mit dem real existierenden Sozialismus der DDR liebäugelten und das Godesberger Programm von 1959 nicht akzeptieren wollten, allen voran die Berliner, Frankfurter und Kölner Gruppen, mit einer kleinen politischen Veränderung Anfang 1965 bei den Berlinern. Im Januar kamen zwei neue Mitglieder. Rudi Dutschke und Bernd Rabehl, misstrauisch beobachtet von den anderen, denn die sympathisierten wissenschaftlich mit dem orthodoxen Marxismus der DDR. Dutschke und Rabehl kannten die Praxis, hatten dort gelebt und waren entflohen in die Freiheit des Kapitalismus, den sie genauso entschieden ablehnten, seine Freiheit aber leichter ertrugen. Beide kamen aus der »Subversiven Aktion«, waren eine Art Westberliner Zweigstelle dieser Gruppe, die in München von Künstlern gegründet war und sich verstand als Vereinigung von »Rädelsführern des organisierten Ungehorsams« mit provozierenden Aktionen gegen die heiligen Kühe der bürgerlichen Gesellschaft nach dem Vorbild der alten Dadaisten.

Dutschke und Rabehl allerdings waren etwas ernsthafter, suchten nach einem Marxismus mit menschlichem Antlitz.

Wissenschaftlich. Rudi Dutschke war nie zu sehen ohne eine Tasche voller Bücher. Aber sie wollten den Weg dorthin verbinden mit spontanen und antiautoritären Aktionen. Action gibt satisfaction. Das verband sie mit der Münchner Hauptabteilung. Und so kam dieses spontane und antiautoritäre Element auch in den Berliner SDS, nicht beliebt bei den älteren Mitgliedern, der so genannten Keulenriege, aber sehr erfolgreich in der Revolte, die ihren Ursprung hat an jenem 7. Mai 1965.

Der Allgemeine Studentenausschuss – AStA – der Freien Universität hatte eine Veranstaltung zum 8. Mai im Auditorium Maximum geplant: »Restauration und Neubeginn – die Bundesrepublik 20 Jahre danach«. Nämlich nach der Kapitulation 1945. AStA-Vorsitzender war Wolfgang Lefèvre, SDS. Eine Podiumsdiskussion sollte es sein, an der neben anderen auch Erich Kuby teilnehmen sollte. Der war in der frühen Bundesrepublik der einzige bedeutende Journalist mit einer politischen Orientierung nach links. Lefèvre hatte den Raum beim Rektor Herbert Lüers beantragt. Die Genehmigung wurde erteilt, aber bald wieder zurückgezogen, weil Lüers inzwischen erfahren hatte, dass Kuby sich 1958 kritisch über die FU geäußert hatte. Die Antwort aus Dahlem war schnell gekommen mit einem Hausverbot von Rektor Schenk, der dort von 1957 bis 1959 regierte. Natürlich hätte Lüers das Hausverbot zurücknehmen können. Wollte er aber nicht, obwohl sieben Jahre lang keine Beschimpfung mehr gekommen war vom kritischen Kuby. Der AStA meinte, das Rektorat wolle sich auf diese Weise ein Mitspracherecht verschaffen, politische Zensur ausüben bei studentischen Veranstaltungen. Und politische Überlegungen spielten beim Rektor sicher eine Rolle. Also kam es zum Konflikt, und die Vermutung liegt nahe, dass die SDS-Studenten im AStA etwas im Hinterkopf hatten, einen ähnlichen Konflikt, der sich in Berkeley, USA, an der Universität von Kalifornien abgespielt hatte. Dort gab es einen Präsidenten, der hieß Clark Kerr und hat sich ähnlich autoritär verhalten wie Rektor Lüers, hat ähnliche Fehler mit Klapptischen gemacht wie Lüers mit Räumen. Die Klapptische in Berkeley standen am Eingang zum Gelände der Universität und dienten Studentengruppen zum Verkauf von Zeitschriften und Anstecknadeln und zum Sammeln von Geld, das sie für ihre Arbeit in der Civil-rights-Bewegung der Südstaaten brauchten. Kerr hat die Tische verboten. Das gab eine Riesenrevolte und endete mit einem Erfolg der Studenten.

Vielleicht hatten die SDS-Studenten sich daran orientiert. Sie hatten Verbindungen zum amerikanischen SDS – Students for a Democratic Society –, und die Vorgänge waren bekannt. Also auf zur Demonstration, am Freitag, 7. Mai 1965, nachmittags halb fünf. Sie versammeln sich vor dem Henry-Ford-Bau, dem großen Hörsaalgebäude gleich neben der kleinen Villa mit dem Rektorat. 500 Studenten. Sie beschließen eine Resolution. »Wir fordern den Rektor auf zu bestätigen, dass wir an unserer Universität jedermann, zu jeder Zeit, zu jedem Thema hören und mit ihm darüber diskutieren können.« Nach dem Muster von Berkeley. Dort nannten sie sich Free Speech Movement, obwohl es um Klapptische ging. Der Rektor ist Freitagnachmittag nicht da. Der Prorektor lehnt es ab, ohne ihn mit einer Delegation der Studenten zu diskutieren. Dann beschließen die 500, in der nächsten Woche einige Streiks zu organisieren und eine Kette von Plakatträgern um das Universitätsgebäude zu bilden, täglich von neun bis nachmittags um fünf.

So geschah es, und die Plakate verbreiteten Empörung. »Kämpft gegen den Meinungsterror der Universitätsverwaltung« oder »Wir wollen eine FREIE UNIVERSITÄT« und so weiter. Nach zehn Tagen hatten schon 3000 von insgesamt 15 500 Studenten die Resolution unterschrieben.

Die Universitätsverwaltung bleibt hart. Ende Mai beschließt der Akademische Senat, die Studenten hätten kein Recht, jede Person an jedem Ort zu jedem Thema reden zu lassen. Der Rektor sei es, der über die »Raumvergabe« entscheidet. Und bald darauf kommt es zu einem Eklat bei der feierlichen Immatrikulation der Erstsemesterstudenten im Audimax. Nach dem Rektor spricht der AStA-Vorsitzende. In vorsichtig formulierten Worten macht Wolfgang

Lefèvre dem Akademischen Senat Vorwürfe. Der habe die Auseinandersetzung um die Raumvergabe nicht im Sinne der Satzung der Universität geführt. Große Aufregung bei den Professoren und dem Rektor. Der AStA-Vorsitzende muss den Raum verlassen. Ein Rausschmiss. Die Erstsemester verstehen nichts und schweigen. Im Juni heizt ein Mitglied des Akademischen Senats, der Jurist Professor Karl August Bettermann, die Atmosphäre noch mehr auf. Bei einer Tagung der deutschen Burschenschaften in Berlin fordert er vor 5000 Teilnehmern und in Anwesenheit des Rektors schneidig: »Machen Sie einen Anfang, bringen Sie unsere Universität wieder in Ordnung. In diesem Sinne rufe ich: Burschen heraus!«

Und noch etwas passiert in diesem Sommersemester. Zur Affäre Kuby kommt die Affäre Krippendorf. Ekkehart Krippendorf, Assistent am Otto-Suhr-Institut, hatte im *Spandauer Volksblatt* einen Artikel über eine andere Sünde des Rektors geschrieben. Nicht nur Erich Kuby habe er verhindert bei der Veranstaltung zum 8. Mai, auch den Philosophen Karl Jaspers. Lüers widerspricht. Das stimme nicht und sei eine Verleumdung. Krippendorf widerruft seine Behauptung und entschuldigt sich. Trotzdem weigert sich der Rektor im Juni, seinen Vertrag als Assistent zu verlängern. Das ist im Ergebnis eine Entlassung und wird am Ende des Semesters bekannt, im Juli. Am letzten Tag füllt sich noch einmal das Audimax. Eine Protestversammlung von Studenten, Assistenten und – jetzt zum ersten Mal auf ihrer Seite – einigen Professoren. Einer von ihnen erklärt, die Entscheidung des Rektors widerspreche allen Regeln der Billigkeit und gefährde das Ansehen der Universität. Herbert Lüers bleibt ungerührt. Die großen Ferien beginnen. Drei Monate wird es sowieso ruhig bleiben. Nach mehreren Jahren stellt sich heraus: Krippendorf hatte Recht.

Im Wintersemester beruhigt sich die Lage. Ein neuer Rektor war gewählt worden, der als Liberaler galt: Hans-Joachim Lieber. Auch die Studenten signalisieren Entspannung. Der AStA-Vorsitzende Lefèvre wird vom Konvent abgewählt, weil er sich zu stark eingelassen hatte mit der DDR. Sein Nachfolger kommt vom gemäßigten SHB, Niels Kadritzke.

Der SHB war der Nachfolger der SDS als Studentengruppe der SPD. Sozialdemokratischer Hochschulbund, gegründet 1960, im Jahr der Trennung von SPD und SDS. Er hatte nicht so viele Mitglieder, war auch keine »Kaderorganisation« wie der SDS, der Mitglieder erst nach einer Bewährungszeit aufnahm. In der mussten sie ihre politische Eignung beweisen, also eine besondere Ausbildung. Das hieß im SDS in erster Linie Karl Marx, oft auch Marxismus-Leninismus, je nach Landesverband. Dann waren sie »Kader«, geschulte Mitglieder einer Kerngruppe für besondere Aufgaben. Man kann auch sagen, die vom SDS hatten einen leicht elitären Fimmel, der SHB nicht. Später, als der Andrang größer wurde, haben sie ihn aufgegeben. Jeder wurde im SDS genommen, der einen Antrag stellte, und zwar gleich. Im Büro des SDS am oberen Kurfürstendamm mehrere Bewerber, darunter eine verheiratete Studentin, sehr schön und sehr radikal. Sie wird nach ihrem Studienfach gefragt und antwortet »Hausfrau«. Alles lacht. Sie war aufgenommen. Christine, Otto Schilys erste Ehefrau.

Daneben spielte der liberale Studentenbund eine Rolle, noch etwas kleiner als der SHB, mit einer heute lustig wirkenden Abkürzung. LSD, Liberaler Studentenbund Deutschland, gegründet 1950 als Studentenorganisation der FDP, seit 1965 schnell nach links radikalisiert und weit weg von dieser Partei. Auf der anderen Seite stand – meistens – der RCDS, Ring Christlich-Demokratischer Studenten, den es heute noch gibt im Umfeld der CDU, gegründet 1951. Daneben allmählich auch an der Freien Universität die Burschenschaften, meistens schlagende Verbindungen. Ursprünglich eher konservativ, waren sie an der FU zunächst nicht zugelassen, später geduldet. Im Verlauf der Revolte haben auch sie sich radikalisiert bei zunehmendem Druck auf die Studenten, waren schließlich auf Seiten der »Linken«, wo man seit 1968 kaum noch unterscheiden konnte zwischen SDS, SHB, LSD, Burschenschaften und der noch größeren Zahl von nicht organisierten Studenten.

Das Wintersemester bleibt lange ruhig. Erst am Ende bricht der Friede zusammen. Der SDS hatte den Winter 65/66 zum Vietnam-Semester erklärt mit mehreren Veranstaltungen. Das Ende war eine große Vietnam-Demonstration mit 2500 Teilnehmern Anfang Februar 1966 auf dem Kurfürstendamm. Am Abend zuvor hatten SDS-Mitglieder und einige andere Plakate geklebt, »Erhard und die Bonner Parteien unterstützen Mord. Mord durch Napalmbomben! Mord durch Giftgas! Mord durch Atombomben?... Amis raus aus Vietnam!« Nach der Demonstration gingen einige Hundert zum Amerika-Haus, setzten sich davor auf die Straße, holten die amerikanische Fahne herunter, und – die größte Provokation für die amerikafreundlichen Berliner – es wurden fünf Frischeier geworfen auf die Fassade des Gebäudes, fünf Eier, entnommen aus einer spontan am Bahnhof Zoo gekauften Sechserpackung. Der Täter konnte nicht identifiziert werden. Heute weiß man, Käufer und Eierwerfer war ein junger Regieassistent von der Schaubühne. Ein Theatermann. Das Attentat wurde auf das Sündenkonto der Studenten geschrieben mit wütenden Kommentaren der Berliner Presse am nächsten Tag, einer Entschuldigung des Rektors der FU beim amerikanischen Stadtkommandanten und Einleitung von akademischen Disziplinarverfahren gegen sechs Studenten, vier vom SDS, die beim Plakatkleben festgenommen worden waren.

Der Akademische Senat beschließt noch schnell, dass für politische Veranstaltungen von Studenten überhaupt keine Räume mehr zur Verfügung gestellt werden dürfen. Aber der Wissenschaftssenator meldet sich und meint, das solle man doch noch einmal überdenken. Im Sommer ist dieses Verbot wieder aufgehoben worden. Erst mal zwei Monate Ferien. Dann das Sommersemester 1966, und die Situation ändert sich dramatisch. Ein Jahr Vorspiel auf dem Theater und nun zweieinhalb Jahre in fünf Semestern Aufstieg und Fall einer Revolte, bis zum Ende des Sommersemesters 1968. Das Semester immer gerechnet von Mitte April bis Mitte Juli und Mitte Oktober bis Mitte Februar. Dazwischen die Ferien. Das ist der Rhythmus, in dem man immer mit muss. Auch in einer Studentenrevolte. Während der Ferien sind nur wenige Studenten in der Universität, und auch die Professoren sind nicht immer da, gegen die man revoltieren oder auf deren Unterstützung man setzen kann.

Die Revolte beginnt

Sie kamen alle zurück, Mitte April, zum ersten Akt der Revolte. Sommersemester 1966. Zwei alte und zwei neue Themen und daneben eher am Rand der Vietnamkrieg und die Notstandsgesetze. Die beiden alten: Raumvergabe durch den Rektor als Folge der Kuby-Affäre und die Affäre Krippendorf, deren Ausgang immer noch als ungerecht empfunden wurde von Studenten und nicht wenigen Professoren. Die beiden neuen: Zwangsexmatrikulation und Studienreform. AStA-Vorsitzender war immer noch ein Mitglied des SHB, Knut Nevermann als Nachfolger von Niels Kadritzke. Aber Drahtzieher im Hintergrund blieb der Landesverband Berlin des SDS. Der übernahm jetzt die »Avantgarde-Funktion für die gesamte deutsche Studentenschaft« (Fichter/Lönnendonker).

Den Konflikt über die Raumvergabe, der verschärft war durch den Beschluss des Akademischen Senats am Ende des Wintersemesters, hatte Rektor Lieber auf Druck von Senator Werner Stein ein wenig beruhigt mit der Andeutung in den Ferien, er werde von Fall zu Fall entscheiden, auch zu Gunsten von politischen Veranstaltungen, und hat es auch durchaus großzügig getan. Aber der Akademische Senat blieb prinzipientreu und weigerte sich bis Juni sogar, das Thema auf die Tagesordnung zu setzen.

Anträge der studentischen Vertreter wurden von den Professoren abgelehnt. Erst als der große Knall kam, haben sie eingelenkt.

Der große Knall kam wegen eines neuen Themas.

Zwangsexmatrikulation wurde es genannt in der Kampfsprache der Studenten, Studienzeitbeschränkung oder befristete Zulassung in der Sprache der Juristen. Bei denen fing es auch tatsächlich an. Schon am Ende des Wintersemesters hatte die juristische

Fakultät beschlossen, Jurastudenten dürften nicht länger studieren als neun Semester. Die Mediziner folgten mit einem ähnlichen Beschluss Anfang Mai. Was schon 1964 als Mittel der Studienreform von Kultusministerkonferenz und Westdeutscher Rektorenkonferenz vorgeschlagen war, entsprach nicht den Vorstellungen der Studenten über akademische Freiheit, die in den Köpfen der Professoren noch eine große Rolle spielte, und deshalb war dieser Vorschlag auch nicht befolgt worden an anderen Universitäten in der Bundesrepublik. Nicht besonders klug, so etwas zu beschließen in einer ohnehin kritischen Situation an der FU. Dahinter stand der Jurist Professor Bettermann, Karl August Bettermann, der sich gern als Scharfmacher betätigte, zum Beispiel mit seinem Ruf »Burschen heraus!« im Sommer 65. Und so begann das neue Semester mit einem Paukenschlag. Ausgerechnet die konservativen Studentenvertreter der juristischen Fakultät traten in großer Empörung zurück, der SDS witterte Morgenluft und dachte strategisch, ganz anders als der sonst durchaus in militärischen Kategorien denkende Jurist Bettermann.

Vollversammlungen bei Juristen und Medizinern brachten überwältigende protestierende Mehrheiten. Der AStA schloss sich an, und das Studentenparlament wollte eine Urabstimmung unter allen Studenten der FU. Rektor Lieber, immer stärker unter dem Einfluss seiner konservativen Kollegen, erklärte, das sei rechtswidrig und unzulässig. Weigerte sich auch im Voraus, dafür Räume zur Verfügung zu stellen. Das stärkte die Koalition von rechten und linken Studenten mit dem SDS an der Spitze.

Es kam noch etwas anderes hinzu. Wieder eine Immatrikulationsfeier im Audimax, wieder ein Eklat wie im vorangegangenen Jahr. Donnerstag, 16. Juni. Sehr sachlich und vorsichtig spricht der AStA-Vorsitzende Knut Nevermann nach dem Rektor über die Konflikte der kritischen Studenten mit der Spitze der Universität, über den Fall Kuby, den ungerecht entschiedenen Fall Krippendorf und die Richtlinien des Akademischen Senats zur Raumvergabe, auch über ihre faktische Rücknahme durch Rektor Lieber, der danach wieder ans Mikrofon geht und ihm vorwirft, er würde Halbwahrheiten verbreiten und Unwahrheiten. Darauf verlassen die Mitglieder des AStA den Saal, diesmal unter dem Beifall der Studenten im ersten Semester, anders als ein Jahr zuvor, denn jetzt war sehr deutlich, wer hier im Recht gewesen ist und sich zurückgehalten hat.

Ergebnis von Eklat und der Entscheidung für die Zwangsexmatrikulation ist eine Vollversammlung aller Studenten der FU am Dienstag, 21. Juni, im Audimax. Die zeitliche Planung des SDS war sehr geschickt. Denn der Akademische Senat tagt mittwochs unter dem Vorsitz des Rektors. Auf der Vollversammlung wird über alles geredet. Schließlich der Vorschlag einer Sprecherin des SDS und die Ergänzung durch ein männliches Mitglied dieser Organisation. Der Vorschlag: eine Protestversammlung am folgenden Tag im Vorhof der Macht auf dem Rasen unter dem Sitzungssaal des Akademischen Senats im ersten Stock des Henry-Ford-Baus. Die Ergänzung: die Beschreibung von Sit-in und Teach-in als Kampfformen der kalifornischen Studenten in Berkeley, die das Sit-in als Protest am Ort des Unrechts von der Civil-rights-Bewegung der Schwarzen in den Südstaaten der USA übernommen und das Teach-in selbst erfunden haben als Form der Beratung und Selbstverständigung.

Also Mittwoch, 22. Juni 1966, drei Uhr nachmittags. Oben beginnt die Sitzung des Akademischen Senats, unten das erste Sit-in an einer deutschen Universität mit 3000 Studenten auf dem kleinen Innenhof, das zwei Stunden später umgewandelt wird zu einem Teach-in in der großen Halle mit seinen beiden Freitreppen, von denen eine zum Sitzungssaal des Akademischen Senats führt. Professoren kommen hinzu, die auf ihrer Seite sind, Grußtelegramme von Jürgen Habermas und anderen, vom AStA der Universitäten Frankfurt und Marburg, von den Bundesvorständen des SDS, SHB und des Liberalen Studentenbundes werden verlesen. Oben ist es eher ungemütlich. Zu laut, wie sich viele beschweren. Von unten kommen häufig Abgesandte, die die Forderungen der Studenten überbringen: 1. Abschaffung der Zwangsexmatrikulation, 2. Rücknahme der Vorwürfe des Rektors gegen den

AStA-Vorsitzenden bei der Immatrikulationsfeier, 3. Aufhebung der Raumvergaberichtlinien vom Ende des letzten Semesters, 4. Wiedereinstellung Ekkehard Krippendorfs und 5. – zum ersten Mal öffentlich erhoben in der Geschichte der deutschen Universität – die Drittelparität in ihren Gremien. Außerdem wollen sie mit dem Rektor sprechen. Der kommt schließlich abends um halb neun. Ein bekanntes Foto: Da steht der Rektor im hellen Sommeranzug, der Blick ins Weite schräg nach links unten, er hält das Mikrofon in der rechten Hand nach unten, links neben ihm Knut Nevermann, der Anzug etwas dunkler, weißes Hemd mit Schlips, die Hände fast gefaltet, drumherum einige Mitarbeiter der Verwaltung, sitzende Studenten und im Hintergrund Hunderte, die auf den Treppen stehen. Immerhin hat der Akademische Senat seinen Raumvergabebeschluss inzwischen für gegenstandslos erklärt, und der Rektor verspricht, er werde mit den gewählten Studenten in den nächsten zehn Tagen reden. Aber nun sollen sie bitte nach Hause gehen und die Versammlung wegen der baupolizeilichen Vorschriften auflösen. Sonst gebe es »unangenehme Folgen«. Die unangenehme Folge dieser »herzlichen und inständigen« Bitte sind Buhrufe und Pfiffe, und sie bleiben bis ein Uhr nachts. Da sind es immer noch 2000. In der Resolution, die sie am Ende beschließen, wiederholen sie ihre Forderungen, auch die nach Drittelparität, verbunden mit einer Studienreform.

Die Studienreform war das eigentliche Ziel. Denn in der Ordinarienuniversität war die Lehre weitgehend bestimmt von privaten Interessen der Professoren, nicht von den Anforderungen im späteren Beruf. Deswegen hatte der AStA im Wintersemester begonnen, in seiner Zeitschrift *FU-SPIEGEL*, Vorlesungsrezensionen zu veröffentlichen. Wütende Reaktionen der Professoren waren die Folge dieser Tempelschändung, und auf einer Pressekonferenz kritisierte Rektor Lieber das »offizielle Organ« der Studenten. Sieben Professoren hätten deshalb schon um ihre vorzeitige Emeritierung gebeten, und mehrere würden wegen dieser Arroganz und Anmaßung der Studenten die Universität verlassen und Rufe an andere Universitäten annehmen. Ohne Zweifel, die Studienreform war dringend notwendig. Die Professoren hatten nämlich die Mehrheit in allen Gremien, die darüber beschließen mussten, und waren nicht bereit, irgendetwas zu ändern. Also ist es notwendig gewesen, die Zusammensetzung dieser Gremien zu verändern. Deshalb Drittelparität. Deshalb Hochschulreform als Mittel zur Durchsetzung der Studienreform. Ein altes Ziel des SDS, formuliert 1961 in seiner Denkschrift *Hochschule in der Demokratie*, eine der besten Leistungen der deutschen Studentenschaft. Jetzt erst wurde sie bekannt. In ihr wurde schon gefordert, was heute selbstverständlich ist in allen Universitäten, nämlich ein grundlegender Umbau der Verwaltung, Beseitigung der alten Fakultäten und ihres Lehrstuhlsystems, das ersetzt werden sollte und ersetzt worden ist durch die Übernahme des amerikanischen Departmentsystems, mit dem endlich eine Forschungsplanung möglich wurde. Fünf Jahre zuvor noch Utopie, jetzt eine Forderung mit gewisser Aussicht auf Erfolg. Ein erstaunlicher Wandel. Das bedeutete die Umwandlung der Fakultäten in Fachbereiche, die Beseitigung von Rechten der Ordinarien, und natürlich ist der Widerstand groß gewesen von Inhabern dieser Rechte. In Berlin dauerte es noch drei Jahre bis zum Erlass des Universitätsgesetzes 1969. Contra quis ferat arma deos?, fragte Tibull in seinen Elegien (1.6.30). Wer kann sich stellen zum Kampf gegen Götter? 2000 bis 3000 Studenten in Berlin am 22. Juni 1966, und da oben im ersten Stock wusste man genau, dass es ihnen an den Kragen gehen würde.

Kurz danach köchelte es in Kochel. Ein Treffen im feudalen bayerischen Landhaus eines Krefelder Textilfabrikanten, der einen Sohn im SDS hatte. Eine Gruppe saß zusammen, zehn Tage bewirtet von einer Haushälterin mit weißer Schürze, und diskutierte über die Möglichkeiten revolutionärer Bewegungen in Westeuropa. Etwa ein Dutzend, die meisten aus der inzwischen aufgelösten Subversiven Aktion. Dieter Kunzelmann war dabei aus München, Rudi Dutschke und Bernd Rabehl aus Berlin, alle noch namenlos. Die Berliner berichteten vom großen Erfolg des Sit-in einige Tage zuvor und dem dadurch stark gewachsenen Einfluss der Linken an der FU. Sie einigten sich, ihre Kräfte auf eine Stadt zu konzentrieren. München schlief. Also konnte es nur Berlin sein. Dort sei die »Medienresonanz« am besten, besonders durch die »reißerische Berichterstattung und Hetze« der Springer-Presse. Dort sollte die Diskussion im SDS über Kommunen in Gang gesetzt werden als »revolutionäre subversive Gruppierung« gegen die bürgerliche Kleinfamilie und gegen die »Krawattenmarxisten« im SDS mit ihrer Vorliebe für die DDR. So zog Kunzelmann im Spätsommer nach Berlin, und am Silvesterabend wurde die berüchtigte »Kommune 1« gegründet, allerdings ohne Dutschke und Rabehl. Die hatten Bedenken gegen das vereinbarte sexuelle Durcheinander.

Das von Rektor Lieber beim Teach-in versprochene Gespräch mit den Studenten fand sehr schnell statt. Mitglieder des Akademischen Senats, des Studentenparlaments und des AStA waren dabei. Sie einigten sich, dass eine Kommission gebildet werden solle zur Beratung über eine Studienreform unter gleichberechtigter Mitwirkung der Studenten. Einzelheiten solle der Akademische Senat im Juli beraten. Anfang Juli zeigt eine Demonstration vor dem Henry-Ford-Bau, wie stark der SDS inzwischen geworden ist. Eine Demonstration gegen den Vietnamkrieg mit 2000 Studenten. Dann teilt der Rektor dem AStA noch mit, wie die Studienreformkommission zusammengesetzt sein soll, nämlich fast drittelparitätisch mit vier Professoren, zwei Assistenten und vier Studenten. Der AStA widerspricht, das sei nicht »gleichberechtigt«, will sechs studentische Mitglieder. Was allerdings der Forderung auf dem Sit-in nach Drittelparität widerspricht. Dann ist das Semester zu Ende. Hans-Joachim Lieber kann aufatmen. Man geht in die Ferien. Der vertraute Rhythmus.

Auf der 21. Delegiertenkonferenz in Frankfurt – Delegiertenkonferenzen des Bundesverbandes finden immer in Frankfurt statt – werden die Gewichte verschoben zum Nachteil der »Krawattenmarxisten« und ihrer orthodoxen DDR-Linie. Denn nun tritt ein neuer Delegierter auf: Rudi Dutschke aus Berlin, 26 Jahre alt. Eine Woche später schreibt dazu *Die Zeit*:

»Jedes Mal, wenn er im großen Saal des Frankfurter Studentenhauses ... ans Rednerpult tritt, wird es still unter den Delegierten. Wie Peitschenschläge fahren seine Thesen auf das Auditorium nieder. Dutschke ... hat das Zeug zum Demagogen. Unter schwarzen Brauen blickt er finster drein, die Haarsträhnen fallen ihm in die Stirn, der schmächtige Körper scheint zu beben, sobald das Temperament mit ihm durchgeht.«

Die antiautoritäre Fraktion wird gestärkt. Orthodoxe Marxisten aus Marburg erhalten zwar noch den Auftrag, Leitlinien auszuarbeiten für die Schulung in den örtlichen Gruppen. Aber als ihr Entwurf im November erscheint, schlägt Dutschke sofort zurück mit einer kurz gefassten Übersicht der Literatur »des revolutionären Sozialismus«, die nicht aufhört mit Karl Marx wie bei den Marburgern, sondern weiterführt bis in die Gegenwart des westlichen Marxismus. Das Marburger Papier war erledigt. Die meisten Hochschulgruppen der Bundesrepublik weigerten sich, es zu akzeptieren. Dutschkes erster großer Erfolg.

Das Wintersemester beginnt. Rektor Lieber hat sich mit seiner Kompromisslinie nicht beliebt gemacht bei seinen Kollegen. Aber er hat Erfolg. Die Studenten lenken ein. Die Studienreformkommission beginnt mit der Arbeit, und selbst der Akademische Senat zeigt sich versöhnlich. Im Streit zwischen dem Vertreter der Juristenfakultät und den Studenten über das Thema der Universitätstage im Januar stimmt die Mehrheit der Professoren gegen ihren juristischen Kollegen und für das Konzept der Studenten. Es heißt – nicht ungefährlich für die Ordinarienuniversität – »Universität und Demokratie«.

Im Übrigen geht es in den ersten Wochen um die Notstandsgesetze. Eine große Diskussion im Audimax. Dieses Problem bewegt die Gemüter ganz allgemein in Westberlin und Westdeutschland, nicht nur in den Universitäten. Die CDU/FDP-Koalition unter Bundeskanzler Erhard wollte die Gesetze endlich verabschieden nach acht Jahren Widerstand der SPD, der Gewerkschaften, prominenter Wissenschaftler, Kirchenvertreter, Schriftsteller und – seit Sommer 65 – des SDS. Der hatte einen großen Kongress in Frankfurt im Oktober angeregt. 8000 Teilnehmer und 20 000 bei der Abschlusskundgebung vor dem alten Rathaus auf dem Römerberg. Der IG-Metall-Vorsitzende sprach, der Philosoph Ernst Bloch und Hans Magnus Enzensberger, dessen Herz damals noch links geschlagen hat.

Die Ruhe und das Einvernehmen zwischen SHB-AStA, Konvent, Rektor und Senat der FU waren nach sechs Wochen beendet.

26. November 1966. Eine Diskussionsveranstaltung des AStA mit Hans-Joachim Lieber. Der sprach über Studienreform, wich aber auf konkrete Fragen der Studenten aus. Dann geht die Tür auf im Hörsaal A des Henry-Ford-Baus. Ein »Provisorisches Komitee zur Vorbereitung einer studentischen Selbstorganisation« verdrängt den Rektor vom Mikrofon. Der verlässt sofort den Hörsaal. Ein Flugblatt wird verteilt und über das Mikrofon verlesen. Die Professoren seien Fachidioten, die Studenten sollten sich selbst organisieren. Eine Aktion von Antiautoritären im SDS mit Rudi Dutschke an der Spitze. Auch dem Sprecher der Gruppe wird das Mikrofon schließlich weggenommen. AStA-Vorsitzender Knut Nevermann verkündet das Ende der Veranstaltung. Die Antiautoritären wollen weiter diskutieren und scheitern, weil die meisten Studenten den Raum verlassen. Vier ehemalige Rektoren erstatten Strafanzeige gegen unbekannt wegen Beleidigung von Professoren als Fachidioten. Das wird noch Folgen haben.

Am selben Tag gründen abends in der Innenstadt ehemalige Mitglieder des SDS die »November-Gesellschaft«. Sie machen sich Sorgen um ihren alten Landesverband wegen der Aktionen der »Dutschkisten«, wollen ein Gegengewicht aufbauen. Offiziell eher eine Parallelorganisation der Älteren als Begleitung der Studentenrevolte und gleichzeitig ein Auffangbecken für enttäuschte linke Sozialdemokraten, die aus Protest gegen die Bildung der Großen Koalition ihre Partei verlassen mit dem Ziel einer neuen linken Partei. Bald wird daraus ein »Republikanischer Club«, dem im nächsten Jahr Dutzende andere folgen im ganzen Bundesgebiet, inzwischen durchaus im Sinn der Antiautoritären. Und ebenfalls am selben Tag in Bonn noch eine andere Gründung. Eine Verhandlungskommission von CDU und SPD verabredet die Bildung der Großen Koalition, weil man weiß, dass die FDP wegen Streitigkeiten über den Haushalt die Koalition mit der CDU kündigen und Kanzler Erhard zurücktreten würde. Herbert Wehners großer Triumph. Auslöser war die erste Wirtschaftskrise der Bundesrepublik, klitzeklein und schnell überwunden. Erhard trat zurück am 30. November. Der Bundestag wählte am 1. Dezember die Regierung Kiesinger/Brandt, die im Amt bleibt für drei Jahre. Kanzler Kurt-Georg Kiesinger, Außenminister Willy Brandt. Der war nun nicht mehr Regierender Bürgermeister von Berlin, sein Nachfolger wurde Pfarrer Heinrich Albertz.

Dann wurde 1969 die Wahl von Willy Brandt gewonnen und eine Regierung gebildet von SPD und FDP, die Regierung Brandt/Scheel. Bundeskanzler Brandt, Außenminister Walter Scheel. Der größte Triumph Herbert Wehners.

Zwei Wochen nach der Heldentat im Hörsaal A schlagen die Dutschkisten wieder zu. 10. Dezember 1966. Der SDS und andere Gruppen hatten für diesen vorletzten verkaufsoffenen Sonnabend vor Weihnachten eine Vietnam-Demonstration auf dem Kurfürstendamm beantragt. Sie wurde aus »Gründen des Straßenverkehrs« nur genehmigt für eine andere Strecke bis zum Wittenbergplatz beim Kaufhaus KaDeWe. Als Redner der Abschlusskundgebung spricht Rudi Dutschke. Die Zeit sei reif für neue Organisationsformen der außerparlamentarischen Opposition. Zehn Tage nach Bildung der Großen Koalition wird dieser Begriff hier zum ersten Mal gebraucht. Wahrscheinlich hat er ihn selbst erfunden. Eine richtige parlamentarische Opposition im Bundestag gab es tatsächlich nicht mehr seit dem 1. Dezember, nur einige wenige FDP-Abgeordnete. Und dann der letzte Satz am Wittenbergplatz: »Lasst uns sofort damit beginnen!« Mehrere Hundert ziehen zum verbotenen Kurfürstendamm mit Plakaten wie »Weihnachtswünsche werden wahr – Bomben made in USA«. Das ist die Handschrift Dieter Kunzelmanns, der wohl auch das »weihnachtspolitische Happening« erfunden hat. Es findet statt am Kranzler-Eck.

Ein Weihnachtsbaum, geschmückt mit einer amerikanischen Fahne, einem Transparent »Spießer aller Länder vereinigt euch« und mit den Köpfen des amerikanischen Präsidenten Lyndon B. Johnson und Walter Ulbrichts. Ihre Hüte sind mit Benzin getränkt. Die Studenten singen Weihnachtslieder. Der Baum wird in Brand gesteckt. Die Polizei greift an. 60 Studenten werden festgenommen. Die anderen setzen sich ab. Wütendes Geheul der Berliner Presse.

Eine Woche später, letzter Sonnabend vor Weihnachten. Die außerparlamentarische Opposition ist wieder da. Die APO will nicht mehr verprügelt werden von der Polizei wie das letzte Mal auf der Fahrbahn, sondern mischt sich einfach mit Weihnachtspaketen und Flugblättern unter die Passanten auf dem Bürgersteig des Kurfürstendamms. 200 Studenten.

Angekündigt vom SDS mit Flugblättern am Freitag auf dem Campus der FU unter der Parole: »Keine Keilerei mit der Polizei. Kommt die Polizei, gehen wir an ihnen vorbei. An der nächsten Ecke dann, fängt der Spaß von vorne an.« Die Polizei reagiert sehr aggressiv und brutal auf diese »Fußgängerdemonstration«. Über 70 Studenten und harmlose Passanten werden festgenommen, auch zwei Journalisten, einer von der *Zeit* und einer vom *Kölner Stadtanzeiger*, die nicht sehr freundlich über die Behandlung durch die Hüter von Recht und Ordnung berichten. Auch die Berliner Presse ist hell empört – aber über die antiamerikanische Unverschämtheit der jungen Menschen aus Dahlem. »Studenten wollen wieder Krawall – mach dir ein paar schöne Stunden auf der Straße«, schreibt *Bild Berlin* und bringt damit noch eine milde Variante des allgemeinen Wutgeheuls. Die Weihnachtsferien beginnen, doch dann passiert noch etwas, das die Berliner Presse lange beschäftigen wird, wie Dieter Kunzelmann vorausgesehen hat und genießen wird. Am Silvesterabend haben sie die Kommune 1 gegründet, und am Neujahrstag 1967 zieht er mit sechs anderen – zwei Frauen, vier Männern – in eine leer stehende Wohnung in Friedenau, die dem Schriftsteller Uwe Johnson gehört. Der lebt für einige Zeit in New York und weiß nichts davon. Dagrun Enzensberger hatte die Schlüssel, die erste Frau von Hans Magnus.

Die Universität in Dahlem bleibt unruhig bis zum Ende des Semesters. Der Akademische Senat will dem SDS wegen der Aktion mit dem Fachidiotenflugblatt gegen Rektor Lieber die Förderungswürdigkeit entziehen, dann doch wieder nicht, weil der Vorstand sich distanziert von dieser Heldentat der Gruppe aus der K1 mit Rudi Dutschke. Aber das Flugblatt hatte anderes zur Folge, das steht irgendwo durchaus im Einklang mit der Politik des Landesverbandes. Polizei und Staatsanwaltschaft machen mal wieder einen jener typischen Fehler, eine der vielen Überreaktionen staatlicher und universitärer Instanzen im Kampf mit dem furchtbaren studentischen Feind. Nach jener Heldentat vom 26. November hatten vier ehemalige Rektoren Strafanzeige erstattet wegen Beleidigung. Sie waren der Meinung, sie seien keine Fachidioten. Auf den Tag genau zwei Monate später durchsuchen Polizeibeamte die Räume des SDS am Kurfürstendamm nach Verdächtigem und beschlagnahmen die Mitgliederkartei. Eine zur Ermittlung der Täter völlig ungeeignete Maßnahme bei inzwischen über 200 Mitgliedern und höchstens zehn Verdächtigen. Und unsinnig auch, weil sofort der berechtigte Verdacht entsteht, bei dieser Gelegenheit wolle man sich einfach mal schnell einen Überblick über die lästige Gruppe verschaffen. Ein Sturm der Entrüstung in Dahlem, selbst beim RCDS. Am nächsten Tag eine Vollversammlung von 3000 im Audimax, am übernächsten eine Demonstration von 2000 auf dem Kurfürstendamm, wieder zwei Tage später ein offener Protestbrief an das Abgeordnetenhaus von 100 Professoren und Assistenten, und am fünften Tag ist die Kartei wieder da, ungeöffnet und versiegelt. Anwalt Horst Mahler hatte die Freigabe erstritten beim Amtsgericht in Moabit.

In einer Fragestunde des Abgeordnetenhauses erklärt der Berliner Justizsenator, dass »mit etwas mehr Fingerspitzengefühl etwas Besseres geleistet worden wäre«. Da hatte er nicht ganz Unrecht. Denn inzwischen war wieder bei einer zusätzlichen großen Zahl von Studenten das Gefühl entstanden, von oben würde parteiisch die Macht missbraucht gegen politisch Andersdenkende. Also wieder neue Anträge auf Mitgliedschaft im SDS, der als unbeugsamer Märtyrer bei den Kommilitonen immer größeres Ansehen genießt. So produziert und fördert man Studentenrevolten. Helden innerhalb des SDS waren nun die von der K1, wie die Kommune um Dieter Kunzelmann genannt wurde. Natürlich stammte das Flugblatt von ihnen, und die Aktion war ausgeheckt mit Rudi Dutschke, der zwar nicht in der K1 leben wollte, aber ihren antiautoritären Aktionismus billigte. Vorleser im Hörsaal A am 26. November ist Eike Hemmer gewesen, einer von der K1, die im Februar sogar für kurze Zeit den Landesvorstand des SDS erobern durfte mit Eike Hemmer, Rainer Langhans und drei anderen.

Im Februar wurden übrigens auch in Frankfurt die Studenten allmählich unruhig. Noch sehr verhalten und nicht zu vergleichen mit der »Massenbasis« in Berlin. Aber es fing an. In Frankfurt war die Zentrale des SDS. In Frankfurt blühte die Frankfurter Schule im Institut für Sozialforschung mit Horkheimer, Adorno und Habermas und ihrer kritischen Haltung zum Kapitalismus, die von vielen missverstanden wurden als Marxisten. Und in Frankfurt lebte stud. phil. Hans-Jürgen Krahl, Mitglied im SDS, hochintelligent, Schüler von Adorno und bald neben Rudi Dutschke die zweite charismatische Figur der Studentenbewegung. Rudi Dutschke sprach im Februar dort auf einer Vietnam-Demonstration vor der Ruine der Oper. Nur 200 Teilnehmer, kein Vergleich mit Berlin. Aber dieselben brutalen Fehler der Polizei wie in Berlin, und der SDS konnte auch in Frankfurt hoffen.

Hast du Rudi Dutschke gesehen?

1940	7. März geboren in Schönefeld bei Luckenwalde, Brandenburg
1961	Studium der Soziologie an der Freien Universität Berlin
1962	Mitglied der Subversiven Aktion
1965	Mitglied des SDS
1966	Ende März Heirat mit Gretchen Klotz
	9. September, *Die Zeit* entdeckt sein rhetorisches Talent
	21. Dezember, *BZ*, Durchbruch als Bürgerschreck
1967	9. Juni, Diskussion mit Habermas in Hannover
	10. Juli, *Der Spiegel*, Interview
	3. Dezember, »Zur Person« mit Günter Gaus in der ARD
	11. Dezember, *Der Spiegel*, Titelgeschichte
1968	11. April, Attentat, Krankenhaus, Schweizer Sanatorium, Erholung in Italien, danach in England
1971	Ausweisung aus England, Dozent in Aarhus
1973	Promotion an der Freien Universität
1979	15. Dezember, gewählt von den Bremer »Grünen« als Delegierter für den Gründungskongress der Bundespartei im Januar
	24. Dezember gestorben in Aarhus

Als ich im Winter 1968 zum ersten Mal wieder zurückkam nach München, fragte mein Sohn: »Hast du Rudi Dutschke gesehen?« Thomas war noch nicht einmal vier Jahre alt. Ich hatte mit ihm über alles Mögliche gesprochen, nie über die Studenten von Berlin. Aber Rudi Dutschke war nun berühmt. Thomas saß ab und zu vor dem Fernseher. Ich sagte ihm, nein, Rudi Dutschke sei jetzt nicht mehr zu sehen, sei in einem Krankenhaus nach einem Attentat vor einem dreiviertel Jahr.

Ein Mann aus München hätte ihn schwer verwundet, mit mehreren Schüssen am Kurfürstendamm. Erst später, 1972, als er von seiner Verwundung scheinbar genesen war, bin ich ihm im Audimax der FU einmal begegnet. Da war ich Vizepräsident der Universität und er ein freundlicher, kluger, bescheidener und sympathischer Mann.

1972 war Rudi Dutschke immer noch berühmt, für Kinder allerdings nicht mehr so wichtig wie damals. 1967 passierte etwas, das zeigt, wie es gewesen war vor dem Attentat, erzählt von seiner Frau, die ein herrliches Buch über ihren Mann geschrieben hat. Der war ein begehrter Redner geworden, ständig unterwegs zu Vorträgen im In- und Ausland, und immer sprach er in überfüllten Sälen. Also, Gretchen Dutschke:

»Eines Tages kam Rudi nach einer Veranstaltung erschöpft nach Hause und wollte sich ausruhen. Da klingelte das Telefon. ›Ach, nein‹, hörte ich Rudi sagen. ›Ich habe keinen Kalender, der ist irgendwo verlorengegangen.‹ Das Gespräch ging weiter. ›Wie denn?‹ fragte er. ›Ja, okay dann. Okay, ich komme.‹ Er schaute mich verwundert an: ›Ich habe eine Veranstaltung in Norwegen vergessen.‹
›Wann?‹ fragte ich.
›Jetzt.‹
›Aber jetzt bist du in Berlin.‹
›Die Leute warten auf mich. Sie wollen mich mit dem Flugzeug abholen‹, sagte Rudi.
Ich lachte: ›Wie sollen sie dich mit einem Flugzeug abholen? Das geht gar nicht.‹
›Verstehe ich auch nicht, aber sie haben irgendwie einen Piloten und ein kleines Privatflugzeug besorgt und wollen mich nach Norwegen fliegen.‹
›Das wird schrecklich sein‹, seufzte ich.
Rudi zuckte die Achseln: ›Jetzt werde ich sehen, wie es ist, in einem kleinen Flugzeug zu fliegen.‹

Er nahm seine Brieftasche, zog die Jacke an und war weg. Ich zitterte die ganze Zeit, mir kam die Flugzeuggeschichte verrückt vor. Als Rudi am nächsten Tag zurückkam, erzählte er, daß die Flugtour tatsächlich furchterregend gewesen sei, aber auch spannend. Tausend oder mehr Zuschauer hatten, dichtgedrängt in einem Saal, stundenlang gewartet, bis das Flugzeug heil angekommen war. Dann hörten sie sich Rudis lange Rede an und diskutierten darüber. Irgendwann frühmorgens gingen sie angeregt nach Hause.«

Alfred Willi Rudolf Dutschke, 1940 geboren, aufgewachsen in der DDR nahe Berlin, durfte dort nicht studieren, denn er wollte nicht in die Nationale Volksarmee. Das musste man nicht. Vor dem Mauerbau 1961 gab es dort keine Wehrpflicht. Aber dann galt man als politisch unzuverlässig. 1960 ging er nach Westberlin, um an der Freien Universität Soziologie zu studieren, blieb hier nach dem Bau der Mauer, war seit 1962 mit Bernd Rabehl in der »Subversiven Aktion«, verliebte sich 1964 in die amerikanische Theologiestudentin Gretchen Klotz aus Chicago, wird 1965 mit Bernd Rabehl Mitglied des SDS, heiratet Gretchen 1966 gegen den Widerstand seiner revolutionären Genossen, die das als Rückfall in die Bürgerlichkeit sehen, wird Ende des Jahres als Bürgerschreck entdeckt und bald danach als »Redner, wie es außer Strauß und Wehner nach 1945 keinen mehr gegeben hat« (Rudolf Augstein).

Ein kleiner Mann, drahtig, sehr sportlich und beim Sprechen mit einem ausländisch, fast osteuropäisch klingenden Akzent in seiner rauchigen Stimme. Blitzartig und schnell formulierte er frei seine Gedanken in komplizierten Sätzen, die man kaum verstehen konnte. Jedoch der Ton, die Melodie, die gedehnte Trennung der Silben und die Länge seiner Vokale hatten eine Kraft der Überzeugung, die ihn zum Idol der Berliner Studenten machte. Jeder spürte das revolutionäre Feuer, das in diesem Mann brannte, seine Klugheit und Vernunft, seine Redlichkeit und – seine Belesenheit. Jene legendäre schwarze Ledertasche ist immer prall gefüllt gewesen mit Büchern. Er hatte sie immer bei sich. Und sobald er Ruhe hatte, hat er gelesen. Ein Freund hatte ihm in Berlin die Frühschriften von Marx empfohlen. Marx, das war für ihn der Inbegriff des Horrors der DDR-Schulung.

Aber die Frühschriften waren in der DDR verboten. Also las er. Rosa Luxemburg, *Die Russische Revolution* von 1917, ihre Kritik an Lenin und seiner Bürokratie mit dem berühmten Satz: »Freiheit ist die Freiheit des anders Denkenden.« Das entsprach seiner eigenen Erfahrung in der DDR. Jetzt verstand er, was Marxismus wirklich war, und er wurde ein Revolutionär wie Rosa. Dann las er Georg Lukácz und Karl Korsch und den westlichen Marxismus, Ernst Bloch, Herbert Marcuse von der Frankfurter Schule, der in den USA geblieben war, besonders sein Buch *Der eindimensionale Mensch* von 1964, das in der Studentenbewegung auch in den Vereinigten Staaten eine große Rolle gespielt hat, ebenso wie Frantz Fanons *Die Verdammten dieser Erde.* Marcuse, der die westliche Welt beschreibt als totalitäre Maschinerie, die festgefügt und leistungsfähig ist, aber die Menschen durch Konsum korrumpiert und daran hindert, menschlich zu werden, friedlich, mit weniger Arbeit sich individuell frei zu entfalten. Fanon, ein französischer Schwarzer von der Karibikinsel Martinique, war Psychiater und Kämpfer für die Befreiung vom Kolonialismus, der die Gewalt als unumgänglich notwendiges Mittel der Emanzipation in den Ländern der Dritten Welt beschreibt, Gewalt im Kampf gegen den Kolonialismus des Westens, der die brutalste Form der Ausbeutung des Menschen durch den Menschen ist. Das stellte unmittelbar die Verbindung her zum Kampf der USA in Vietnam, die dort die Rolle der alten Kolonialmacht Frankreich übernommen hatten.

Diese Bücher standen allmählich auch auf der Literaturliste aller Revoluzzer, dazu noch ein an der FU geschriebenes Buch des Politologen Johannes Agnoli, *Die Transformation der Demokratie*, eine der Bibeln der APO, 1967 erschienen, gemeinsam verfasst mit Peter Brückner aus Hannover. Der erste wichtige Teil dieses Buches von Agnoli. Es ist eine Beschreibung der Entwicklung der Bundesrepublik, die typisch sei für westliche Demokratien, nämlich Aufrechterhaltung der Herrschaft gesellschaftlicher Oberschichten im Kapitalismus durch »Involution«, dem Gegenteil von Evolution, Fortentwicklung. Involution ist Rückbildung demokratischer Staaten, Parteien und Theorien in vor- und antidemokratische Formen durch zunehmende Bedürfnisbefriedigung, »Reduzierung gesellschaftlicher Widersprüche« auf den in den Sechzigerjahren erfundenen »Pluralismus«, Übergewicht der Regierung über das Parlament, »Verstaatlichung« von Bewusstsein, also das Ideal der Deutschen, das Thomas Mann den »General Dr. vom Staat« genannt hat, das Ganze stark in der Nähe von Marcuses eindimensionalem Menschen. Günter Grass hat die Revolte nicht ganz zu Unrecht als die »angelesene Revolution« bezeichnet. Sie haben alle fürchterlich viel gelesen. Am meisten Dutschke in Berlin und Krahl in Frankfurt.

Dutschkes Aufstieg zum charismatischen »Studentenführer« beginnt im Dezember 1966 mit der Rede auf dem Wittenbergplatz vor dem »weihnachtspolitischen Happening« und der wütenden Reaktion in der Berliner Presse. Drei Tage vor Weihnachten erscheint die *BZ* mit Foto und der Schlagzeile »Der Führer der Berliner Provos verteidigt das Treiben der roten Garden – Dutschke dreht an einem dollen Ding«. Die *BZ* war die Zeitung mit der höchsten Auflage in Berlin, hatte im Gegensatz zu den Studenten eine Massenbasis in der Bevölkerung. Der Journalist dieser Zeitung aus dem Springer Verlag hatte eine Podiumsdiskussion über die chinesische Kulturrevolution besucht, veranstaltet von der SPD-Jugendorganisation »Die Falken« in einer Tempelhofer Schule. Ernest Mandel war dabei aus Brüssel, Vorsitzender der trotzkistischen 4. Internationale. Er sah besser durch als Dutschke und bezeichnete die seit Mai laufende Kulturrevolution Mao Tse-tungs als Instrument innerer Machtkämpfe, während Rudi Dutschke sie als den Versuch Maos erklärte, die Phase der kapitalistischen Entwicklung nachzuholen und zu überspringen. Dazu die *BZ*:

> »Schwarze Strähnen in der Stirn. Stechende Augen unter buschigen Brauen. Lederjacke und Pullover – Rudi Dutschke vom Sozialistischen Deutschen Studentenbund sieht aus wie

der leibhaftige Bürgerschreck. Wo er auftaucht, da riecht es nach Rabatz. Wo er als geistiger Führer der Berliner Provos auf ein Podium steigt, da wimmelt es von Polizisten und Geheimen. Am vergangenen Sonnabend wurde der Star-Agitator des SDS bei der Ku'damm-Demonstration festgenommen und als Rädelsführer beschuldigt. Vorgestern diskutierte Dutschke über Chinas Rote Garden.

Rudi Dutschke, als Zonenflüchtling nach Berlin gekommen, warf sich für Maos Rote Garden in die Bresche. Seine Thesen: Peking muß sich auf die amerikanische Aggression vorbereiten. Die Rotgardisten garantieren die permanente Revolution! Die Kremlführer sind Rechtsabweichler! Daß Amerika tatsächlich angreift, darüber gibt es für diese echten Marxisten überhaupt keinen Zweifel. Daß in Rotchina Horden von 14jährigen Schülern Häuser stürmten und alte Menschen auspeitschten? Sieht man die Dinge dialektisch, dann ist das für Dutschke nur sogenannter Terror.

Längst ist Dutschkes Pullover in die Ecke geflogen. Als ihn sein Gegenredner – ein Trotzkist – in die Zange nimmt, krempelt er die Ärmel hoch.

Keine Antwort bleibt er schuldig. Er nimmt seine Hände zu Hilfe. Er knetet seine Argumente in die Menge wie ein Bäcker die Rosinen in den Teig.

Plötzlich springt er auf, stemmt die Fäuste in die Hüften – ein Feuerwerk revolutionärer Parolen brennt ab.

Immer heftiger wird die Diskussion. Dutschke beschwört die Erzväter des Marxismus. Dem Hausmeister der Schule wird angst und bange …

Die Diskussion ist beendet. Da glüht es in Dutschke noch einmal auf:

Im Frühjahr wird es 500 000 Arbeitslose geben. Aber wir haben noch keine Organisation, um die zu erfassen. Er fordert seine Anhänger auf, sich den Kopf zu zerbrechen. Etwas anderes zu finden als einen Neuaufguß der KPD oder einer USPD. Er will Revolution mit ganz neuen Formen.

Großes Palaver nach der Versammlung. Es muß ein dolles Ding sein, an dem der Dutschke dreht. Revolutionäre Herzen können wieder höher schlagen ...«

Und unter seinem Bild der Text: »Rudi Dutschke – er könnte einem Bilderbuch der Revolution entsprungen sein. Für die Berliner ›Provos‹ ist er der unermüdliche Ideenproduzent.«

Nun wird er immer berühmter. Ihm selbst wird angst und bange, obwohl er auch ein wenig stolz ist. Der Medienkult widerspricht seiner Vorstellung von einer antiautoritären Bewegung.

Übrigens auch der mancher Genossen im SDS. Die nächsten Stationen: im Juni 1967 die Diskussion mit Jürgen Habermas auf dem Kongress in Hannover nach der Beerdigung Benno Ohnesorgs, im Juli ein *Spiegel*-Gespräch, im Dezember ein Gespräch mit Günter Gaus »Zur Person« in der ARD und *Der Spiegel* bringt eine Titelgeschichte mit Foto auf dem Umschlag. Prominenter ging es nicht mehr. Er will weg. Will die Revolte sich selbst überlassen, nicht ihr Übervater sein. Plant mit Gretchen, für einige Zeit nach Chicago zu ziehen, in die Nähe ihrer Eltern, zumal im Januar ein Sohn geboren worden war, Hosea Ché. Die Journalisten rannten ihnen die Bude ein.

Dann die Katastrophe. 11. April 1968, 16 Uhr 30, neben dem SDS-Zentrum am Kurfürstendamm 140. Gründonnerstag. In der Apotheke nebenan hatte er eine Medizin besorgt für Hosea Ché, saß auf dem Fahrrad, ein Bein auf der Straße, das andere auf dem Gehweg. Ein Mann kommt auf ihn zu und fragt, ob er Rudi Dutschke sei. Die kurze Antwort ist Ja. Josef Bachmann aus München, 23 Jahre alt, Malergehilfe, gerade angekommen in Berlin, nimmt schnell eine Pistole aus der Jacke und schießt. Dutschke läuft von den Schüssen getroffen über die Fahrbahn, schreit nach Vater und Mutter und: »Ich muss zum Friseur, zum Friseur«, bricht am Gehweg zusammen mit den Worten: »Soldaten, Soldaten.« Passanten legen ihn auf eine Bank. Der Attentäter flüchtet in einen Hauseingang, schießt auf die Polizei, wird von ihr schwer verwundet und festgenommen.

Dutschke liegt auf dem Operationstisch im Krankenhaus Westend. In fünf Stunden können die Ärzte zwei Kugeln aus seinem Kopf entfernen und sein Leben erst einmal retten. Draußen ist der Teufel los, nicht nur in Berlin, in der ganzen Bundesrepublik. Die schwersten Unruhen ihrer Geschichte, tagelang Tausende auf den Straßen, Auseinandersetzungen mit der Polizei, Angriffe auf Gebäude der Springer-Presse. Die war nicht ganz unschuldig. Josef Bachmann war tatsächlich motiviert durch tendenziöse Berichte in der *Bild-Zeitung*.

Im Juni verlässt Rudi Dutschke die Klinik, geht in ein Schweizer Sanatorium, lernt langsam sprechen mit Hilfe jenes Freundes, der ihm die Frühschriften von Karl Marx empfohlen hat vor sieben Jahren. Thomas Ehleitner heißt er und ist nun ein Therapeut. Sie leben einige Monate in der Villa des Komponisten Hans Werner Henze bei Rom: Rudi Dutschke, Gretchen, Hosea Ché und dieser Freund. Trotz großer Vorsicht werden sie schließlich von Journalisten entdeckt. Rückzug zuerst nach Mailand in das Haus des Verlegers Feltrinelli, dann zu einer neurologischen Behandlung nach London. Er möchte endlich wieder studieren, und die Universität Cambridge hat sich sofort bereit erklärt. Aber die britische Regierung beschließt die Ausweisung, denn er ist ein Revolutionär. Wie Karl Marx, der damals allerdings bleiben durfte. Deshalb Ausreise 1971 nach Dänemark. Die Universität Aarhus bietet ihm Unterkunft. Hosea Ché ist nun drei Jahre alt. Der Vater promoviert an der FU Berlin, wohnt zum Teil dort, zum Teil in Aarhus, führt Gespräche mit alten Freunden, versucht verhängnisvolle Entwicklungen der Revolte zu verhindern, ist auf Reisen zu Vorträgen oder Gesprächen, engagiert sich bei den Grünen, wird 1979 ihr Mitglied in Bremen und gewählt als Delegierter für den Gründungsparteitag auf Bundesebene im Januar 1980.

Da stirbt er am Heiligabend 1979 bei einem epileptischen Anfall im Badezimmer seiner Wohnung in Aarhus, »an Spätfolgen des Attentats«, wie man nachlesen kann in den größeren Enzyklopädien. Dieses Leiden hatte ihn verfolgt seit jenem 11. April 1968. Gretchen erwartet ihr drittes Kind. An einem eiskalten grauen

Donnerstag Anfang Januar wird er auf dem Friedhof der alten Dorfkirche in Dahlem beerdigt, nicht weit von der Freien Universität, an der er so groß geworden war. Sein Freund Helmut Gollwitzer hält die Predigt. Wolf Biermann singt ein Lied. »Ich bin zu traurig, um große Gemälde zu malen, sanft war er, ein bisschen zu sanft wie alle echten Radikalen.« Kirche und Friedhof sind überfüllt. Am Nachmittag in seinem Audimax, wo er so viele Schlachten geschlagen hat, eine Trauerfeier mit 6000 Studenten und Professoren und dann eine leise Demonstration zu jener Stelle am Kurfürstendamm, wo die Schüsse fielen. Auf seinem Grabstein in einer Ecke der Kirche der Text »Dr. Rudi Dutschke, 7. März 1940 bis 24. Dezember 1979«.

Die Revolte breitet sich aus

Die Revolte etabliert sich in den zwei Ferienmonaten bis zum Anfang des Sommersemesters 1967. Noch kurz vor Semesterende hatte der SDS die »Basis« erweitert. Nicht nur Studenten sollten es sein, auch Schüler. 100 gründen in Berlin die USG, Unabhängige Schülergemeinschaft. Sie wächst ziemlich schnell. Die Genossen Studenten hatten Nachhilfe gegeben, und es dauerte nicht lange bis zur Entstehung einer Schülerbewegung in der Bundesrepublik. Außerdem erhielt die Revolte eine eigene Zeitschrift, zweimal wöchentlich, kleines Format. Zunächst hieß sie *Berliner-EXTRA-Blatt*, bald *berliner-EXTRA-dienst*, der Name oben links in einem roten Feld wie bei *Bild*. Aber das Ganze hatte einen Schönheitsfehler. Viele ahnten es damals, und heute wissen es alle: Die Zeitschrift war finanziert und nicht unwesentlich gesteuert vom Ministerium für Staatssicherheit der DDR. Immerhin machte man drüben sich Hoffnungen und nahm die Revolte so ernst wie die Akteure im Westen der Stadt und die Offiziellen in Regierung, Justiz und Universität. Und der CIA der Vereinigten Staaten. Er schnüffelte im Immatrikulationsbüro der FU nach Adressen von Studenten aus den USA, die dann gefragt wurden, ob sie nicht Berichte liefern könnten über »bestimmte Studentenorganisationen und Studenten«. Was man am 20. Februar 1967 in der *New York Times* lesen konnte.

Die Leitung der Freien Universität bekam viel Ärger, war aber wohl unschuldig. Die Amerikaner sind einfach direkt ins Immatrikulationsbüro gegangen, und der Leiter wagte nicht zu widersprechen, denn direkt nebenan war das Hauptquartier der US-Armee. Auch so ein Treppenwitz der APO-Geschichte, dieses Nebeneinander von Revolte und Zentrum des Imperialismus. Der Offiziersclub in einer großen alten Villa mit Garten war Teil des Universitätsgeländes, zwei Meter neben dem Henry-Ford-Bau. Die Revolutionäre respektierten das und verhielten sich ruhig gegenüber den Nachbarn. Das war dann doch ein bisschen zu gefährlich. Man hielt sich lieber an den Rektor und die Professoren. Dann kam jedoch ein hoher Repräsentant dieses weltweiten Imperialismus, und die K1 wollte zuschlagen gegen US-Vizepräsident Hubert Horatio Humphrey. Gerade rechtzeitig wurden sie vor seinem Besuch in der Stadt von der Berliner Polizei festgenommen, weil sie zusammengekommen seien »unter verschwörerischen Umständen… und hätten Anschläge gegen das Leben oder die Gesundheit des amerikanischen Vizepräsidenten – mittels Bomben mit unbekannten Chemikalien, gefüllten Plastikbeuteln oder mit anderen gefährlichen Tatwerkzeugen wie Steinen geplant« – Mitteilung der Polizei vom 5. April 1967. Die Berliner Presse am nächsten Tag mit Schlagzeilen auf der ersten Seite: »Attentat auf Humphrey von Kripo vereitelt – FU-Studenten fertigen Bomben mit Sprengstoff aus Peking«.

Der Untersuchungsrichter lässt die acht Mitglieder der Kommune 1 nach zwei Tagen wieder frei, und sie geben eine Pressekonferenz. »Revolution muss Spaß machen«, war ihre Parole, und sie hatten ihn. In den Plastiktüten war Mehl, Puddingpulver und Joghurt. Sie wollten HHH mit Buttercremetorten bewerfen. Die Berliner Polizei war blamiert. Außerhalb Berlins durfte gelacht werden. Der Rektor der FU leitete Disziplinarverfahren ein gegen die studentischen Witzbolde. Schon wieder eine Überreaktion, die die Revolte vorantrieb. Und eine Reaktion aus New York. Dort lebte der deutsche Dichter Uwe Johnson am Riverside Drive, Upper Westside Manhattan, liest wie immer die *New York Times*, für ihn »wie eine Tante aus vornehmer Familie«, und erfährt, wie es dem Vizepräsidenten HHH in Berlin ergangen ist und was weniger vornehm in seiner Wohnung Berlin-Friedenau, Niedstraße, vor sich geht. Er ruft einen Kollegen an, der dort in der Nähe wohnt. Günter Grass geht in die Niedstraße und wirft die Spaßvögel mit

Hilfe der Polizei hinaus. Die müssen sich eine neue Wohnung suchen und finden sie am Stuttgarter Platz, Ecke Kaiser-Friedrich-Straße. Ein Rotlichtviertel. »Oben ein Bordell, unten ein Bordell und dazwischen freie Liebe«, schreibt Dieter Kunzelmann in seinen Erinnerungen.

Das Sommersemester bringt die Revolte auf ihren Höhepunkt, auf dem sie sich ein Jahr erfolgreich hält. Die Mobilisierung bisher neutraler Studenten beschleunigt sich. Schon kurz nach dem Beginn der Vorlesungen wieder eine Vollversammlung im Audimax, wieder ein Mittwoch, wieder parallel zur Sitzung des Akademischen Senats. Der beginnt um drei Uhr nachmittags, die »VV« drei Stunden später. Der Senat behandelt das Problem der Seminarrezensionen, weil die Zeitschrift des AStA dazu übergehen will, nicht nur Vorlesungen zu kommentieren, sondern auch Seminare. Heute eine Selbstverständlichkeit. Er beschließt, sie dürften nicht veröffentlicht werden wegen des besonderen Charakters von Seminaren. Was unsinnig ist, denn in den geisteswissenschaftlichen Fächern sitzen dort oft mehr Studenten als in Vorlesungen. Sollte der *FU-Spiegel* sie trotzdem drucken, drohen schwerwiegende Maßnahmen. Wieder eine Überreaktion. Außerdem wird noch beraten über die Einleitung von Disziplinarverfahren gegen Studenten aufgrund von schwarzen Listen, die Rektor Lieber vom Regierenden Bürgermeister Albertz erhalten hatte. Erst später erfahren die Studenten vom Audimax vom Beschluss über Seminarrezensionen. Abends um zehn machen sie eine Pause. Wollen Musik hören in der Halle des Henry-Ford-Baus. Die Verwaltung schaltet den Strom ab. Wolfgang Lefèvre und Rudi Dutschke fordern die Studenten auf, in der Halle zu bleiben aus Protest gegen Rektor und Senat. Ein Sit-in. Peter Schneider vom SDS hält eine Rede:

> »Wir haben Fehler gemacht, wir legen ein volles Geständnis ab. Wir haben in aller Sachlichkeit über den Krieg in Vietnam informiert, obwohl wir erlebt haben, daß wir die unvorstellbarsten Einzelheiten über die amerikanische Politik in Vietnam zitieren können, ohne daß die Phantasie unserer Nach-

barn in Gang gekommen wäre, aber daß wir nur einen Rasen betreten zu brauchen, dessen Betreten verboten ist, um ehrliches, allgemeines und nachhaltiges Grauen zu erregen. Wir haben vollkommen demokratisch gegen die Notstandsgesetze demonstriert, obwohl wir gesehen haben, daß wir sämtliche Ränge des Zivildienstes aufzählen können, ohne irgendeine Erinnerung wachzurufen, aber daß wir nur die polizeilich vorgeschriebene Marschrichtung zu ändern brauchen, um den Oberbürgermeister und die Bevölkerung aus den Betten zu holen. Wir haben ruhig und ordentlich eine Universitätsreform gefordert, obwohl wir herausgefunden haben, daß wir gegen die Universitätsverfassung reden können soviel und solange wir wollen, ohne daß sich ein Aktendeckel hebt, aber daß wir nur gegen die baupolizeilichen Bestimmungen zu verstoßen brauchen, um den ganzen Universitätsaufbau ins Wanken zu bringen. Da sind wir auf den Gedanken gekommen, daß wir erst den Rasen zerstören müssen, bevor wir die Lügen über Vietnam zerstören können, daß wir erst die Marschrichtung ändern müssen, bevor wir etwas an den Notstandsgesetzen ändern können, daß wir erst die Hausordnung brechen müssen, bevor wir die Universitätsordnung brechen können. Da haben wir den Einfall gehabt, daß das Betretungsverbot des Rasens, das Änderungsverbot der Marschrichtung, das Veranstaltungsverbot der Baupolizei genau die Verbote sind, mit denen die Herrschenden dafür sorgen, daß die Empörung über die Verbrechen in Vietnam, über die vergreiste Universitätsverfassung schön ruhig und wirkungslos bleibt. Da haben wir gemerkt, daß sich in solchen Verboten die kriminelle Gleichgültigkeit einer ganzen Nation austobt. Da haben wir es endlich gefressen, daß wir gegen den Magnifizenzwahn und akademische Sondergerichte, gegen Prüfungen, in denen man nur das Fürchten lernt, gegen Ausbildungspläne, die uns systematisch verbilden, gegen Sachlichkeit, die nichts weiter als Müdigkeit bedeutet, gegen die Verketzerung jeder Emotion, aus der die Herrschenden das Recht ableiten, über die Folterungen in Vietnam mit der gleichen Ruhe wie über das Wetter reden zu dürfen, gegen demokratisches Verhalten, das dazu dient, die Demokratie nicht aufkommen zu lassen, gegen Ruhe und Ordnung, in der die Unterdrücker sich ausruhen, gegen verlogene Rationalität und wohlweisliche Gefühlsarmut – daß wir gegen den ganzen alten Plunder am sachlichsten argumentieren, wenn wir aufhören zu argumentieren und uns hier in den Hausflur auf den Fußboden setzen. Das wollen wir jetzt tun.«

Um halb elf kommt Rektor Lieber. Sie sollen wieder in das Audimax gehen. In der Halle dürften sie nicht bleiben aus baupolizeilichen Gründen. Die nicht recht ersichtlich sind. Die Studenten lehnen ab. In demokratischer Abstimmung sei beschlossen worden, in der Halle zu bleiben. Der Rektor droht mit der Polizei. Die Studenten lachen. Um Mitternacht beginnt der erste Polizeieinsatz an der FU. Ihm werden viele folgen. Etwa 1000 Studenten werden hinausgetragen. Aber viele schleichen sich wieder rein. Deshalb bricht der Polizeipräsident den Einsatz ab. Die Studenten bleiben bis ein Uhr nachts, säubern die Halle und zahlen dem Hausmeister die Überstunden. Es drohen neue Disziplinarverfahren, und dem AStA-Vorsitzenden – jetzt Hartmut Häußermann vom SHB – und anderen kündigt der Rektor fristlos die Beschäftigungsverhältnisse als wissenschaftliche Hilfskräfte. Wieder Überreaktionen. Wieder neue Mobilisierung.

»FU-Randalierer verloren fristlos bezahlte Ämter«, jubelt *Bild*. Das Studentenparlament – der Konvent – tritt schnell zusammen, spricht den Betroffenen sein Vertrauen aus, protestiert gegen die Maßnahmen und beschließt eine Urabstimmung der Studentenschaft. Sie sollen entscheiden, ob der AStA noch ihr Vertrauen hat. Der Rektor hält die Abstimmung für rechtswidrig, fordert die Studenten aber vorsichtshalber auf, gegen den AStA zu stimmen. Ein hartes Ringen beginnt. Professoren mischen sich ein auf beiden Seiten, Vollversammlungen finden statt, und am 9. Mai können AStA und Konvent eine Wahlparty feiern. Ein knappes Ergebnis, aber sie haben gewonnen. Die Mehrheit der Studenten hat sich bei einer erstaunlich hohen Wahlbeteiligung auf ihre Seite gestellt, gegen Rektor und Akademischen Senat. Zwei Drittel aller Studenten der FU haben sich beteiligt. 46,1 Prozent für den AStA, 43,4 Prozent für den Rektor und 10,5 Prozent ungültige Stimmen oder Enthaltungen.

Es bleibt unruhig, immer neue Streitigkeiten und wieder neue Flugblätter der K1, die unterzeichnet sind mit SDS, nicht abgesprochen mit dem Landesverband. Die Antwort kommt Mitte Mai: Ausschluss aus der Organisation. Eines der nächsten Flugblätter ist korrekt mit Kommune 1 unterschrieben. In Brüssel hatte es in einem Kaufhaus eine Brandkatastrophe gegeben. Dazu die K1 zwei Tage später:

> »Unsere belgischen Freunde haben endlich den Dreh heraus, die Bevölkerung am lustigen Treiben in Vietnam wirklich zu beteiligen: zünden ein Kaufhaus an, zweihundert saturierte Bürger beenden ihr aufregendes Leben, und Brüssel wird Hanoi. Keiner von uns braucht mehr Tränen über das arme vietnamesische Volk bei der Frühstückszeitung zu vergießen. Ab heute geht er in die Konfektionsabteilung vom KaDeWe, Hertie, Woolworth, Bilka oder Neckermann und zündet sich diskret eine Zigarette in der Ankleidekabine an … burn warehouse burn!«

Sieben Wochen später beginnt vor der 6. Großen Strafkammer des Landgerichts Berlin gegen Rainer Langhans und Fritz Teufel wegen Aufforderung zur Begehung von Straftaten der Prozess. Die Justiz hatte es eilig. Mit zwei Angeklagten geht es schneller. Das gegen die sieben anderen der K1 findet erst im nächsten Jahr statt. Fritz Teufel kommt Anfang Juli aus dem Untersuchungsgefängnis, sein Aufenthaltsort seit dem 2. Juni, in den Gerichtssaal.

2. Juni 1967, ein Freitag. Erster Höhepunkt der Revolte, die sich jetzt über die ganze Bundesrepublik verbreitet. Bisher war sie ein Berliner Lokalereignis, weit weg nicht nur von München. Reza

Pahlewi, der Schah von Persien, kommt bei seinem Besuch der Bundesrepublik nach Berlin. Schon in Bonn und München hatte es Proteste gegeben wegen seiner Terrorherrschaft im Iran. Aber das waren Randerscheinungen. In Berlin wird es ernst. Am Abend davor eine Informationsveranstaltung im Audimax mit 2000 Teilnehmern und ein Aufruf zur Demonstration am nächsten Tag mittags vor dem Rathaus in Schöneberg und abends vor der Charlottenburger Oper. Schon mittags empörende Feindseligkeit der Polizei gegen die Demonstranten, Duldung von Gewalttaten so genannter »Jubelperser«. Abends vor der Oper noch mehr Demonstranten und noch mehr Aggressivität der Polizei.

Die Demonstranten werden eingekesselt, der Schah kommt, und für die Polizei heißt das »Knüppel frei.« Zivile Greiftrupps verfolgen einzelne. Fritz Teufel wird mit 46 anderen wegen schweren Landfriedensbruchs festgenommen. Er soll einen Stein auf einen Polizisten geworfen haben. Deshalb war er in Untersuchungshaft, als der Prozess gegen ihn und Rainer Langhans wegen des Kaufhausbrandflugblatts begann. Und schließlich der erste Tote der Revolte, ein Student der Theologie, 26 Jahre alt, verheiratet, erschossen von einem Polizisten mit der Dienstpistole im Garagenhof einer Seitenstraße schräg gegenüber der Oper. Benno Ohnesorg. Vorher war er von anderen Polizisten misshandelt worden. Erst um Mitternacht wird bekannt, was passiert ist. Vorher noch Falschmeldungen der Polizei. Stundenlange Beratungen in der Nacht, im Republikanischen Club, im Büro des SDS und den anderen Organisationen. Entsetzen. Der Regierende Bürgermeister schiebt die Schuld auf die Demonstranten. Die Berliner Presse auch. Ein allgemeines Demonstrationsverbot wird bis auf weiteres erlassen. Trotzdem am nächsten Vormittag Tausende Studenten an der FU. Sonnabend. Nachmittags kommt die Polizei wegen des Demonstrationsverbots, weil die Studenten sich auf offenem Campus versammeln. Sonnabend sind nachmittgas die Universitätsgebäude geschlossen. Aber der Dekan der Wirtschaftswissenschaften öffnet ihnen die Tür und lässt sie in den Hörsälen der Fakultät beraten. Viele Professoren sind dabei. Geld wird gesammelt für Christa Ohnesorg, die ein Kind erwartet. Abends um sieben gehen sie nach Hause und wissen, jetzt hat sich etwas verändert.

Mit diesen Schüssen des Polizeiobermeisters Karl-Heinz Kurras hatte sich tatsächlich etwas verändert. Ziemlich schnell wurde klar, dies war die Folge einer unerträglichen Aggressivität der Polizei gegen protestierende Studenten. Ziemlich schnell wurde klar, dass Benno Ohnesorg nicht nur unbewaffnet war, sondern charakterlich völlig ungeeignet zur Aggression. Unmöglich, dass er irgendeinen Anlass gegeben hatte für die Schüsse. Viele Studenten, die sich bisher zurückgehalten und die Aktionen der Linken eher skeptisch gesehen hatten, stellen sich nun auf ihre Seite. Die Revolte erfährt eine außerordentliche Verstärkung durch das sich verbreitende Gefühl, dass die Linke mit ihrem Protest doch irgendwo im Recht sein muss, wenn die Reaktion darauf so brutal ist. Nicht bei der Berliner Bevölkerung. Die sagte wie die Springer-Presse, die Studenten seien selber schuld, Ohnesorg auch. Aber die liberale Presse, Intellektuelle und die Studenten in der Bundesrepublik solidarisierten sich mit der Revolte. Protestdemonstrationen in fast allen Universitätsstädten. München 9000 Teilnehmer, Frankfurt 8000, Hamburg 2000. Und so weiter. Seitdem war die APO auch im Westen fest verankert. Ende April war die November-Gesellschaft in den Republikanischen Club umgewandelt worden. Im nächsten Jahr waren es in der Bundesrepublik über 40. Und in Berlin brodelte es.

Der Berliner Senat bleibt noch lange bei seiner Linie: Die Demonstranten sind schuld. Die Rektoren der beiden Universitäten, FU und Technische Universität, sagen dem Regierenden Bürgermeister zu, sie würden Disziplinarverfahren gegen »Rädelsführer« durchführen. Schnellgerichte sollen eingerichtet werden für Strafverfahren. Die Studenten dagegen setzen einen Ermittlungsausschuss ein, der die Vorgänge an der Oper aufklären soll. Pläne für eine Gegenuniversität und für eine Anti-Springer-Kampagne entstehen. Tatsächlich hatten die Zeitungen dieses Verlages nicht unbeträchtlich dazu beigetragen, dass in dem selbstständigen politischen Biotop Westberlin eine solche Pogromstimmung entstehen konnte, die auf die Führung der Stadt und ihre Polizei übergriff.

Eine Woche später die Trauerfeier im Audimax der FU. Der Dekan der Philosophischen Fakultät spricht. Erich Loos sieht seine Erfahrung bestätigt, »dass die Demokratie in unserem Lande immer noch ein schmales und schwankendes Reis ist«. Dann die Vertreter des AStA. Das Audimax ist überfüllt, Tausende drumherum. Ein drei Kilometer langer Trauerzug begleitet den Toten bis zur Autobahn. Dort verabschiedet Helmut Gollwitzer die 200 Autos, die Benno Ohnesorg nach Hannover bringen, wo er beerdigt wird. Die DDR macht ihr kleines politisches Geschäft nebenbei. »Wir verneigen uns vor dem Opfer des Neonazismus« und Ähnliches steht auf Transparenten der FDJ, der Jugendorganisation der SED, deren Mitglieder zu Tausenden an der Autobahn stehen, über die die Fahrzeuge ohne Kontrolle und Transitgebühren in die Bundesrepublik fahren dürfen. Am nächsten Morgen noch einmal fast 600 Autos mit schwarzen Fahnen zu den Trauerfeierlichkeiten nach Hannover. Nach der Beerdigung findet ein Kongress statt in der Niedersachsenhalle mit über 5000 Studenten, Assistenten und Professoren aus der ganzen Bundesrepublik, »Hochschule und Demokratie – Bedingungen und Organisation des Widerstands«.

Auf diesem Kongress sprechen Erich Kuby, Wolfgang Abendroth, Horst Mahler, Jürgen Habermas, Hans-Jürgen Krahl, Peter Brückner, Rudi Dutschke. Dieser wirft Habermas vor, er betreibe nur »begriffslosen Objektivismus«, würde die Emanzipation des Menschen rein theoretisch abhängig machen von einer angeblich objektiven Entwicklung, auf die Einzelne keinen Einfluss haben. »Die materiellen Voraussetzungen für die Machbarkeit der Geschichte sind gegeben«, sagt er dagegen. Man müsse nur wollen, handeln. Mindestens in Westberlin gehe es jetzt um »die Frage der direkten Auseinandersetzung mit der etablierten Ordnung«, auf Deutsch, man müsse den Umsturz wagen. Er ist der Meinung, »dass die etablierten Spielregeln dieser unvernünftigen Demokratie nicht unsere Spielregeln sind, dass Ausgangspunkt der Politisierung der Studentenschaft die bewusste Durchbrechung dieser Spielregeln durch uns sein muss«. Wobei er statt Spielregeln auch ruhig die gesetzliche Ordnung hätte sagen können. Darauf erwiderte Habermas, »dass Herr Dutschke« hier etwas entwickelt habe, was man »linken Faschismus nennen muss«, womit er blindes Handeln meint ohne ausreichende Theorie. Ein Wort, das zu heftigem Streit führt, von Habermas später zurückgenommen wurde, aber nicht ganz unrichtig war, wenn man bedenkt, dass ein Teil der APO später zum Terror der Rote Armee Fraktion übergegangen ist, den Rudi Dutschke allerdings entschieden bekämpft hat – bis auf eine spontane Entgleisung beim Begräbnis von Holger Meins in Hamburg 1974: »Holger, der Kampf geht weiter!«, mit erhobener rechter Faust über dem Grab. Danach eine einigermaßen vernünftige Distanzierung in einem Leserbrief an den *Spiegel* bald darauf.

Die Unruhe bleibt an der FU Berlin bis zum Ende des Semesters und breitet sich allmählich aus an den Universitäten der Bundesrepublik mit dem wichtigsten Zentrum in Frankfurt am Main. Dutschke in Berlin und Krahl in Frankfurt sind die charismatischen Sprecher, jedoch ohne offizielle Funktion in ihrem SDS. Der ist immer noch die Speerspitze der Revolte, die in Berlin schnell einen zweiten Höhepunkt erreicht, nicht traurig wie der erste, aber ebenso wichtig für die zunehmende Radikalisierung. Vier Tage im überfüllten Audimax mit Professor Herbert Marcuse, seit 1964 an der Universität von Kalifornien zuständig für Sozialphilosophie. Vier Vorlesungen mit Diskussion über »Das Ende der Utopie«. Er sagt im Grunde nichts anderes als Dutschke in Hannover. Revolution ist machbar, Herr Nachbar. Revolution ist keine Utopie mehr. Wir sind am Ende der Utopie, weil sie jetzt verwirklicht werden kann, denn:

> »Alle materiellen und intellektuellen Kräfte, die für die Realisierung einer freien Gesellschaft eingesetzt werden können, sind da. Daß sie nicht für sie eingesetzt werden, ist ausschließlich der totalen Mobilisierung der bestehenden Gesellschaft

> gegen ihre eigene Möglichkeit der Befreiung zuzuschreiben. Aber dieser Zustand macht in keiner Weise das Projekt der Umwandlung selbst zu einer Utopie.«

Im Übrigen wird vom Berliner Abgeordnetenhaus ein parlamentarischer Untersuchungsausschuss eingesetzt, der die Vorgänge vom 2. Juni aufklären soll. Die Staatsanwaltschaft erhebt Anklage gegen Polizeiobermeister Kurras wegen fahrlässiger Tötung des Studenten Ohnesorg. Und es geht um Vietnam, die Notstandsgesetze, Raumvergabe, Hochschulreform und Studienreform, das politische Mandat der Studentenschaft mit Demonstrationen, Diskussionen, Vorwürfen, öffentlichen Erklärungen, und Mitte Juli gehen an der FU wie immer alle erschöpft in die Ferien. Rektor Lieber hat alles überstanden. Sein Nachfolger ist schon gewählt, Ewald Harndt, ein Zahnmediziner. Er tritt das Amt im Wintersemester an. Keine leichte Aufgabe. Professor Harndt ist sehr konservativ und politisch ohne die jetzt notwendige Erfahrung und Beweglichkeit.

Der SDS reagiert auf den 2. Juni

Die Erschießung Benno Ohnesorgs hatte Folgen. Die Revolte erhielt Zulauf in Berlin und weitete sich aus auf die Universitäten der Bundesrepublik. Und der SDS startete drei Initiativen. Kritische Universität, Anti-Springer-Kampagne, Justizkampagne.

Die Polizeiaktion vor der Oper ist für die Studenten ein Menetekel gewesen. Sie sahen die Demokratie in Gefahr. Die Stimmung in der Stadt war so aufgeheizt, dass einige sogar meinten, bald würden auch sie erschossen werden. Gleichzeitig war ihnen seit dem Beginn des Sommersemesters 1967 der Zusammenhang immer deutlicher geworden zwischen Hochschulpolitik auf der einen und der allgemeinen politischen Situation auf der anderen Seite, und zwar angesichts der Ausweitung des Konflikts und auch durch den ersten Polizeieinsatz an der Universität in Dahlem. Sie wollten jetzt stärker Einfluss auf die hochschulpolitische Entwicklung nehmen, sahen die Blockadepolitik von Hochschulleitung und Professoren, wollten also auf eigene Faust handeln und beschlossen die Gründung einer Gegenuniversität nach dem Vorbild der Studenten in Berkeley, die ein Jahr zuvor die Free University of Berkeley gegründet hatten.

Also, Freie Universität konnten sie das schlecht nennen. Der Name war besetzt. So nannten sie es Kritische Universität. Einer der älteren im SDS, Wolfgang Nitsch, war in Berkeley gewesen und schrieb für die Berliner Gruppe den Entwurf einer »von den Studenten selbst organisierten Kritischen Universität in der Freien Universität (Freies Studienprogramm der Studentenschaft)«. Darauf reagierte der Akademische Senat, »als sei der Fuchs im Hühnerstall« (Fichter/Lönnendonker). Gutachten von Professoren erklärten alles für unzulässig, und Räume wurden verweigert. Trotzdem ist die KU am 1. November 1967 von 2000 Studenten im Audimax beschlossen worden mit über 30 Arbeitskreisen für die »kritische Reflexion und wissenschaftliche Analyse einer demokratischen politischen Praxis«, wie Wolfgang Nitsch es auf der Versammlung formulierte. Studenten anderer Universitäten folgten schnell. Mit großem Elan gingen sie an die Arbeit und entwickelten gute Ideen für künftige Entwicklungen, zum Beispiel die Architekturgruppe, die immerhin erreicht hat, dass sich später eine Bürgerinitiative in Kreuzberg entwickelte, die eine Kahlschlagsanierung verhinderte und die Stadtplanung sensibilisierte. Bald erlahmten aber die Aktivitäten im Tohuwabohu von 68, und schon im Sommersemester war das Unternehmen am Ende, die Teilnehmer abgewandert in Basisgruppen der Stadtbezirke und Ad-hoc-Gruppen einzelner Fächer.

Noch schneller beendet war die Anti-Springer-Kampagne, die entstanden war als Antwort des SDS auf die Pogromstimmung in der Stadt, die einer der Gründe für die Hysterie der Polizei am 2. Juni war. Diese Stimmung war zum großen Teil von den Zeitungen jenes Verlages produziert, dessen Enteignung der SDS nun forderte. Ein »Springer-Hearing« war geplant mit Rudolf Augstein vom *Spiegel* und Gerd Bucerius von der *Zeit*. Auch die Gewerkschaften sollten teilnehmen, worüber aber im SDS Uneinigkeit entstand. Auf einer Vorbereitungsveranstaltung wurde ein Film gezeigt über die Herstellung von Molotowcocktails, und am Ende sah man ein Bild des Springer-Verlages. Also fehlten Augstein und Bucerius beim Hearing, die Aktion lief leer, und Springer ist bis heute nicht überführt in Gemeineigentum. Im Gegenteil. Immer mehr Eigentum an allgemeinen Medien wird überführt in den Springer Verlag GmbH & Co. KG.

Besser ging es dem dritten Unternehmen. Es hieß Justizkampagne und war eine Reaktion des SDS auf die veränderte Haltung der Gerichte. Bis zum 2. Juni 1967 war die eher zurückhaltend. Die Gerichte hatten nicht wenige Relegationen aufgehoben, die in Disziplinarverfahren der Universität gegen Studenten angeordnet waren. Sie hatten auch die Mitgliederkartei des SDS schnell wieder zurückgegeben und die Pudding-Attentäter umgehend auf freien Fuß gesetzt, als sich herausstellte, dass in den Tüten Puddingpulver war und nicht Sprengstoff. Nun änderte sich die Haltung. Fritz Teufel wurde monatelang in Untersuchungshaft gehalten, obwohl bald sehr deutlich war, dass er keinen Stein auf die Polizisten geworfen hatte, während derjenige Polizist, der Benno Ohnesorg erschossen hatte, frei herumlief und freigesprochen wurde, bevor der Prozess gegen Teufel begann. Ein Ermittlungsausschuss wurde eingesetzt, der die Vorgänge am 2. Juni ziemlich genau klären konnte und mit dazu beigetragen hat, dass Fritz Teufel schließlich freigesprochen wurde. Daraus entwickelten sich Initiativen zur Justizkritik, die nicht nur in Berlin viele Jurastudenten für ihre spätere Arbeit in der Justiz geprägt haben. Die Juristen, die aus der APO kamen, haben auch dazu beigetragen, dass Ton und Haltung in den Gerichtssälen der Bundesrepublik liberaler geworden sind. Im nächsten Jahr wurde von Studenten eine Zeitschrift gegründet, *Kritische Justiz*. Sie existiert noch heute auf hohem Niveau am Rande der großen Karawane. Auch die Herausgeber sind noch dieselben, nur nicht mehr Studenten, sondern inzwischen alle Professoren. Die wohl größte Wirkung dieser Justizkampagne des SDS hatte aber die Aktivität zweier Angeklagter, die nicht Jurastudenten gewesen sind. Fritz Teufel in seinem Prozess wegen Landfriedensbruch am 2. Juni und gemeinsam mit seinem Freund Rainer Langhans im Prozess um die Flugblätter zum Kaufhausbrand. Wie noch zu beschreiben sein wird.

Die alten Nazis

1951	Gesetz zu Artikel 131 des Grundgesetzes
1951	Hannah Arendt, *Elemente und Ursprünge totalitärer Herrschaft*
1959/60	»Ungesühnte Nazijustiz«, Ausstellung, organisiert von Bernhard Strecker
1963	Ernst Nolte, *Der Faschismus in seiner Epoche*
1963/65	Ringvorlesungen »Braune Universität«
1967	Wolfgang Fritz Haug, *Der hilflose Antifaschismus*
1983	Bernward Vesper, *Die Reise*

Kein leichtes Erbe, das Konrad Adenauer als Bundeskanzler 1949 übernommen hatte. Die Entnazifizierung war gescheitert, also die von den Alliierten geplante Entfernung von Nationalsozialisten aus Verwaltung und Wirtschaft. Außerdem setzte Adenauer auf Integration statt Ausgrenzung, meinte wohl nicht ganz zu Unrecht, Demokratie könne man nicht aufbauen auf den Trümmern eines zerstörten Landes, wenn gleichzeitig Millionen alter Nazis ausgegrenzt werden. Deshalb erhielten ehemalige Beamte des Dritten Reichs sogar einen Vorrang bei der Einstellung in den öffentlichen Dienst, was zu dem grotesken Ergebnis führte, dass der Anteil von Nationalsozialisten an vielen Gerichten höher war als unter Adolf Hitler, und dies aus einem einfachen Grund, weil Millionen Vertriebene und Flüchtlinge aus dem Osten in die Bundesrepublik gekommen waren und den Anteil erhöhten. So haben sie mitgeholfen, die neue Republik aufzubauen, erwarben neuen Einfluss, gewöhnten sich sogar oft bei wachsendem Wohlstand an die Demokratie, behielten aber gewisse Grundvorstellungen, die auch für Adolf Hitler wichtig waren, wie Ordnung, Disziplin und Gehorsam gegenüber der Obrigkeit. Und die Vergangenheit wurde einfach verdrängt. Man hatte eben in die Hände gespuckt und erhöhte das Bruttosozialprodukt. Nur ab und zu gab es Proteste in der Öffentlichkeit, wenn es etwas zu weit ging wie bei Hans Globke, der sich im Dritten Reich mit einem juristischen Kommentar zu den Nürnberger Judengesetzen einen Namen gemacht hatte und nun von 1953 bis 1963 unter Adenauer Chef des Bundeskanzleramtes war.

Aber sonst bekam Ärger, wer die Idylle störte. Reinhard Strecker vom SDS zum Beispiel, der 1959 eine vorzügliche Ausstellung organisierte, »Ungesühnte Nazijustiz«, über amtierende Richter der Bundesrepublik Deutschland, die als Richter im Dritten Reich am Volksgerichtshof oder an Sondergerichten Verbrechen begangen hatten. Weil er Dokumente aus Polen, Israel und der DDR verwendete, wurde behauptet, er sei bezahlt vom Ministerium für Staatssicherheit in Ostberlin, ein unberechtigter Vorwurf, der noch vor kurzem wieder vorsichtig und verklausuliert erhoben worden ist. Es war eine mutige und verdienstvolle Tat, und die Ausstellung konnte auch nicht gezeigt werden, wo sie anfangen sollte, nämlich in Karlsruhe am Sitz von Bundesgerichtshof und Bundesverfassungsgericht.

Schließlich kam in der ersten Hälfte der Sechzigerjahre die Zeit, in der auf Wunsch von Studenten sogar Ringvorlesungen zum Thema »Braune Universität« gehalten wurden, aber möglichst ohne Nennung von Namen, denn die Herren waren noch im Amt. Ein »hilfloser Antifaschismus«, wie Wolfgang Haug ihn später genannt hat, weil diese Veranstaltung den Nationalsozialismus und seine Verbrechen zwar zur Sprache brachte, aber als »Herrschaft von Ungeist« oder »Aufstand der Straße« und ohne auf den ökonomischen Hintergrund eines gefährdeten Kapitalismus hinzuweisen. Es ist auch verpönt gewesen, allgemein von Faschismus zu sprechen, und wissenschaftlich natürlich völlig falsch, denn es gäbe große Unterschiede zwischen deutschem Nationalsozialismus, italienischem Faschismus und dem Regime Francos in Spanien, der damals noch lebte. Allenfalls von Totalitarismus könne man sprechen, wie Hannah Arendt es 1951 in ihrem Buch *Elemente und Ursprünge totalitärer Herrschaft* vorgeschlagen hatte, denn damit konnte man dem eigenen Antikommunismus frönen und Hitler und Stalin in eine Tasche stecken, wie Hannah Arendt – sehr viel differenzierter – es gemacht hat. Bis Ernst Nolte 1963 dieses Tabu brach und allgemein von Faschismus sprach für Deutschland, Italien und Spanien und ihn als – für ihn durchaus verständliche – Reaktion bürgerlicher Gesellschaften auf die Gefahr von Kommunismus erklärte.

Damit war die ökonomische Katze aus dem kapitalistischen Sack, und die Studentenbewegung ist es gewesen, die das vertieft und zugleich als Kritik an der Gesellschaft der Bundesrepublik formuliert hat. Zunächst 1967 Wolfgang Fritz Haug vom SDS mit seinem Buch. Faschismus sei die normale Reaktion einer kapitalistischen Gesellschaft auf sozialistische oder kommunistische Gefahren, also sozusagen eine Spätform des Kapitalismus, woraus die Studenten auf ihren Demonstrationen sich den rhythmischen Vers machten »Kapitalismus führt zum Faschismus – Kapitalismus muss weg«.

Bei vielen ist es auch der Protest gegen die Väter gewesen, am schmerzlichsten im Roman *Die Reise* des verzweifelten Bernward Vesper. Der war Mitglied im SDS gewesen, einige Jahre Ehemann von Gudrun Ensslin und hatte einen schlimmen Vater, den prominenten Schriftsteller des Dritten Reichs Will Vesper, ein Mann mit destruktiver Gewalt gegenüber seinen Kindern, die er auf seinem Gut in Niedersachsen mit der Peitsche erzogen hat. Natürlich ist der Vorwurf damals berechtigt gewesen, es gebe noch zu viele faschistische Restbestände, die die APO instinktsicher immer wieder aufspürte in Justiz und Wissenschaft. Bei zunehmenden Überreaktionen von Universität, Verwaltung und Polizei steigerte er sich allerdings zur Überzeugung, es sei alles faschistisch in der Bundesrepublik, was dann auch einer der Gründe für den Absturz kleiner Gruppen in den Terrorismus war.

Die Revolte auf dem Höhepunkt

In den Ferien findet in der Führung des Berliner Senats und des SDS ein Wechsel statt. September 1967. Am 19. September tritt Innensenator Büsch wegen inzwischen weitgehend aufgeklärter »Fehler« der Polizei am 2. Juni zurück. Drei Tage später beantragt Polizeipräsident Duensing seine vorzeitige Pensionierung. Aus demselben Grund. Und schließlich folgt Heinrich Albertz. Rücktritt als Regierender Bürgermeister am 26. September. Sein Nachfolger wird Klaus Schütz. Schon vorher, Anfang des Monats, die 22. ordentliche Delegiertenkonferenz des SDS in Frankfurt mit großem Andrang von Fernsehen, Funk und Presse. Die Dutschkisten übernehmen die Macht. Dutschke und Krahl setzen sich durch gegen die Freunde der DDR. Eine weitere Antwort auf den 2. Juni. Bundesvorsitzende werden die Brüder Wolff, K. D. Wolff aus Freiburg und sein Bruder Frank aus Frankfurt. Die wichtigste Veränderung in der Geschichte des SDS.

Diese Linksradikalen, Sieger in Frankfurt und getragen vom Aufstieg ihrer Revolte, reden in Berlin jetzt völlig ernsthaft und überzeugt von der Rätedemokratie, sehen die Revolution in naher Zukunft, wie von Rosa Luxemburg beschrieben in ihrer Kritik an Lenin von 1917, eine Revolution, die sich von unten entwickelt und frei und demokratisch sein soll und ohne den verderblichen Druck der Alleinherrschaft einer Partei von oben. Sie sehen nicht, dass das alles gescheitert ist, die Pariser Kommune 1871, die bayerische Räterepublik 1919 und Rosa Luxemburgs Ideen auch. Sie träumen von einem Rätesystem in der selbstständigen politischen Einheit Westberlin, die irgendwann übergreift in die Bundesrepublik wie ihre Revolte seit dem Tod Benno Ohnesorgs. Schwer zu verstehen heute, aber auch damals kopfschüttelnd zur Kenntnis genommen von denen, die über den Tellerrand sehen konnten, der als Mauer den Westteil der Stadt umgab. Die Bundesrepublik trotz kurzer Krise auf dem Höhepunkt des Wirtschaftswunders und dadurch gefestigt als demokratische Ordnung, eingebunden in NATO und Europäische Wirtschaftsgemeinschaft. Und da soll die Revolution vor der Tür stehen, wie sie um Rudi Dutschke im SDS meinen? Eintragung in seinem Tagebuch am 27. Juni 1967: »In der Kneipe Machtergreifung ausgepackt.« Sie hatten ganz ernsthaft gesprochen, wie es in Westberlin vor sich gehen soll. Diese Studenten gehörten zu den besten und klügsten ihrer Generation.

Sicher, es gab vordemokratische und antidemokratische Rückstände, nicht nur in Humboldts alter Universität, nach deren Vorbild man auch in Dahlem lebte. Es gab solche Rückstände, nicht nur in der Universität, auch in der Polizei und Justiz. Trotz sozialer Marktwirtschaft gab es viele Ungerechtigkeiten und Ungleichheit nicht nur zwischen Frauen und Männern. Da wurden von den USA schwere Kriegsverbrechen in Vietnam begangen, von der Bundesregierung gebilligt. Und es gab Pläne für Notstandsgesetze, die sich bedrohlich anhörten nicht nur für Studenten, allerdings im Lauf der Jahre ziemlich entschärft wurden durch Zugeständnisse an die SPD, ohne die sie mit der notwendigen Zweidrittelmehrheit im Bundestag und Bundesrat nicht beschossen werden konnten. Sicher, auch sozialdemokratische Politiker reagierten auf studentische Aktionen unzeitgemäß autoritär, selbst ein so liebenswürdiger und kluger Mann wie Heinrich Albertz.

Erst später hat er verstanden, was er da am und um den 2. Juni 1967 für einen Blödsinn gemacht hat. Von der CDU, der Presse im Verlag des Axel Caesar Springer und der von ihnen allen aufgeheizten Berliner Bevölkerung ganz zu schweigen. Dazu die Professoren der FU. Sie sind zu einem großen Teil fachlich nicht gut qualifiziert gewesen. Die Besseren blieben im Westen. Westberlin war – mindestens für ihre Ehefrauen – eben nur eine Insel im kommunistischen roten Meer. Da war es in der Bundesrepublik viel sicherer. Und auch für Professoren gilt die allgemeine Regel, dass, je geringer die fachliche Qualifikation, desto autoritärer das Verhalten ist. Außerdem mussten sie zu Recht fürchten, dass Hochschul- und Studienreform zu Mehrarbeit in der Lehre, Verlust von Zeit für die eigene Forschung und Verlust von Einfluss führen würden. Also reagierten sie autoritär und hektisch, und einige glaubten sogar selbst, es würde drohen, was der SDS sich erhoffte: die Revolution. Die überwiegende Mehrheit der Studenten hatten sie seit dem Tod Benno Ohnesorgs jedenfalls gegen sich. Also ging die Revolte weiter.

Das Wintersemester 1967/68 beginnt in Berlin mit einem neuen Rektor, der der Situation noch weniger gewachsen ist als sein Vorgänger. Vietnam-Demonstrationen auf dem Kurfürstendamm haben inzwischen 5000, manchmal sogar 7000 Teilnehmer, statt 2000 oder 3000 vorher. Gründung der »Kritischen Universität« im überfüllten Audimax mit mehr als 2000 Studenten, mehrere Arbeitskreise nehmen ihre Arbeit auf. Auch in Frankfurt brodelt es allmählich. Wieder eine Vietnam-Demonstration des SDS, wieder nur 500. Aber ein Flugblatt des SDS, das jetzt schon zu einem Go-in bei der nächsten Vorlesung von Professor Carlo Schmid aufruft, der an der Universität Frankfurt die Demokratie doziert und als Politiker den Notstand praktiziert. Danach ein Go-in bei Iring Fetscher, Tumulte bei einer Podiumsdiskussion über die Hochschulreform mit Rektor Ruegg, ein Teach-in vor dem Rektorat mit 1000 zum selben Thema, und bei einer Vietnam-Demonstration im Februar 1968 sind es 2000, die einen Kampf führen mit der Polizei, Mann gegen Mann vor dem Amerika-Haus. Das sind schon fast Berliner Verhältnisse. Auch in Hamburg ist es so weit. Eine der bekanntesten Aktionen der APO findet dort am 9. November 1967 statt. Zwei Jurastudenten, beide Mitglied im SHB, beide in dunklem Anzug, weißem Hemd und Schlips. Detlev Albers und Gert-Hinnerk Behlmer. Sie stehen auf einer Treppe bei der feierlichen Rektoratsübergabe und versperren den Weg. Hinter ihnen der Rektor im Ornat mit Kette und andere Professoren, ebenfalls feierlich gekleidet in dunklen Talaren. Das Foto geht über das Fernsehen und durch die deutsche Presse. Albers und Behlmer halten ein großes schwarzes Transparent mit weißen Buchstaben in der Hand: »Unter den Talaren Muff von 1000 Jahren.« In sieben Worten das Motiv der Revolte auf den Begriff und unter die Leute gebracht.

Drei Wochen später der nächste Schlag gegen das Establishment, wie es in der Sprache der APO hieß. Berlin-Moabit, Kriminalgericht, Turmstraße 90. Jetzt ist es ein Einzelner mit fünf gesprochenen Worten. Fritz Teufel, diesmal allein. Es ist der zweite Verhandlungstag im Prozess wegen schweren Landfriedensbruchs, begangen am 2. Juni bei der Demonstration gegen den Schah. Er soll einen Stein auf einen Polizisten geworfen haben. Das Gericht erscheint, alles erhebt sich. Teufel bleibt sitzen. Der Vorsitzende Richter macht eine entsprechende Aufforderung. Fritz Teufel rekelt sich langsam hoch und sagt: »Na ja, wenn's der Wahrheitsfindung dient.« Damit wurde er berühmt und hat deutsche Rechtsgeschichte geschrieben. Die Bundesrepublik lachte, und es war ein befreiendes Lachen, nämlich eine Befreiung vom autoritären Ton in den Sälen unserer Justiz. Seitdem hat er sich geändert. So genannte Justizreformer um sozialdemokratische Richter wie Theo Rasehorn und Rudolf Wassermann hatten schon vorher begonnen mit kritischen Schriften über diese Haltung der Justiz, aber nicht annähernd dieselbe Wirkung erzielt wie dieser eine Satz und sein Siegeszug durch die deutsche Öffentlichkeit.

In den Zwanzigerjahren war Dr. jur. Kurt Tucholsky als Journalist ständiger Gast im selben riesigen grauen Gebäude mit seiner bedrückenden Einschüchterungsarchitektur und hat sich die Finger wund geschrieben zum Thema. Fragte 40 Jahre vor Fritz Teufel in der *Weltbühne*: »Warum stehen eigentlich Angeklagte vor dem Richter?« Seine Antwort: Später sitzen sie lange genug. Alles umsonst damals. Noch zu früh. Fritz Teufel war durch die K 1 ein Angeklagter mit großer Publicity, freches Gesicht, lange Haare und Bart, große runde Brille mit dünnem Metallrand. Jetzt war die Zeit reif für Veränderung, und er war jung und nutzte die schärfste Waffe, die er hatte, seinen Witz. Nahm den Prozess und den Richter einfach nicht ernst, wie schon zuvor mit Rainer Langhans im anderen Prozess wegen des Kaufhausbrandflugblatts. So etwas war einem Richter noch nie passiert. Rainer Langhans auf dessen Frage, welche Protestformen er für richtig hält: »Der 2. Juni, der ein Misserfolg war, hat bewiesen, dass es so nicht geht. Wir in der Kommune glauben, dass es nicht in der aggressiven Form, Steinewerfen und Schießen in der bürgerkriegsähnlichen Form, geht. Wir versuchen stattdessen die Autoritäten, wie zum Beispiel Sie, lächerlich zu machen, dass man Sie in Ihren Handlungen desavouiert.« Selbst der Richter musste manchmal lachen, nicht nur das Publikum. Jener Richter, der wegen ihrer Frechheiten ständig Ordnungsstrafen verhängte. Ein Psychiater wurde als Zeuge vernommen. Teufel: »Eine Zusatzfrage. Gibt es in der Psychiatrie eine Krankheit, die man umschreiben könnte mit krankhaftem Verhängen von Ordnungsstrafen? Sind Fälle bekannt, und welche Therapie würden Sie vorschlagen?« Der Richter (lachend): »Das ist wieder eine Unverschämtheit. Beschluss: Zwei Tage Haft.« Einer der letzten Berichte über den Prozess in der *Zeit* hatte die Überschrift »Die Verfolgung und Ermordung der Strafjustiz durch Teufel und Langhans«. Die Richter waren immerhin so souverän, die Angeklagten in beiden Prozessen freizusprechen. Aber es gab trotzdem ein Problem, das die Empörung von Studenten monatelang steigerte.

Fritz Teufel war seit dem 2. Juni in Untersuchungshaft, weil er diesen Stein geworfen haben sollte, den er offensichtlich nicht geworfen hatte, wie der Ermittlungsausschuss schnell und eindeutig klären konnte, der von den Studenten eingesetzt worden war zur Aufklärung der Vorgänge an diesem Tag. Deswegen ist er schließlich auch freigesprochen worden. Der andere, der zweimal ohne Grund geschossen und Benno Ohnesorg getötet hatte, Polizeiobermeister Karl-Heinz Kurras, lief weiter frei herum. Sein Prozess begann vor dem gegen Fritz Teufel, und er wurde freigesprochen vom Vorwurf der fahrlässigen Tötung, als Fritz Teufel noch im Gefängnis saß. Was die Studenten erbitterte. Vielleicht ist der Freispruch berechtigt gewesen, wahrscheinlich nicht. Der böse Anschein blieb, dass hier wieder gemessen war mit zweierlei Maß. Die

Kampagne »Freiheit für Fritz Teufel« lief jedenfalls monatelang, und nicht nur Studenten fanden das Ganze empörend.

Der Ton wird schärfer an der FU. Die Studentenvertretung der Germanisten zum Beispiel beantragt beim Rektor einen Hörsaal für den Vortrag eines Dozenten der »Kritischen Universität Hamburg« zum Thema »Bildung eines Doyen. Zur Rolle Benno von Wieses in der Deutschen Germanistik«. Der Rektor lehnt ab. Die Antragsfrist von zwei Wochen sei nicht eingehalten. Die Studenten hatten ihren Antrag sechs Tage vorher eingereicht und bezeichnen die Raumverweigerung als »terroristischen Versuch«, die Studenten mit Maßnahmen der Verwaltung zu dressieren, besetzen den Raum am vorgesehenen Tag, und die Veranstaltung findet statt. Sehr heftig werden Auseinandersetzungen zwischen Studenten der Romanistik und ihren Professoren über Inhalt und Form von Lehrveranstaltungen über »Anpassung an die herrschende Gesellschaftsform statt freier Entfaltung der Persönlichkeit«. Als ein »Go-in-Komitee« in Proseminaren eines Dozenten die Diskussion erzwingen will und er den Raum verlässt, unterbricht das Direktorium den Lehrbetrieb für eine Woche. Es folgt eine Vollversammlung der Romanistikstudenten, danach eine aller Fakultäten, die eine Diskussion mit der gleichzeitig tagenden Philosophischen Fakultät beschließt. Die Professoren weigern sich. Die Tür zum Sitzungsraum ist abgeschlossen. Im Treppenhaus Tumulte. Polizeiwagen fahren draußen vor. Drinnen wird die Tür eingedrückt, und die Hohe Fakultät bricht ihre Sitzung ab.

Im Audimax der Technischen Universität findet im Rahmen der Kritischen Universität eine Veranstaltung zur Vorbereitung auf ein Springer-Tribunal statt. Am Ende wird jener Film über die Herstellung von Molotowcocktails gezeigt. Der Student, der diese Anleitung gedreht und am Ende noch ein Bild des Springer-Verlages in der Kochstraße eingeblendet hatte, hieß Holger Meins, später Mitglied der Roten Armee Fraktion. Das war vielen doch zu gefährlich. Das Springer-Tribunal fand nicht statt. Am Ende des Semesters spricht der neue Regierende Bürgermeister Klaus Schütz auf dem Landesparteitag der SPD. »Ihr müsst diese Typen sehen. Ihr müsst ihnen genau ins Gesicht sehen. Dann wisst ihr, denen geht es nur darum, unsere freiheitliche Grundordnung zu zerstören.« Was nur für eine Minderheit der Studenten zutrifft, nämlich für viele im SDS. Dann noch ein großer internationaler Vietnam-Kongress in der Technischen Universität mit Tausenden von Teilnehmern, organisiert von Rudi Dutschke. Als er nachts von einem Freund nach Hause gefahren wird, erkennt ihn ein Taxifahrer, der über Funk seine Kollegen zusammenruft. Sie umzingeln das Auto, steigen aus und nähern sich dem Wagen. Der Freund kann ihn retten durch eine schnelle Fahrt im Rückwärtsgang. Man darf annehmen, dass sie ihm nicht nur ins Gesicht sehen wollten.

Am Ende des Kongresses eine Riesendemonstration von 15 000, auf die der Regierende Bürgermeister antwortet mit einem Aufruf an alle Berliner zu einer Gegendemonstration für die Schutzmacht USA vor dem Rathaus Schöneberg drei Tage später. 80 000 versammeln sich, hören eine Rede von Klaus Schütz für die USA und gegen die linken Studenten, kommen in Stimmung und beginnen an Ort und Stelle mit der Jagd auf junge Menschen. Ein Angestellter ist besonders gefährdet. Angeblich sieht er aus wie Rudi Dutschke. Das reicht. »Lyncht ihn!«, »Hängt ihn auf!« Mit Hilfe der Polizei kann er sich in eines ihrer Fahrzeuge retten, und die Polizisten haben viel zu tun, die Menge von dem Wagen abzudrängen. 30 Jüngere werden verletzt, 26 von der Polizei in Sicherheit gebracht. Der AStA der Technischen Universität erkennt die Lage. Macht in einer Presseerklärung dem Regierenden Bürgermeister einen Vorwurf. Klaus Schütz würde »die Pogromstimmung gegen die Außerparlamentarische Opposition weiter anheizen«. In den Ferien werden die Assistenten aktiv.

In Marburg gründen sie die BAK, Bundesassistentenkonferenz, die in den nächsten Jahren wichtige Schriften zur Hochschul- und Studienreform veröffentlicht.

Andere sind ebenfalls aktiv geworden in jenen Tagen Ende März, Anfang April, zwei Wochen nach dem Freispruch für Langhans und Teufel im Prozess wegen des Kaufhausbrandflugblatts. Das Berliner Gericht hatte sein Urteil mit der Feststellung begründet, es sei Satire gewesen und keine Aufforderung zu Straftaten.

Am 3. April 1968 explodieren nachts Brandsätze in zwei Frankfurter Kaufhäusern. Menschen werden nicht verletzt, aber der Sachschaden ist hoch. An nächsten Tag verhaftet die Polizei drei Berliner Studenten und einen jungen Mann aus München, Leiter des Action Theater, Sohn eines Sektfabrikanten. Andreas Baader, Gudrun Ensslin, Thorwald Proll und Horst Söhnlein. Was im Flugblatt der K1 Satire war, hatten sie vom Kopf auf die Füße gestellt. »Burn warehouse burn« als Protest gegen den Krieg in Vietnam. Das Urteil des Frankfurter Landgerichts war hart, viel zu hart: drei Jahre Zuchthaus für jeden. So entstand allmählich die Rote Armee Fraktion unter Führung von Baader und Ensslin, was damals niemand ahnte. Damals war diese Brandstiftung eine von vielen rechtswidrigen Aktionen dieses Jahres und das Urteil ein Skandal.

Das Sommersemester 1968 beginnt mit neuer Gewalt gegen die APO, Gewalt, die die Revolte in die Höhe treibt und einen Sturm von Anträgen auf Mitgliedschaft im SDS zur Folge hat. Das Attentat des Josef Bachmann auf Rudi Dutschke am Gründonnerstag. Wieder sind die Studenten entsetzt – und mit ihnen viele andere – wie bei Benno Ohnesorg. Die Unruhen über Ostern sind die größten in der Geschichte der Bundesrepublik, am heftigsten in Berlin. Vollversammlungen, Demonstrationen, Straßenschlachten mit der Polizei. Am Donnerstagabend ein überfülltes Audimax in der Technischen Universität. Von dort ziehen die Studenten zum Gebäude des Springer-Verlages, der als Hauptschuldiger gilt, brüllen: »Springer Mörder!«, durchbrechen die Polizeikette und die Eingangstüren, werden von Angestellten zurückgedrängt, prügeln sich mit der Polizei und stürzen Auslieferungsfahrzeuge um und setzen sie in Brand. Tausende sind täglich unterwegs, Karfreitag, Sonnabend, Ostersonntag, Montag. Am Montag noch 8000 vor dem Platz am Funkturm, wo auch Heinrich Albertz spricht, jetzt wieder einfacher Pfarrer in Nikolassee.

> »Ich spreche als einer, der, wenn er an das entsetzliche Attentat von Gründonnerstag denkt, auch an einen anderen denken muß, der am 2. Juni 1967 erschossen wurde und für den er Mitverantwortung trägt. Ich spreche als einer, der viele bittere Enttäuschungen mit sich selbst und mit anderen erlebt hat und der trotzdem glaubt, daß noch nicht alles verloren ist... Wenn wir Älteren nicht einsehen, daß trotz allem, was wir im letzten und in den letzten Jahren erlebt haben, daß zum ersten Mal in der Geschichte dieses Jahrhunderts in Deutschland endlich eine junge Generation uns gegenübersteht, die politisch engagiert ist, die moralische Maßstäbe hat, die Opfer zu bringen bereit ist, dann haben wir vor der Geschichte versagt...«

Er ruft zur Versöhnung auf. Aber wie soll das möglich sein in einer Atmosphäre, die immer unerträglicher geworden war durch Erklärungen und Aktionen von beiden Seiten? Von Seiten einer Minderheit protestierender und sich immer stärker radikalisierender Studenten auf der einen und auf der anderen Seite die Staatsgewalt, Landesregierung, Justiz, Universität und eine tatsächlich unerträgliche Meinungsmache in derjenigen Presse, die den mächtigsten Einfluss hatte auf die große Masse der Bevölkerung, in den Blättern des Verlagshauses Axel Springer. Beratungen hier, Konferenzen dort, offene Briefe, Presseerklärungen, Veranstaltungen, Demonstrationen, Aktionen in der Universität, Debatten im Abgeordnetenhaus. Ähnlich in anderen Universitätsstädten. Eine hektische Atmosphäre. Betroffenheit in Bonn, und der *stern* fragt auf seiner Titelseite: »Ist die Revolution noch zu stoppen?« Nein, antwortet Wolfgang Lefèvre vom SDS auf einer Veranstaltung in Berlin-Neukölln Ende April. Die Kapitalisten würden das sinkende Schiff Westberlin verlassen wie die Ratten und erklärt in seiner volkstümlichen Sprache: »Die Chance der Stadt liegt darin, dass sie zum Initiator und zum anstiftenden Lehrstück der deutschen Revolution wird.«

Am 1. Mai bei der offiziellen Kundgebung stehen 80000 vor

dem Reichstag und hören die Rede von Vizekanzler und Bundesaußenminister Willy Brandt. Aber immerhin 40 000 sind es bei einer Gegenveranstaltung der APO in Kreuzberg und Neukölln, wo auch Giangiacomo Feltrinelli spricht, ein Verleger aus Mailand und Freund von sozialrevolutionären Schriften und Bewegungen, der davor warnt, von vornherein auf jede Gewalt zu verzichten. Zwei Wochen später in Bonn eine Kundgebung mit 50 000 Teilnehmern aus der ganzen Bundesrepublik, die gegen die Notstandsgesetze protestieren. Die sollen Ende Mai vom Bundestag beschlossen werden. Überall gibt es Proteste, Institutsbesetzungen in Berlin und anderswo, Universitätsbesetzung in Frankfurt, Demonstrationen und Aktionen. Und gleichzeitig der Mai in Paris. Nimmt man alles zusammen, kann man vielleicht verstehen, dass manche glaubten, dies sei eine revolutionäre Situation. Obwohl das Leben in der Bundesrepublik normal weitergeht, die kleine Wirtschaftskrise von 1966 längst überwunden, die Menschen zufrieden, die »Arbeiterklasse« voll integriert in die Gesellschaft des Wirtschaftswunders mit steigendem Einkommen und die Umfragen stabil. Nur nebenan, bei den Nachbarn im Westen, ist für kurze Zeit der Teufel los.

Der Pariser Mai

	1968
8. Januar	Misoffe-Affäre
2. Mai	Schließung der Fakultät Nanterre
3. Mai	Protest dagegen in der Sorbonne, erste Straßenschlacht
10. Mai	Barrikadennacht
11. Mai	24-stündiger Generalstreik der Gewerkschaften
13. Mai	Eine Million demonstriert in Paris gegen de Gaulle
29. Mai	de Gaulle bei Massu in Baden-Baden
30. Mai	de Gaulle wieder in Paris, Rundfunkansprache, danach Hunderttausende für ihn auf den Champs-Élysées

Es kriselte seit Januar in Nanterre, einem Vorort im Westen von Paris. Dort gibt es seit 1964 eine Zweigstelle der Sorbonne, die heißt Fakultät für Literatur und Humanwissenschaften. Ein ungemütliches Neubaugebiet. Im Januar wird ein Schwimmbad für die Studenten vom Jugendminister Misoffe eingeweiht. Studenten sind nicht eingeladen, haben sich aber abends davor versammelt. Es ist schon dunkel. Als der Minister mit dem Dekan das Gebäude verlässt, geht ein kleiner rothaariger Student auf ihn zu, bittet lässig um Feuer für die Zigarette. Der überraschte Minister gibt es ihm. Dann stellt Daniel Cohn-Bendit eine provokative Frage, erhält eine noch stärker provozierende Antwort, und die Studenten sind empört, weil es der deutsche Kasernenhofton ist und Cohn-Bendit ein deutscher Jude. Nicht sehr bedeutend, diese Misoffe-Affäre, aber Anfang einer Entwicklung von Protest, die am 2. Mai zur Schließung der Fakultät auf unbestimmte Zeit führt.

Nun geht alles sehr schnell. Am nächsten Tag eine kleine Protestkundgebung in der Sorbonne mit Dany le rouge. Man hört, eine rechtsradikale Gruppe wolle angreifen. Deshalb lässt der Rektor die Universität räumen. Deshalb steht nun eine größere Zahl Studenten vor der Tür, und plötzlich greift die Polizei an. Nach der Straßenschlacht ein Disziplinarverfahren des Rektors gegen Cohn-Bendit und sechs andere. Jetzt sind es schon 6000 Studenten, die protestieren und wieder von der Polizei mit unvorstellbarer Brutalität angegriffen werden. Zum ersten Mal wird in Europa Reizgas eingesetzt wie in Vietnam. Die Polizisten werfen Granaten sogar in die Wohnungen. Junge Männer und Frauen werden ins Untersuchungsgefängnis eingeliefert mit Kopfverletzungen, gebrochenen Armen, zertrümmerten Beinen, zum Teil sind sie ausgezogen worden und so misshandelt, dass die Haut in Fetzen hing. Der Kampf geht weiter in den nächsten Tagen bis zur Barrikadennacht vom 10. auf den 11. Mai. Der Höhepunkt. Nun sind es 20 000 Studenten, Schüler und junge Arbeiter. Gegen die Polizei werden Barrikaden gebaut aus Autos, Baustellenwagen, Reklamewänden, Baugittern, Pflastersteinen.

Die größte ist drei Meter hoch. Vermittlungsversuche von Studenten in einem Telefongespräch mit dem stellvertretenden Rektor werden von Radio Luxemburg – RTL – an ein Millionenpublikum live übertragen. Der Mann in der Sorbonne merkt das nicht. Der öffentliche Eindruck ist vernichtend für die Universitätsleitung. Der Erziehungsminister schaltet sich ein, ebenfalls von RTL live übertragen, bricht aber das Gespräch ab, als er hört, dass Cohn-Bendit zu einer Delegation gehört, die mit dem Rektor in der Sorbonne verhandeln will. Überall ist Dany le rouge der wichtigste Sprecher der Studenten. Die Presse kommentiert, die Eskalation sei allein auf die maßlose Brutalität der Polizei zurückzuführen. Die Gewerkschaften rufen auf zu einem 24-stündigen Generalstreik, um die Studenten zu unterstützen. Zwei Tage später ziehen rund eine Million Franzosen gegen de Gaulle durch die Stadt, in zwei Blöcken von Schülern und Studenten und von Gewerkschaftlern, Kommunisten und Sozialisten.

Während der Protest weitergeht, ist Cohn-Bendit bei einer Vollversammlung der Kritischen Universität im Audimax der Freien Universität Berlin und widerspricht einer Meinung, die Herbert Marcuse dort eine Woche zuvor vertreten hat. Auch in der spätkapitalistischen Gesellschaft, sagt der Student aus Paris, sei es möglich, die Arbeiterschaft für eine gerechte Sache zu mobilisieren. Das könne man von Frankreich lernen. Auf der Rückreise wird er an der französischen Grenze zurückgewiesen. In Frankreich sei er nun eine »unerwünschte Person«. Am nächsten Abend ziehen Tausende durch das Quartier Latin und rufen: »Nous sommes tous des juifs allemands«, wir sind alle deutsche Juden. Einige Tage später gelingt es ihm, illegal zurückzukehren. Die Sozialisten Mendès-France und Mitterrand wollen kandidieren als Staats- und Ministerpräsident. Ein Machtwechsel? De Gaulle gibt auf, fliegt am 29. Mai nach Baden-Baden ins Hauptquartier der französischen Truppen in Deutschland, sagt General Massu, er möge diese Botschaft an Bundeskanzler Kiesinger weitergeben. Aber der alte Haudegen packt ihn bei seiner militärischen Ehre, schickt ihn im Hubschrauber zurück, und am nächsten Tag hält de Gaulle nachmittags eine Rede an die Nation. Der Kampf gehe weiter, sagt er. Es drohe ein kommunistischer Umsturz. Die Nationalversammlung wird aufgelöst, Neuwahlen finden statt. Vive la République! Vive la France! Abends sind Hunderttausende auf den Champs-Élysées und jubeln ihm zu. Er hat gewonnen, gewinnt auch haushoch die Neuwahlen. Der Pariser Mai ist vorbei. Cohn-Bendit bleibt noch eine Weile versteckt. Doch die Genossen verloren allmählich das Interesse am Starkult und machten ihm klar, »dass ich nicht Brigitte Bardot bin. Das war inzwischen notwendig«, wie er es später formuliert. Er geht nach Frankfurt am Main und bereichert dort die ganz langsam wachsende revolutionäre Bewegung.

EXKURS

Amerikanische und andere Freunde

Vietnam

1945	Ho Chi Minh gründet eine kommunistische Republik im Norden und wird angegriffen von Franzosen, die nach dem Krieg ihre Kolonie wieder aufbauen wollen, die von Japanern besetzt gewesen war
1954	Niederlage der Franzosen bei Dien Bien Phu, Waffenstillstand in Genf am 17. Breitengrad, Ho Chi Minh im Norden, im Süden Ngo Dinh Diem, unterstützt von den USA
1963	Diem gestürzt durch Militärregime, zunehmend US-»Militärberater« im Kampf gegen südvietnamesischen Vietcong, der vom Norden unterstützt wird
1964	USA greifen offen in den Kampf ein
1968	Tet-Offensive der Vietcong im Januar
1969	500 000 US-Soldaten in Vietnam, die Präsident Nixon allmählich reduziert, stattdessen verstärkte Bombardements, auch auf Laos und Ausdehnung des Krieges auf Kambodscha
1973	USA ziehen ihre letzten Truppen zurück
1975	Vietcong erobert Saigon
1976	Vereinigung von Nord- und Südvietnam als kommunistische Republik

Vietnam, ein sehr alter Staat am Südchinesischen Meer, hat fast so viele Einwohner wie die Bundesrepublik und ist fast genauso groß, nur sehr viel schmaler, mit einem wirtschaftlich günstigen Gebiet im Norden am Roten Fluss und der Hauptstadt Hanoi, einem länglichen Mittelstreifen – Annam – und dem ärmeren Süden am Mekong mit dem Hauptort Saigon, heute Ho-Chi-Minh-Stadt. Bis 1000 n. Chr. ist es eine chinesische Provinz gewesen, dann bis ins 19. Jahrhundert ein Kaiserreich unter verschiedenen Dynastien und wurde schließlich eine französische Kolonie. Im Zweiten Weltkrieg ist der Norden von Japan besetzt worden, das am Ende des Krieges die Gründung eines Gesamtstaates unter einem Kaiser Bao Dai duldete, dessen Herrschaft aber nur auf dem Papier stand und im Norden schnell beseitigt wurde durch die von dem Kommunisten Ho Chi Minh gegründete Demokratische Republik Vietnam. Dann kamen die Franzosen zurück, kämpften im Norden einige Jahre gegen Ho Chi Minh bis zu ihrer Niederlage 1954 bei Dien Bien Phu, einer französischen Festung an der Grenze zu Laos. Das war das Ende ihrer Herrschaft in Vietnam. Bei den Friedensverhandlungen in Genf einigte man sich darauf, dass bis zur Durchführung von Wahlen das Herrschaftsgebiet Ho Chi Minhs im Norden bestehen bleiben soll mit der Grenze am 17. Breitengrad in der Mitte Annams. Im Süden ernannte sich der Diktator Ngo Dinh Diem zum Präsidenten, gegen den Willen der buddhistischen Mehrheit, gestützt auf eine katholische Minderheit und die Hilfe der USA. Wahlen lehnte er ab, weil er den Sieg der Kommunisten fürchten musste. 1963 wird er gestürzt wegen Vetternwirtschaft und Korruption und abgelöst durch ein mit den USA verbündetes Militärregime, das seinen Kampf fortsetzt gegen die südvietnamesische kommunistische Befreiungsorganisation Vietcong.

Dieser Kampf gegen den Vietcong wurde schon seit Präsident Eisenhower unterstützt durch so genannte »Militärberater« aus den USA wegen der »Dominotheorie«. Wenn erst mal ein neuer Staat in Südostasien an die Kommunisten fällt, dann auch alle anderen. Trotz der ständig steigenden Zahlen dieser Militärberater wurde der Vietcong immer stärker, sodass die USA unter Präsident Johnson seit 1964 offen in diesen Kampf mit Bombardements und Bodentruppen eingegriffen haben, deren Zahl 1969 einen Höchststand von über einer halben Million Soldaten erreicht. Der Krieg ist grausam auf beiden Seiten, aber die größte Zahl von Kriegsverbrechen wird von den Vereinigten Staaten gegenüber der Zivilbevölkerung begangen: durch Flächenbombardements, Einsatz von Brandbomben aus Napalm und mit der giftigen Chemiewaffe »Agent Orange«, die den »Dschungel entlauben« und durchsichtig machen soll, aber bis heute katastrophale Folgen nicht nur für die Ökologie des Landes hat. Bei Hunderttausenden führte es zu Krebs und Missbildungen. Die Verluste der USA waren nicht gering, etwas 60 000 gefallene Soldaten, aber die auf vietnamesischer Seite waren ungeheuerlich, nämlich eine Million gefallene Soldaten, zwei Millionen getötete und zwei Millionen verstümmelte Zivilisten und noch einmal zwei Millionen durch giftige Chemikalien geschädigte. Im Zweiten Weltkrieg haben die USA zwei Millionen Tonnen Bomben geworfen, in Vietnam mindestens zehn. Der Vietcong wird unterstützt von Nordvietnam, China und der Sowjetunion, hat außerdem die Sympathie der großen Masse der ländlichen buddhistischen Bevölkerung und ist deshalb nicht greifbar für die technisch weit überlegene Militärmacht USA. Der Krieg ist für sie nicht zu gewinnen.

Die psychologische Wende zu Gunsten des Vietcong kommt im Januar 1968 mit seiner Tet-Offensive zu Beginn des buddhistischen Neujahrsfestes. Mit 84 000 Kämpfern greifen sie die Hauptstadt Saigon und viele Provinzhauptstädte an, dringen sogar bis ins Zentrum der Hauptstadt und sind sechs Stunden in der Botschaft der Amerikaner. Sie werden zwar mit hohen Verlusten zurückgeschlagen, haben aber erreicht, dass in den Vereinigten Staaten der Widerstand gegen den Krieg immer größer wird. Deshalb reduziert Präsident Nixon seit 1969 die Bodentruppen, verstärkt dafür zunächst die Bombardements, auch auf Laos, dehnt den Krieg sogar noch aus auf Kambodscha, um den Nachschubweg des Vietcong aus dem Norden, den Ho-Chi-Minh-Pfad, zu unterbrechen. Er zieht sich aber allmählich ganz zurück, und zwar aus drei Gründen. Zunächst in der Erkenntnis, dass ein Krieg zur Unterstützung einer Diktatur gegen die Mehrheit der Bevölkerung nicht zu gewinnen ist. Zweitens wurde die Belastung für die Wirtschaft der Vereinigten Staaten zu groß, und drittens wuchs auch der Widerstand gegen diesen Krieg im eigenen Land. 1973 ziehen die USA ihre letzten Truppen zurück. 1975 erobert der Vietcong Saigon, und seit 1976 sind beide Teile des Landes vereinigt als Sozialistische Republik unter der Führung der Kommunistischen Partei.

Der Widerstand gegen den Krieg begann in den USA mit Studentenprotesten schon unter Präsident Johnson 1965 und erreichte einen ersten Höhepunkt 1967 mit dem Marsch auf Washington von fast 100 000 Menschen – einer der Gründe für Johnsons Verzicht auf eine zweite Kandidatur. Zweiter Höhepunkt im Oktober 1969 das so genannte »Vietnam-Moratorium«, der größte öffentliche Protest in der Geschichte der Vereinigten Staaten, als sich etwa zehn Millionen auf den Plätzen der Städte und dem Gelände der Universitäten gegen den Krieg versammelten. Ziemlich schnell führte das auch zu Protesten in Westeuropa, 1967 mit einem viel beachteten Russell-Tribunal in Stockholm unter Beteiligung internationaler Prominenz. Auch für die Studentenrevolte in Berlin war der Vietnamkrieg eines der wichtigsten Themen, nicht nur wegen der von den USA begangenen Kriegsverbrechen – zum Beispiel das Massaker von My Lai an Hunderten Dorfbewohnern 1968 –, sondern auch für die revolutionären Ziele des SDS.

Der sah schon, dass die lohnabhängigen Massen der Bundesrepublik – noch – keine Bereitschaft zeigten, sich vom Joch des Kapitalismus zu befreien, und setzte seine Hoffnung deshalb erst einmal auf die Befreiungsbewegungen der Dritten Welt. Die waren für sie der Beginn einer weltweiten Revolution gegen den Kapitalismus, und der Paradefall ist Vietnam gewesen, der Kampf des Vietcong gegen die USA. *Die Verdammten dieser Erde* des Frantz Fanon, die sich befreien von kolonialer Herrschaft der Kapitalisten, sind für den SDS Ersatz gewesen für eine revolutionäre Arbeiterklasse im eigenen Land. Deshalb immer der Chor auf den Demonstrationen »Hoch die internationale Solidarität!« Wenn dieser Kampf gegen den Kapitalismus erst einmal in der Dritten Welt erfolgreich zu Ende geführt worden sei, dann würde der Sieg übergreifen in die »westlichen Metropolen«. Aber leider, als der Vietcong 1975 seinen Sieg in Saigon feierte, blieb der westliche Kapitalismus völlig ungerührt. Er hatte eine Schlacht verloren, und Ruhe blieb die erste Bürgerpflicht. Den amerikanischen SDS gab es schon gar nicht mehr, und die deutsche APO hatte sich aufgelöst in verschiedene Richtungen, die gegenseitig kämpften und nicht gemeinsam mit der Arbeiterklasse, die es auch nicht mehr gab. Allerdings, die Empörung über die Kriegsverbrechen der USA war völlig berechtigt und hatte mit dazu beigetragen, die Revolte in der Bundesrepublik auf ihren Höhepunkt zu bringen.

Die amerikanischen Freunde

1959	SDS gegründet
1960	Student Nonviolent Coordinating Committee gegründet (SNCC)
1960	Port Huron Statement des SDS
1964	Berkeley Free Speech Movement
1965	Free University of Berkeley gegründet
1966	Proteste in Berkeley gegen Einberufungen nach Vietnam Radikalisierung des SDS, Maoisten, Progressive Labour (Marxisten-Leninisten)
1967	Proteste in Berkeley gegen Einberufungen nach Vietnam Hippie-Bewegung als Gegenkultur der Jugend
1968	April, Besetzung der Columbia-Universität in New York August, Krawalle in Chicago beim Parteikonvent der Demokraten Oktober, Sit-in und Besetzung in Berkeley wegen Eldridge Cleaver
1969	Januar, Streik in Berkeley durch Third World Liberation Front Mai, Unruhen in Berkeley wegen Peoples Park Juni, SDS spaltet sich in Weathermen und Maoisten Dezember, Weathermen gehen in den Untergrund
1970	Vier Studenten der Kent State Universität erschossen bei Protest gegen Kambodscha Danach Unruhen an über 400 Universitäten
1977	Letzter Bombenanschlag der Weathermen

Sie sind immer einen Schritt weiter gewesen, haben früher aufgegeben und konnten am Ende zufrieden sein mit dem, was sie erreicht hatten. Anders als die deutschen Studenten.

Es beginnt 1959 in Chicago. Alan Haber, ein junger Intellektueller – wohl nicht mehr Student, aber immer noch im Umkreis der Universität Ann Arbor – gründet den SDS, Students for a Democratic Society, auf den Trümmern der ältesten Studentenorganisation der USA, der LID, League for Industrial Democracy, die, um 1900 gegründet, jetzt vor sich hin dümpelte. Alan Haber hatte das Thema schon im Kopf, für das der SDS kämpfen sollte, nämlich civil rights, Bürgerrechtsbewegung für die Schwarzen, die in den Fünfzigerjahren Erfolg hatte besonders mit Entscheidungen des Obersten Gerichts zur Rassenintegration an den Schulen, aber jetzt ähnlich im Stillstand war wie LID. Und er hatte Glück. Im nächsten Jahr sind es schwarze Studenten im Süden gewesen, die diesen Stillstand durchbrachen. Vier schwarze Studenten am 1. Februar 1960 in Greensboro, einer Universitätsstadt in North Carolina. Sie setzten sich an einen Tisch im Erfrischungsraum von Woolworth, bestellten ein Mittagessen und blieben sitzen, als ihnen gesagt wurde, sie würden dort nichts bekommen, weil sie sich in dem Teil niedergelassen hatten, der für Weiße reserviert war. Sie blieben sitzen, um gegen die Rassentrennung zu protestieren, sehr ordentlich gekleidet, stundenlang, und kamen jeden Tag wieder. Das Sit-in war geboren, das Aufsehen groß, die Methode einfach, und sehr schnell sind in den Südstaaten ihrem Beispiel Tausende Schwarzer gefolgt, ließen sich verhaften und von weißen Radikalinskis misshandeln, die sie mit heißem Kaffee übergossen oder brennende Zigaretten auf ihrem Nacken ausdrückten. Sie blieben friedlich und ohne Gewalt. Sie organisierten sich im SNCC, Student Nonviolent Coordinating Committee. Die Studenten im Norden waren begeistert von dieser moralischen Energie, unterstützten sie zu Hause mit ähnlichen Aktionen und sammelten Geld zur Unterstützung der vielen Prozesse im Süden.

So wuchs der SDS, der am Anfang nicht einmal ein Dutzend Mitglieder hatte. Zehn Jahre später waren es 100 000. Der erste Verbindungsmann zum SNCC war Tom Hayden, 22 Jahre alt, Student der Journalistik, ein Freund Alan Habers, der sich als erster weißer Student im Süden an den Aktionen beteiligte, besonders bei den Einschreibungen von Schwarzen in die Wahllisten. Auch er wurde von den Terroristen des Ku-Klux-Klan verfolgt und zweimal verhaftet, auch er wurde ein Held und bald ähnlich bekannt wie Rudi Dutschke in der Bundesrepublik. Er hat ihm vergleichbar die Glaubwürdigkeit und Anziehungskraft des amerikanischen SDS verstärkt. Tom Hayden ist es auch gewesen, der 1962 das erste Programm des SDS geschrieben hat, das Port Huron Statement, ein Papier von 75 Seiten, linksliberales Plädoyer für eine Demokratie, die getragen wird von der aktiven Teilhabe aller Bürger, real grass-roots democracy, Basisdemokratie. Zu Grunde liegen Schriften von Charles Wright Mills und Albert Camus. Mills' Buch *Die amerikanische Elite* ist ein Aufruf zum Kampf gegen Machteliten und Camus' Roman *Die Pest* eine Huldigung der moralischen Kraft des Einzelnen im Kampf gegen das Böse.

Die erste Studentenrevolte beginnt – unabhängig vom SDS – am 14. September 1964 an der Universität Berkeley, Kalifornien, dauert drei Monate und endet mit einem fast unglaublichen Erfolg der Studenten. Am 14. September verbietet die Universitätsverwaltung das Aufstellen von Klapptischen vor dem Eingang zum Campus, wo politische Gruppen seit drei Jahren Zeitschriften und Anstecknadeln verkaufen, Flugblätter verteilen und Geld für ihre Arbeit in der Bürgerrechtsbewegung der Südstaaten sammeln. Ein wochenmarktähnliches Bild, das manchen störte, der die Ordnung liebt.

Zum Semesterbeginn Mitte September kommen die Aktivisten aus den Ferien zurück, die in Mississippi waren und mit dem SNCC für die Einschreibung von Schwarzen in die Wahllisten gekämpft hatten. Solche Studenten, die dabei unter der ständigen Bedrohung leben, vom Ku-Klux-Klan gejagt zu werden, haben keine Angst vor ihrer Universitätsverwaltung und nehmen den Kampf auf. Ihr Wortführer ist Mario Savio, Philosophiestudent, Sohn italienischer Eltern, ein großer stattlicher junger Mann, stolz und frech und böse und trotzig, mit finsterem Blick unter langen rotblonden Haaren. Seine große rhetorische Begabung zeigt sich schnell, zum Beispiel beim zweiten Sit-in gegen die auf dem Campus belagerten Polizisten: »They're *fam*-ily men, you know. They have a job to do! Like Adolf Eichmann. He had a job to do. He fits into the machinery.« Eichmann war bekannt, drei Jahre zuvor in Jerusalem zum Tode verurteilt. Neben Savio war Jack Weinberg der Stratege im Hintergrund, Autor der Regel »You can't trust anybody over thirty«, die sich nicht zuletzt gegen die alten Kommunisten richtete. Sie wurde von der APO mit »Trau keinem über dreißig« übersetzt, kürzer, was selten ist im Verhältnis von Englisch und Deutsch.

Sie stellen also ihre Tische wieder auf. Und eskalieren den Konflikt, indem sie sie auch ins Innere stellen, vor die Sproul Hall, ein großes altes Gebäude der Verwaltung. Deshalb werden Disziplinarverfahren eingeleitet gegen acht von ihnen, darunter Savio und Weinberg. Eine Entscheidung von Präsident Clark Kerr, der im Grunde ein Liberaler ist, aber stark unter dem Druck der reichen und einflussreichen Mitglieder des Kuratoriums steht. Dagegen das erste Sit-in an einer Universität in der Sproul Hall, denn das haben die Aktiven von ihren schwarzen Kommilitonen des SMCC in Mississippi gelernt. Wenige Tage später fährt die Polizei mit einem Wagen dort auf den Platz. Sie wollen Weinberg festnehmen, der wieder einen Tisch vor der Sproul Hall aufgebaut hat. Jemand ruft »Hinsetzen!«, und plötzlich erscheinen Hunderte Studenten, die diesen Wagen belagern, in dem Weinberg festgenommen ist. Bei diesem zweiten Sit-in läuft die Polizei in eine Falle und bleibt dort 32 Stunden. Die Aktivisten benutzen den Wagen als Rednertribüne, ziehen ihre Schuhe aus und klettern aufs Dach. Immer mehr kommen dazu. Savio als Hauptredner, wild und böse mit *fäämili men*. Schließlich am nächsten Tag, dem 2. Oktober, eine Vereinbarung mit Präsident Kerr:

»1. Weinbergs Personalien werden festgestellt. Dann darf er raus aus dem Polizeiwagen, und es passiert ihm nichts.
2. Die acht inzwischen Relegierten kriegen ein neues Verfahren. Stillschweigend bedeutet das die Aufhebung der Relegation.

3. Eine paritätisch besetzte Kommission beschließt Regeln für politische Aktivitäten auf dem Campus.
4. Die Verwaltung zieht in der Zwischenzeit ihre Anordnung vom 14. September zurück.
5. Die Aktivisten versprechen, illegale Aktionen nicht mehr vorzunehmen.
6. Die Belagerung des Polizeifahrzeugs wird aufgehoben.«

Kerr erfüllt die Zusagen aber nicht oder nicht korrekt und spielt auf Zeit in der Hoffnung, der Protest würde abflauen. Die Aktivisten nennen sich jetzt Free Speech Movement, haben das geahnt und organisieren täglich Veranstaltungen auf dem Campus, teilweise mit 5000 Teilnehmern, um die Bewegung nicht abflauen zu lassen. Schließlich, Anfang Dezember, Kerr hat fast nichts erfüllt aus der Vereinbarung, ein neues Sit-in in der Sproul Hall. Joan Baez singt, Savio spricht, und Kerr holt die Polizei. Die braucht 24 Stunden für die Räumung und nimmt 773 Studenten fest, die größte Massenfestnahme in der kalifornischen Geschichte. Dann beginnt ein Streik, der die moralische Autorität des Präsidenten endgültig untergräbt. Er unternimmt einen letzten Versuch, seine Autorität wiederherzustellen mit einer Versammlung der ganzen Universität auf dem Campus. Die Veranstaltung ist schon fast ein Erfolg für ihn, da macht seine Verwaltung einen Fehler. Nach Kerrs Rede springt Savio auf die Tribüne und will zum Mikrofon, aber die Campus-Polizei schleppt ihn ab und zerrt ihn nach hinten. Ein Schrei der Empörung von 18000. Kerrs Erfolg ist zerstört. Am nächsten Tag fasst der Akademische Senat einen Beschluss. Alle Disziplinarverfahren werden eingestellt, die Tische wieder aufgestellt und freie politische Rede und Aktivität auf dem Campus im Rahmen der Gesetze garantiert. Vom Kuratorium – den mächtigen Regents – wird dies bestätigt. Ein fast unglaublicher Erfolg des Free Speech Movement. Im nächsten Jahr gründen die Studenten eine kritische Gegenuniversität, Free University of Berkeley (FUB), die Vorgängerin der Kritischen Universität an der Freien Universität Berlin (FUB).

Seit 1966 laufen an den Universitäten der USA die Proteste gegen den Vietnamkrieg, oft organisiert vom SDS mit Teach-ins und Demonstrationen und dem Versuch, die Rekrutierung für die Armee zu behindern. Der SDS radikalisiert sich. Das Port Huron Statement gilt jetzt als »liberal« und »reformistisch«. Hintergrund ist die Eskalation des Vietnamkriegs und das gescheiterte Engagement der Organisation in den Schwarzenvierteln von Newark bei New York, wo die Polizei die Unruhen 1967 brutal niederschlägt, ebenso wie in Detroit mit vielen Toten. Innerhalb des SDS gibt es jetzt Maoisten und eine marxistisch-leninistische Gruppe, die sich Progressive Labour nennt. 1966 ist das Jahr, in dem die National Organization for Women gegründet wird, eine Initiative, die nicht von Studentinnen ausgeht, sondern von älteren Sozialwissenschaftlerinnen, die die Frauenforschung begründet haben, wie Betty Friedan mit ihrem Buch von 1963 *Der Weiblichkeitswahn*. Seit 1967 sind ihr viele Studentinnen gefolgt und haben das Thema auf die Tagesordnung gesetzt, nicht nur im SDS.

1967 gehen die Proteste gegen den Vietnamkrieg weiter, nicht nur in Berkeley. Aber dort, in Kalifornien, entsteht nun etwas Neues außerhalb der Universität, die Hippie-Bewegung der Blumenkinder, die nicht aktiv kämpfen gegen die Sinnentleerung der kapitalistischen Welt wie der SDS, sondern sich zurückziehen in eine eigene Jugendkultur, friedlich rebellieren gegen die Wohlstands- und Leistungsgesellschaft in einem freien und auf die Natur gerichteten Leben in Liebe, Musik, Gemeinschaft und Drogen. Der Höhepunkt im August 1968 der Bewegung war das Konzert Woodstock nördlich von New York mit einer halben Million. Joan Baez ist dort, Joe Cocker, Jimi Hendrix, Janis Joplin und The Who. Ein Fest, das friedlich geblieben ist wie die ganze Bewegung. Und das große Geschäft haben die amerikanischen Schallplattenfirmen mit dieser Musik überall auf der Welt gemacht.

Der SDS breitet sich allmählich aus über die ganzen Vereinigten Staaten. Bei der Besetzung der Columbia-Universität im April 68 ist er mit dem radikalen Wortführer Mark Rudd dabei, der unterstützt wird vom Veteranen Tom Hayden, der inzwischen 29 Jahre alt ist und damit kurz vor der von Jack Weinberg im Free Speech Movement gesetzten Grenze. Tom Hayden gehört zu jenen, die die Demonstrationen beim Parteikonvent der Demokraten in Chicago im August organisiert haben. Hier hat Bürgermeister Richard Daley seine Polizisten losgelassen wie Kampfhunde, die verrückt wurden durch die Entfesselung ihrer eigenen Gewalt. Durch die Empörung über diese Brutalität hat die Neue Linke wieder viele Anhänger gewonnen. Aus ähnlichem Granit war Richter Hoffmann später im Prozess gegen die Aktivisten, die »Chicago Seven«, mit seiner schikanösen Behandlung von Angeklagten und Verteidigern und außerordentlich harten Strafen, worüber man in der *New York Times* lesen konnte, es sei die »allerletzte Ungeheuerlichkeit in einem Prozess, der die Schande der amerikanischen Justiz geworden ist«. Wieder neue Anhänger. Tom Hayden vom SDS war im Konflikt um die Erteilung eines Lehrauftrags für den radikalen Schwarzen Eldridge Cleaver dabei, mit Sit-ins, Streiks und Besetzung in Berkeley, von wo aus sich Streiks über die ganzen USA wegen »ethnic studies« ausbreiteten, in denen gelehrt werden soll, was dort noch heute zunehmend ein Problem ist: die Behandlung anderer Kulturen in einem Land, in dem nur Europäisches gelehrt wird, aber fast ein Drittel der Bevölkerung nicht aus Europa kommt.

Die Brutalität der Polizei von Chicago wird im nächsten Jahr von der in Berkeley bei Studentenunruhen um den »Peoples Park« übertroffen. Es ging um ein leer stehendes Grundstück im Geschäftsviertel der Stadt, das der Universität gehörte. Radikale Studenten und Hippies hatten dort einen ökologischen Freizeitpark angelegt für sich und die Allgemeinheit, und das gegen den Willen der Universitätsverwaltung, die schließlich die Räumung erreichte. Bei den Protesten dagegen hat die Polizei mit scharfer Munition geschossen, einen unbeteiligten Arbeiter getötet und über 100 Studenten und Passanten verletzt. Hubschrauber warfen die gefährlichste Form von Tränengas über einer Menschenmenge von tausenden ab, die in einer Geschäftsstraße von der Polizei eingeschlossen war: Studenten, Kauflustige, Schaulustige und Universitätsangestellte. Sie gerieten in Panik, mussten sich übergeben, wurden ohnmächtig. Das war Ronald Reagans Geschoss, der damals Gouverneur in Kalifornien gewesen ist, noch härter als Bürgermeister Daley von Chicago, und sich damit den Weg geebnet hat ins Weiße Haus elf Jahre später.

Die Brutalität steigerte sich weiter. Am 4. Mai 1970 wurden vier Studenten der Kent State University von der Nationalgarde erschossen und neun verletzt bei Protesten gegen den Vietnamkrieg in der kleinen Stadt Kent südlich von Cleveland in Ohio. Nach zehn Tagen noch einmal zwei erschossene Studenten der Universität Jackson in Mississippi. Das führte in den nächsten Wochen zum größten Studentenstreik, den es in den USA gegeben hat, an etwa 450 Universitäten und Colleges. Die Toten von Kent veränderten die öffentliche Meinung über den Krieg, besonders ein Foto mit einem jungen Mädchen, das sich über einen sterbenden Studenten beugt und ihre Arme in den Himmel hebt, schreiend vor Verzweiflung. Eine von Präsident Nixon eingesetzte Untersuchungskommission kam zu dem Ergebnis, so könne es nicht weitergehen, wenn die Regierung sich gezwungen sähe, wegen des Vietnamkrieges auf ihre eigene Jugend zu schießen.

Kurz zuvor spaltete sich der SDS in Maoisten und jene Weathermen, die Ende 1969 beschlossen, in den Untergrund zu gehen, und damit die ersten in der internationalen Revolte waren, die als Stadtguerilla den Krieg in die Metropolen tragen, den Vietnamkrieg verlegen wollten ins eigene Land hinter die Linien des Feindes, wie bald darauf bei uns die Rote Armee Fraktion. Die Radikalen des SDS glaubten nicht mehr an den »intellektuellen Scheißdreck« der Alten aus Ann Arbor. Sie warfen Bomben. Allerdings anders als die RAF. Sie haben niemanden getötet und wohl auch niemanden verletzt. Ihre Bomben blieben Gewalt gegen Gebäude von feindlichen Institutionen, das Hauptquartier der Nationalgarde und das Capitol in Washington oder die Gefängnisverwaltung in Kalifornien. Sie blieben auch immer in enger Verbindung mit der linken Szene, diskutierten mit ihnen über ihre Aktionen und erregten zum Teil sogar ihre Begeisterung wie mit der Befreiung von Timothy Leary aus einem kalifornischen Gefängnis, dem Drogenpapst der Gegenkultur, den sie sogar noch nach Algerien schleusten. Ihre letzte Aktion fand 1977 statt: Bomben auf das Einwanderungsamt in San Francisco.

Sprecherin der zeitweise ziemlich großen Gruppe war Bernadine Dohrn, eine strahlende und überwältigend aggressive Jurastudentin aus Milwaukee. Auch Mark Rudd war dabei, der Sprecher des Aufstands an der New Yorker Columbia-Universität. Den Namen ihrer Organisation hatten sie nach einem Lied von Bob Dylan gewählt, sicher phantasievoller als die deutsche RAF. Das Lied begann mit dem Vers: »You don't need a weatherman to know which way the wind blows«, du brauchst keinen Wetterdienst, um zu wissen, woher der Wind weht. Das ging gegen den »intellektuellen Scheißdreck« der Theorie. Jetzt wurde gehandelt. Action bringt satisfaction und war das, was Jürgen Habermas nicht ganz zu Unrecht bei Rudi Dutschke auf dem Kongress in Hannover nach der Beerdigung Benno Ohnesorgs vermutete und linken Faschismus genannt hatte. Nach und nach wurden sie alle gefasst oder stellten sich freiwillig und wurden zu hohen Strafen verurteilt.

Das Ende der Weathermen war das Ende der amerikanischen Studentenrevolte. Diese Revolte hat in erstaunlicher Weise Vorbildcharakter für die europäische gehabt. Sit-ins und Teach-ins, Streiks und Besetzungen, antiautoritäre Basisdemokratie, kritische Universitäten, die Regel »Trau keinem über dreißig«, der Kampf gegen den Vietnamkrieg, Maoismus, Marxismus-Leninismus, letztlich auch die Frauenbewegung und dann noch der Übergang in den Terrorismus. Alles hat dort angefangen. Es gibt allerdings auch Unterschiede. Als sie am Ende waren, konnten viele von ihnen im Gegensatz zu den europäischen Studenten sagen, dass sie einiges erreicht hatten. Die Integration der Schwarzen war – juristisch – zum Abschluss gebracht. Und es war ihr Erfolg in ihrem Land, dass es den Krieg gegen Vietnam endlich aufgegeben hat. Einer der Helden hat seine Memoiren geschrieben, Tom Hayden, der für die USA ungefähr das war, was bei uns Rudi Dutschke gewesen ist. Im Gegensatz zum Deutschen hat er alles gut überstanden, wurde ein einflussreicher Abgeordneter der Demokratischen Partei im Parlament von

Kalifornien und – noch erfolgreicher – war viele Jahre mit Jane Fonda verheiratet. Das Buch hat den Titel *Reunion*, Versöhnung. Sie haben ihr Land tatsächlich in ihrem Sinn verändert und sind jetzt mit ihm versöhnt. Anders als manche Mitglieder der rotgrünen deutschen Bundesregierung von 1998. Die sind zwar auch versöhnt mit ihrem Land, haben es aber nicht verändert im Sinne von damals, sondern nur ihre eigene Meinung.

1968 global

Januar	und das ganze Jahr Vietnamdemonstrationen in unzähligen Städten der Bundesrepublik
Februar	Studentenunruhen in Polen wegen Unterdrückung der Meinungsfreiheit
	Erste Gegenuniversität eröffnet in London
März	Große Vietnamdemonstration in London
	Studentenunruhen und Institutsbesetzungen an fast allen italienischen Universitäten
April	Studentenunruhen in der Bundesrepublik wegen Attentat auf Dutschke
	Besetzung der Columbia-Universität in New York
Mai	Pariser Mai
	Besetzung an der Universität Wien und Forderung nach Reformen
Juni	Besetzung der Universität Belgrad mit Forderung nach Reformen
August	Studenten in Prag rufen auf zum Generalstreik gegen Einmarsch des Warschauer Paktes
	Krawalle in Chicago beim Parteikonvent der Demokratischen Partei
Oktober	Sit-ins und Besetzung an der Universität in Berkeley
	Große Vietnamdemonstration in London
November	Schlacht am Tegeler Weg in Berlin wegen Anwaltsverfahren gegen Horst Mahler

1968 ist nicht nur das Jahr, das der deutschen Studentenrevolte den Namen gegeben hat. Auch in der großen Politik ist damals einiges passiert, was noch dazugehört. Die Kulturrevolution Mao Tse-tungs war auf ihrem Höhepunkt. In Israel entstand derjenige

Konflikt, der erst gelöst sein wird mit der Einigung über einen Staat der Palästinenser im Gazastreifen und Westjordanland, die unter israelische Verwaltung gestellt wurden, nachdem die Israelis sie kurz zuvor im Sechstagekrieg erobert hatten. Der Prager Frühling beginnt im Januar und endet im August mit dem Einmarsch der Truppen des Warschauer Pakts. Die Tet-Offensive des Vietcong Ende Januar bricht die Willenskraft der USA in jenem Krieg, der für sie immer schwieriger geworden war. In den Vereinigten Staaten ist es das Jahr der Ermordung Martin Luther Kings und Robert Kennedys. In der Bundesrepublik werden die Notstandsgesetze erlassen.

Studentenrevolten finden fast überall in der westlichen Welt statt, außerdem in Polen, Jugoslawien und in der Tschechoslowakei, in Mexiko und Brasilien, in Ägypten und der Türkei. Weltweit am meisten beachtet wird der Pariser Mai, der seine Ursachen in der veralteten autoritären Struktur der Universität hat, die der dramatisch gestiegenen Zahl ihrer Studenten nicht mehr gewachsen war, und in der ungewöhnlichen Brutalität der Pariser Polizei. In den USA war es das Engagement von Studenten für die Civil-rights-Bewegung zu Gunsten der schwarzen Bevölkerung und der Widerstand gegen den Vietnamkrieg. Das führte im April zur Besetzung der New Yorker Columbia-Universität, im Oktober zu Sit-ins und der Besetzung eines Universitätsgebäudes in Berkeley wegen Eldridge Cleaver und im August zu fürchterlichen Krawallen in Chicago während des Parteikonvents der Demokratischen Partei, auf dem der Bewerber für die Präsidentenwahl nominiert wurde.

Der amerikanische SDS – Students for a Democratic Society, nicht zu verwechseln mit dem deutschen – hatte über 10000 Demonstranten in die Stadt gerufen, die die Wahl Eugene McCarthys unterstützen sollten, der versprochen hatte, den Vietnamkrieg zu beenden. Nominiert wurde sein Gegner Hubert Humphrey, bisher Vizepräsident unter Johnson, der dann die Präsidentenwahl gegen Richard Nixon verlor. Die Krawalle wurden ausgelöst von der Polizei, die gegen die Studenten mit einer solch brutalen Gewalt vorging, wie sie selbst für Amerikaner bis dahin unvorstellbar gewesen ist, die schon einiges gewohnt waren im Kampf von Nationalgarde und Militär gegen Rassenkrawalle. Noch schlimmer endete der Studentenprotest in Mexiko-City kurz vor den Olympischen Spielen dort im Oktober. Die Studenten demonstrieren gegen soziale Ungerechtigkeit im Land und hoffen wegen der Spiele auf internationale Öffentlichkeit. Blitzschnell wird von der Regierung Ruhe geschaffen. Beim Massaker im Stadtteil Tlalelolco schießen Soldaten mit Maschinengewehren in die Menge, die sich auf einem Platz versammelt hat. Das Blutbad endet mit etwa 50 Toten und mehreren hundert Verletzten.

Tote gibt es auch bei Studentenprotesten in Brasilien wegen Vietnam und in Ägypten wegen der Unterdrückung des Islam durch Präsident Nasser, der sogar die Universitäten schließen lässt. Im Juni besetzen türkische Studenten ihre Universitäten, weil sie Reformen verlangen. Von Februar bis April Studentenunruhen in Polen, ausgelöst durch das Verbot eines Theaterstücks und die Relegation zweier Studenten in Warschau. Sie enden durch Polizeigewalt und Verhaftungen. Anders in Jugoslawien. Dort wird der Protest zwar ausgelöst durch einen Polizeieinsatz bei Schlägereien zwischen Studenten und jungen Arbeitern, auch besetzen Studenten die Universität Belgrad und fordern Reformen nach dem Vorbild im Westen, aber Tito löst den Konflikt friedlich und geschickt und ohne große Zugeständnisse. In der Tschechoslowakei entstand die Studentenbewegung schon 1964 im Protest gegen das Regime Novotny, und 1968 sind es Studenten, die nach dem Einmarsch der Truppen am 21. August zum Generalstreik aufrufen. In den Ländern Westeuropas geht es meistens um den Vietnamkrieg sowie veraltete und autoritäre Strukturen der Universitäten, zum Beispiel in England, Italien und Österreich ebenso wie in der Bundesrepublik, wo es nach den Schüssen auf Rudi Dutschke und während des Kampfs gegen die Notstandsgesetze zu Osterunruhen kommt.

In der Bundesrepublik ist die Mobilisierung durch die Revolte am stärksten und nachhaltigsten, auch von Schülern und – sehr viel – Lehrlingen. Eine Umfrage des *Spiegel* unter Jugendlichen zwischen 15 und 25 zeigt im Februar, dass die Minderheit, die auf die Straße geht, die Sympathien der Mehrheit hat. Zwei Drittel finden es gut, dass demonstriert wird. Mädchen denken nicht anders als Jungen und Kleinstädter kaum anders als Großstädter. Die meisten wären bereit, mit Herzen, Füßen und – notfalls – Fäusten dabei zu sein, nur fehlt es offenbar an Gelegenheit. Auch die Gewaltbereitschaft ist erstaunlich hoch. Und es wird unendlich viel demonstriert in diesem Jahr, in großen und kleinen Städten, besonders gegen den Krieg in Vietnam und dann – die größten politischen Unruhen der Bundesrepublik – nach den Schüssen auf Rudi Dutschke. Der große Vietnamkongress in Berlin steht am Anfang des Jahres, dann die Osterunruhen, danach der Protest gegen die Notstandsgesetze, am Ende der Aktive Streik in Frankfurt und kurz davor die Schlacht am Tegeler Weg, in ihrer Militanz unverantwortlich, aber nicht zu vergleichen mit dem, was in Paris passiert war, in Chicago oder Mexiko-City.

> »Von Prag bis Paris, von London bis Tokio, von San Francisco bis Peking sind in den sechziger Jahren plötzlich und unvorhersehbar Studentenrevolten ausgebrochen und haben die bestehende Welt in Frage gestellt… Niemals vorher ist eine so weit verbreitete Revolte von Jüngeren durch die Welt gefegt und hat in gleicher Weise die kapitalistische und sozialistische Ordnung bedroht.«

Das sind 1988 die ersten Sätze in Ronald Frasers Buch *1968 – A Student Generation in Revolt*. Das scheint eine allgemeine Meinung zu sein unter Historikern des 20. Jahrhunderts, der globale Charakter der Revolte. Über die Gründe darf noch spekuliert werden. Die bisher Genannten kann man einteilen in zwei Gruppen von Erklärungen. Die einen sind gar keine Erklärungen, sondern nur Beschreibungen dessen, was passiert ist. Zum Beispiel Edward Tyriakan: Es habe sich um eine gemeinsame Trägerschicht kultureller Eliten gehandelt, womit die Studenten gemeint sind, die hierarchische Autoritäten herausgefordert hätten durch egalitäre Vorstellungen. Oder, noch allgemeiner, der Protest sei das Ergebnis der Entwicklung einer postindustriellen, postmaterialistischen oder postmodernen Gesellschaft gewesen, wie Alain Tourain, Ronald Inglehart und Wolfgang Welsch meinen, was von Wolfgang Kraushaar sehr vornehm als »mehr oder weniger unbefriedigend« bezeichnet wird.

Mehr als eine Beschreibung gibt die Erklärung des amerikanischen Wirtschaftswissenschaftlers Immanuel Wallerstein. Er meint, die globale Revolte sei Ergebnis einer »vorrevolutionären Situation« gewesen, die in der Mitte der Sechzigerjahre dadurch entstanden ist, dass mit dem Vietnamkrieg in der Zeit von Johnson und Breschnew der alte Ost-West-Konflikt plötzlich wieder eskalierte, der an sich durch das Tauwetter in der Zeit von Kennedy und Chruschtschow Anfang der Sechzigerjahre überwunden schien. Also zunächst freundliche Liberalität im Umgang von Ost und West, dann plötzlich wieder Kalter Krieg und neue Härte. Dieser Kurswechsel hätte die Jüngeren auf die Barrikaden getrieben, die sich damit gegen den ideologischen Druck von beiden Seiten engagiert haben. Möglich, aber nicht unbedingt überzeugend.

Die beste Erklärung hat wohl Eric Hobsbawm gegeben, der große alte englische Historiker und Marxist. Auch er sieht die Revolte als globales Ereignis und erklärt sie als das Ergebnis mehrerer Ursachen, nämlich erstens einer dramatischen Steigerung der Studentenzahlen überall auf der Welt in den Sechzigerjahren, zweitens eines bisher einzigartigen Generationenkonflikts, der darin bestand, dass die Erfahrungen der vor 1925 und nach 1950 Geborenen so weit auseinander lagen wie nie zuvor, und drittens in dem, was er die Globalisierung der Kommunikation nennt. Damit meint er, dass die Studenten zum ersten Mal weltweit und ohne große Mühe sich untereinander verständigen oder voneinander lernen konnten durch moderne Verkehrsverbindungen, internationale Presse und moderne Telekommunikation, zum Beispiel auch einfach über das Fernsehen. Tatsächlich hatte der deutsche SDS schon in den frühen Sechzigerjahren Kontakte mit dem amerikanischen SDS, und diese deutschen Radikalen waren dann das

Vorbild für die Studenten von Paris im Mai 1968. So kamen sie überall auf die Idee, »Machen Sie doch mal Revolution«, wie es auf dem Titelblatt der Zeitschrift *Pardon* im Januar 1968 hieß. Das etwa könnte es gewesen sein, wenn man unbedingt eine globale Erklärung braucht für eine globale Studentenrevolte.

ZWEITER TEIL

Zwischenberichte und Zwischenergebnisse

1968–1969

	1968
27. Juni	Erste Besetzung des Rektorats der Freien Universität Berlin
10. Juli	Zweite Besetzung
13. September	Helke Sander und die Tomaten auf Hans-Jürgen Krahl
10. Oktober	Berliner Vorschaltgesetz
4. November	Schlacht am Tegeler Weg
7. November	Beate Klarsfeld ohrfeigt Bundeskanzler Kiesinger
8. Dezember	Besetzung des Frankfurter Soziologischen Seminars
	1969
31. Januar	Besetzung und Räumung des Instituts für Sozialforschung in Frankfurt

Die Internationale aus der Musikbox

Berlin im Herbst 1968. Die Außerparlamentarische Opposition im Zerfallsprozess. Aber keiner merkt es, weder die Studenten noch die von ihnen bedrohten Professoren, die Politiker nicht und auch nicht die Journalisten, nicht die Berlinerinnen und Berliner. Berlin besteht aus vielen Welten. Mir stehen zwei zur Verfügung. Die eine ist die juristische Fakultät der Freien Universität mit einem guten Dutzend Kollegen. Ich lese »Sachenrecht«, viermal in der Woche morgens von neun bis zehn. Das hatten sie so vorgesehen, und es ist wahrhaftig nicht die Zeit, in der ich ausgeschlafen bin. Viel besser ist es nachmittags um zwei, wie ich es später machte. Damals immerhin hatte ich zu dieser Zeit dienstags die »Übungen im Bürgerlichen Recht für Fortgeschrittene«. Die Vorlesung jedenfalls war eine mittlere Katastrophe. Dazu kamen freitag abends Einladungen zum Essen bei den neuen Kollegen. Das war noch schlimmer als die Vorlesung morgens um neun. Dunkle Anzüge, weiß gedeckte Tische mit Kerzenleuchtern, mehrere Damen und Herren, sehr professoral, ernste Gespräche. Das war nicht die Welt für einen, der zehn Jahre in München-Schwabing gelebt hatte und die letzte Zeit als Assistent bei einem wirklich großen alten Lehrer.

Hier fühlte ich mich wie Schneewittchen bei den sieben Zwergen und ging danach, noch am selben Abend, in die Gegenwelt. Die hieß »Herta«, hatte nichts zu tun mit dem bekannten Fußballklub, der sich mit th schreibt, war eine normale Eckkneipe in Charlottenburg, heute wieder gut bürgerlich und damals ein Stammtisch der APO. Dicht gedrängt standen die Revoluzzer in den beiden kleinen Räumen, die mit Zigarettenrauch besser versorgt waren als mit Beleuchtung, aber sehr malerisch mit diesen bunten

Gestalten, die nicht mehr in Anzug und Schlips erschienen wie auf den Fotos zwei Jahre zuvor. Jeans waren jetzt die Mode und Pullover, die Haare länger, Nickelbrillen sehr beliebt, und einige kamen in Kleidung, die an Bilder von nordamerikanischen Indianern erinnerten und auch Schmuck von Federn hatte. Einen Flipper gab es dort und einen Kicker, Haschisch lag in der dicken Luft, und in einer Ecke stand die Musikbox. Die Musik der Revolution. Mick Jagger und sein »Street-Fighting-Man«, Bob Dylan mit »The Times They Are A-Changin«, die Beatles mit »Hey Jude« und Jimi Hendrix, und wenn es mir zu viel wurde, nahm ich eine Münze und drückte dreimal auf meinen Lieblingsschlager aus den Zwanzigerjahren, komponiert 1888 von einem Franzosen und jetzt in der deutschen Fassung von Emil Luckardt 1910: »Wacht auf, Verdammte dieser Erde …« – das passte gut zu Frantz Fanon aus Martinique – »… die Internationale erkämpft das Menschenrecht«, auch häufig gesungen auf größeren Veranstaltungen der APO mit gestreckten linken Fäusten und beliebt bei Demonstrationen durch die Stadt, aber gar nicht gern gehört von Berlinerinnen und Berlinern.

In der »Herta« fühlte ich mich wohl. Die Stimmung war fröhlich und ungezwungen. Ich kannte auch schon einige Leute, denn ich wohnte nicht mehr im Gästehaus der Freien Universität, sondern in einer WG. WG heißt Wohngemeinschaft. Die war ähnlich malerisch wie diese APO-Kneipe, viel schöner als die sterile Innenausstattung des Gästehauses. Eine große Altbauwohnung am Rand des Westends, im Erdgeschoss, ähnlich duster wie die beschriebene Stammkneipe ihrer Bewohner, im Flur einige Autoreifen, ein Fahrrad an der Wand mit herunterhängender Tapete und ein ziemlich großes rotes Bild von Mao, das beleuchtet war von einer glasklaren Glühbirne, die mit einem Kabel an der hohen Decke hing. In München erzählte man sich, ich würde jetzt in einer Kommune wohnen. Falsch. Denn Wohngemeinschaften waren keine Kommunen mit dem Gebot jeder mit jeder, wie man sich das lüstern ausmalte da unten im Süden. Hier gab es ein Pärchen, zwei Brüder, ein Zimmer mit wechselnden Bewohnern, mal männlich, mal weiblich, und mich. Ein gemeinsames Badezimmer, nicht sehr sauber, aber mit vielen Zahnbürsten, eine gemeinsame Küche, fast nie aufgeräumt, viele gemeinsame Besuche auf so genannten Feten in befreundeten Wohngemeinschaften. Die Pausen wurden gefüllt in der »Herta«, wo ich eingeführt war von meiner WG.

»Herta« war nicht der einzige abendliche Sammelplatz der APO. Es gab noch zwei andere in derselben Seitenstraße des Kurfürstendamms. Wenn man aus der Richtung Gedächtniskirche kommt, dann rechts einbiegt in die Schlüterstraße, dann war kurz hinter der nächsten Ecke schon der erste: »Zum Schotten«. Es wurde getanzt und gekifft. Der Genuss von Haschisch muss um die Jahreswende 1967/68 von den Revolutionären eingeführt worden sein, etwa zur selben Zeit wie die Veränderung des Outfits. Vom »Schotten« wieder eine Ecke weiter direkt vor der S-Bahn-Überführung das zweite Zentrum, aber eigentlich nur zugänglich für die Häuptlinge von SDS und SHB, nicht für das normale Fußvolk. Ein kleines, griechisches Lokal, »Taverne«. Da wurde nicht gekifft, sondern gesprochen über die nächsten taktischen Züge und die strategischen Ziele und nicht gern gesehen, was rechts und links geschah, von ihnen als Subkultur bezeichnet, beispielsweise im »Schotten« und – wieder drei Ecken weiter – in der »Herta«, in der geschwoft und gekifft wurde.

Optimistisch waren die Häuptlinge auch, aber nicht so fröhlich und verspielt wie die anderen. In der Nähe dieses APO-Zentrums in der Schlüterstraße kam die linke Schickeria zusammen, im Republikanischen Club, Wielandstraße, gleich um die Ecke, die arrivierte Intelligenz, Architekten, Künstler, Galeristen, Anwälte und auch der eine oder andere Direktor einer großen Firma, denn links war wirklich schick damals, und auch die schönen jungen Frauen waren da, die man ebenso im »Schotten« sehen konnte wie in der »Herta«. Richtig deutlich wurde der Niedergang der APO erst, als sie verschwanden, diese Schönen, und nicht mehr zu sehen waren in der linken Szene, die dann nicht mehr schick war, sondern nur noch mühsam. Das ist aber erst zehn Jahre später gewesen.

Dem großen Optimismus und dem großen Gefühl in dieser

einen Welt entsprach in der anderen eine Stimmung vom Untergang des Abendlandes, von Härte und Haltung, »und heißt dann: schweigen und walten, wissend, dass sie zerfällt, dennoch die Schwerter halten vor die Stunde der Welt«. So lernte ich Karl August Bettermann kennen, der nun ein Kollege war. Eine gemeinsame Sitzung der Fakultät mit dem Regierenden Bürgermeister Klaus Schütz im Rathaus Schöneberg, weil unsere Vorlesungen durch Go-ins immer wieder von Studenten gestört wurden, die diskutieren wollten über Disziplinarverfahren gegen Studenten der Film- und Fernsehakademie. Nicht nur in Berlin, in der ganzen Bundesrepublik war das Wintersemester 1968/69 an den Universitäten ein Ereignis von Streiks, Störungen, Blockaden, Besetzungen und Polizeimaßnahmen, besonders wegen Straf- und Disziplinarverfahren. In Bochum, Bonn, Göttingen, Hamburg, Hannover, Kiel, Köln, München, Saarbrücken, Stuttgart und am heftigsten in den beiden Zentren Berlin und Frankfurt. Zurück nach Berlin. In der Besprechung mit der Juristischen Fakultät schlägt Klaus Schütz einen Polizeieinsatz vor. Dazu Karl August Bettermann, Professor des Staats- und Verwaltungsrechts, in verächtlich schnarrendem Ton: »Das ist doch auch keine Truppe mehr.«

Tatsächlich saß der Feind jetzt im eigenen Haus. Jurastudenten waren bisher eher brav. Aber bei dieser Welle von Disziplinarverfahren an allen Fakultäten wurden auch sie erst einmal rebellisch. Am 9. Januar 1969 Beschluss der Vollversammlung im voll besetzten großen Hörsaal der Juristen, in dem ich morgens um neun – mit sehr viel geringerer Beteiligung – immer Sachenrecht lesen musste:

> »Die Vollversammlung fordert die Juristische Fakultät zur Rücknahme von Ordnungs- und Strafverfolgungsanträgen bis Montag, den 13. Januar 1969, um 15.00 Uhr auf. Sollte dies nicht erfolgen, wird der Streik an dieser Fakultät unbefristet fortgesetzt, und die Studenten aller Fakultäten werden aufgefordert, ab Montag ab 14.00 Uhr über mögliche Maßnahmen gegen Ordnungsverfahren und Hausordnung zu diskutieren und zu beschließen.«

Die Kollegen halten die Schwerter vor die Stunde der Welt. Es kommt zu Schlägereien zwischen Studenten, die studieren, und solchen, die streiken wollen. Und dann gibt der Dekan bekannt, dass ab sofort alle Vorlesungen der Juristischen Fakultät für eine Woche ausfallen. Wieder ein erstes Mal in der Geschichte der Freien Universität, nämlich die erste Einstellung des Lehrbetriebs einer ganzen Fakultät. Eine Woche später verteilt der AStA ein Flugblatt:

> »Mit der Einleitung der Relegationsverfahren hat der Senat die Machtfrage gestellt – aufgrund einer falschen Analyse. Nun stellen wir die Machtfrage – aufgrund einer richtigen Analyse.«

Die richtige Analyse führt zum aktiven Streik, also der gewaltsamen Verhinderung von Lehrveranstaltungen. Und so findet in meiner ersten Welt eine Sitzung der Juristischen Fakultät morgens um zehn in der Wohnung des Dekans statt, denn der Sitzungssaal im Dahlemer Gebäude ist unsicher, nachdem am vorangegangenen Tag ein Stoßtrupp aus einer Vollversammlung im Audimax ins Dekanat gekommen war und Türen aufgebrochen hatte, um belastendes Material gegen professorale Rädelsführer zu sammeln und sogar der Vorschlag kam, den Dekan als Geisel zu nehmen. Also saßen wir in seinem gemütlichen Wohnzimmer, die Jüngeren hinten und neben mir ein elektrischer Zimmerspringbrunnen, gelbgrüne Plastikschalen mit Beleuchtung und verspieltem Plätschern. Der Lehrbetrieb wird endgültig eingestellt bis zum Ende des Semesters und damit meine katastrophale Vorlesung zum Sachenrecht, wo ohnehin nur noch ein gutes Dutzend in dem Riesenhörsaal saß, der Rest von 400, die meine müde Gelehrsamkeit nicht mehr erleben wollten. Ich war gerettet und der APO sehr dankbar.

Trotz aller revolutionären Umtriebe, einer hatte was gemerkt. Am selben Tag, an dem ich neben dem Brunnen saß, erschien ein Artikel in der *ZEIT* von Kai Hermann unter der Überschrift »Von der Agonie der APO«:

»...Gewiß, die Studentenopposition könnte eine imponierende Erfolgsliste aufstellen: An der FU etwa werden im Otto-Suhr-Institut die revolutionierenden Reformvorschläge des SDS von einst verwirklicht. Und verliefe das Experiment erfolgreich, könnten die Studenten ohne allzu viel Widerstand morgen die ganze Universität nach diesem Modell reformieren. Die linke Avantgarde hat eine Mehrheit der Studenten, viele Schüler, einige Lehrlinge politisch mobilisiert. Die antiautoritäre Rebellion hat zweifellos einige Wirkung auch über die Universität hinaus gehabt. Aber das alles sind für die Radikalisten keine Erfolge, die es zu verteidigen oder auszubauen lohnt. Sie träumen von der Revolution. Die Wirkung ihrer Aktionen ist derweil ins Gegenteil umgeschlagen...«

In meiner WG blieb man fröhlich. Wir trafen uns weiter in der »Herta«, wo die Atmosphäre optimistisch blieb und verspielt, ich drückte ab und zu auf den Knopf der Musikbox mit der Internationalen. Sie lebten in den Tag hinein und gingen gern ihrer Lieblingsbeschäftigung nach, die allgemein üblich war unter Revolutionären, die keine Achtung hatten vor Privateigentum. Sie klauten. Sie klauten in Buchläden, besonders gern Lebensmittel in Supermärkten und in den Kaufhäusern auch anderes, was nützlich war. Ich nahm das hin, denn es gab keine Pflicht zur Erstattung von Strafanzeigen wegen Diebstahls. Aber eines Tages wurde es mir in der WG zu viel. Wenn ich morgens um halb neun zur U-Bahn ging, auf dem Weg in die Vorlesung, schliefen die Revolutionäre natürlich noch, und ich beneidete sie. Wenn ich gegen elf zurückkam, waren sie immer noch nicht aufgestanden, und selbst dienstags um halb zwei, ich wieder auf dem Weg in die Übung, waren sie noch in den Federn. Aber abends voll solidarisch mit der Arbeiterklasse und ab und zu versteckte Hinweise auf meine privilegierte Stellung als Hochschullehrer und Klassenfeind. Nun ja, das war zu ertragen. Sie waren lieb und nett. Ich räumte die Küche auf. Auch im Badezimmer versuchte ich es ab und zu. Dann aber. Dann aber lief mir morgens ein kleines Tier auf den Fliesen entgegen, eine Wanze? Schwarz, eklig und sehr langsam. Das war's. Ich suchte eine eigene kleine saubere Wohnung, fand eine und zog aus, obwohl es dort bei weitem nicht so malerisch war wie in dieser schönen WG.

Niedergang der Revolte

Weder die Studenten noch andere in der Bundesrepublik merken, dass der Zerfall der APO beginnt. Im Gegenteil. Man hat das Gefühl, es geht erst richtig los. Und macht fröhlich weiter, und der Optimismus wächst. Obwohl der Kampf gegen die Notstandsgesetze und auch der Pariser Mai gescheitert waren und im Osten der Prager Frühling durch den Einmarsch von Truppen des Warschauer Pakts am 21. August zerschlagen wurde. Dieser Versuch eines Sozialismus mit menschlichem Antlitz hatte am 5. Januar in der Tschechoslowakei mit der Wahl Alexander Dubčeks zum Ersten Sekretär der Kommunistischen Partei begonnen. Der Prager Frühling endete nach sechs Monaten und zwei Wochen. Aber Paris und Prag waren wohl zu weit. Stattdessen sahen die Studenten in Westberlin und der Bundesrepublik die ungeheure Mobilisierung nach dem Attentat auf Rudi Dutschke, die 40 000 bei der Gegenkundgebung am 1. Mai in Berlin, die 50 000 beim Marsch auf Bonn und schließlich – im November – die Schlacht am Tegeler Weg vor dem Berliner Landgericht und meinten, die Revolution stehe kurz vor der Tür. Man sah nicht die Großwetterlage, die im Rückblick natürlich leichter zu erkennen ist.

Die APO hatte die Rolle als Außerparlamentarische Opposition nicht ganz zu Unrecht übernommen nach der Bildung der Großen Koalition 1966. Diese Rolle verlor sie spätestens am 28. September 1969, als Willy Brandt die Wahl zum Bundestag gewann und mit der FDP die Sozialliberale Koalition bildete, die sich schon andeutete im März, als der Sozialdemokrat Gustav Heinemann zum Bundespräsidenten gewählt wurde. Aber auch abgesehen von dieser Großwetterlage hätte man damals vielleicht sehen können, dass sich manches veränderte. Bisher war die Revolte im Wesentlichen getragen vom SDS. Er wurde zu groß. Schon auf der Delegiertenkonferenz im September 1968 konnte die »Organisationsfrage« nicht mehr gelöst werden, und so hat er sich Anfang 1970 endgültig aufgelöst. Stattdessen entstehen schon 1968 »Ad-hoc-Gruppen« in den einzelnen Fakultäten der Universitäten und »Basisgruppen« in den Stadtteilen. Im Sinne Rudi Dutschkes und seiner Freunde nicht unbedingt eine falsche Entwicklung, weil dies seinen rätedemokratischen Vorstellungen eher entsprach, von unten kam, während der SDS als Kaderorganisation eher oben gewesen ist. Das Ganze in der Illusion einer revolutionären Situation. Und das konnte nicht gut gehen. Weil es diese Situation nicht gab.

Aus den Ad-hoc-Gruppen entstanden Rote Zellen, aus den Roten Zellen maoistische kommunistische Parteien, die so genannten K-Gruppen, und nebenbei entstand auch noch die Rote Armee Fraktion und – nicht ganz so brutal – die »Bewegung 2. Juni«. Ein großer Teil der protestierenden Studenten ging in die im September 1968 in Offenbach gegründete Deutsche Kommunistische Partei, mehr oder weniger die alte KPD, die 1956 vom Bundesverfassungsgericht verboten worden war, und letztendlich nichts anderes als eine Zweigstelle der SED Ostdeutschlands im Westen, von der DDR finanziert und gesteuert und in der Bundesrepublik geduldet wegen der neuen Ostpolitik Willy Brandts. Juristisch hätte man sie ohne weiteres vom Bundesverfassungsgericht verbieten lassen können.

Also, die Revolte zerfaserte in viele Richtungen, und zwischen diesen Organisationen waren noch jahrelang die vielen nicht organisierten Linken aktiv, »undogmatische« in der Mitte zwischen den eher stalinistischen K-Gruppen und der DKP, auch Spontis genannt und nicht zu verwechseln mit jenen Militanten in Frankfurt, zu denen dann auch Daniel Cohn-Bendit gehörte und Joschka Fischer, die unter diesem Titel sich manche Schlacht mit der Polizei geliefert haben.

Auch Empörung kann Spaß machen. In Frankfurt war er ziemlich groß Ende Mai im Kampf gegen die NS-Gesetze, wie die Studenten die Notstandsgesetze nannten, die der Bundestag als Ergänzung des Grundgesetzes beschlossen hat. Ziemlich viel Spaß bei der Besetzung des Hauptgebäudes der Universität mit dem Rektorat. Nicht mehr nach Johann Wolfgang Goethe war sie benannt. Auf einem großen weißen Transparent über dem Haupteingang stand nun »Karl-Marx-Universität«. Das hatten die in Berlin noch nicht geschafft, zu denen immer eine gewisse Konkurrenz bestand, weil es da angefangen hatte und dort immer noch das Zentrum der Revolte lag. Und die Antiautoritären um Kunzelmann hatten gesagt, Revolution muss Spaß machen. Also sieht uns auf einem Foto aus Frankfurt ein fröhlicher junger Mann mit Brille an. Der steigt durch eine zerschlagene Glastür ins Rektorat, Lederjacke, Jeans, dunkler Pullover, offenes kariertes Hemd. Joschka Fischer.

In den besetzten Räumen findet die »Politische Universität« statt, autonome Seminare, eine Podiumsdiskussion, ein Teach-in, eine Siegesfeier im Rektorat mit alkoholischen Getränken und Zigarren, die für andere Gäste dort vorgesehen waren, und mindestens einer von denen, die nicht dafür vorgesehen waren, musste sich übergeben auf dem Teppich des Rektors. Das fand die *Frankfurter Rundschau* unter der Überschrift »Ein Rektorzimmer vollkotzen ist kein revolutionärer Akt« gar nicht lustig. Das Frankfurter Studentenidol Hans-Jürgen Krahl, nicht unbedingt ein Asket wie Rudi Dutschke, stellte das richtig auf seine Weise. Von alkoholischen Getränken sei tatsächlich Gebrauch gemacht worden, von Alkoholisierung der Beteiligten könne jedoch keine Rede sein. Er konnte nämlich viel vertragen. Am 31. Mai kommt die Polizei, räumt das Gebäude, und im Großen und Ganzen ist die zweite Hälfte des Semesters ruhig geblieben.

Nicht in Berlin. Der Spaß dort kam erst im Juni aus zwei Gründen, die schon seit langem für Empörung gesorgt hatten, zum einen der Skandal um einen Professor der Japanologie und zum anderen um eine neue Satzung des Otto-Suhr-Instituts der Politologen.

Schon drei Jahre zuvor hatten Studenten der Japanologie sich beschwert bei Rektor Lieber über Professor Eckart, für dieses Fach der einzige Hochschullehrer dort. Der mache ein ordentliches Studium unmöglich, könne noch nicht mal richtig Japanisch, so die Beschwerde, sei nicht in der Lage, die Texte richtig zu verstehen, komme unvorbereitet in Seminare und Übungen und glänze nur mit nazistischen und antisemitischen Sprüchen, oft sehr betrunken. Das sprach sich herum unter den Studenten der FU, der AStA sorgte für Verbreitung, weil das ein Paradefall sei für die Ordinarienuniversität, an der ein Professor tun und lassen kann, was er will. In diesem Fall durften noch nicht einmal seine qualifizierten Assistenten als Ersatz tätig werden, die von ihm abhängig sind.

Rektor Lieber bringt das vor den Akademischen Senat. Der drückt sich vor einer eigenen Entscheidung, die an sich möglich gewesen wäre, und lässt ein Disziplinarverfahren vor dem Berliner Verwaltungsgericht einleiten. Das dauert eine Weile. Die Studenten verlangen von der Universitätsspitze inzwischen Abhilfe, wenigstens die Einstellung eines zusätzlichen Dozenten. Aber auch das wollen Rektor Lieber und der Akademische Senat dem Kollegen nicht antun. Ältere Semester der Studenten verlassen die FU und bereiten sich an anderen Universitäten auf ihr Examen vor. Schließlich kommt die Entscheidung des Verwaltungsgerichts: Gehaltskürzung um 60 Prozent. Aber Professor Eckart bleibt im Amt, und letztlich hilft das Urteil überhaupt nicht weiter. Rektor und Senat beschließen, Berufung einzulegen zum Oberverwaltungsgericht. Auch das dauert. Deshalb wird endlich die Philosophische Fakultät aktiv, holt Gutachten ein, auch bei auswärtigen Kollegen, und kommt zu dem Ergebnis, die Zustände im Japanologischen Seminar sind unerträglich. Deshalb stellt ihr Dekan im Akademischen Senat den Antrag auf Entlassung Eckarts. Der Senat lehnt ab. Der Dekan stellt den Antrag noch einmal, noch dringlicher. Wieder abgelehnt.

Nun verlieren die Studenten die Geduld und besetzen das kleine Japanologische Seminar in der Nähe des Henry-Ford-Baus. Als das nichts nützt, gehen sie eine Woche später in die nächsthöhere Einheit, das Ostasiatische Institut, eine Riesenvilla, in der vor dem Krieg Max Schmeling mit seiner Frau Anny Ondra gewohnt hatte. Das Institut wird besetzt. Am nächsten Tag ruft der Rektor die Polizei und lässt räumen, die kleine Villa und die große, am 27. Juni 1968 morgens. Am Nachmittag eine Protestversammlung, einberufen vom AStA, eine Vollversammlung von Studenten aller Fakultäten. Das Audimax ist überfüllt. Der AStA bezeichnet die Räumung als unerträgliche Provokation. Wie auch immer. Jedenfalls war es unverantwortlich vom Rektor, den Studenten nicht zu helfen.

Die Vollversammlung fordert ihn auf, das mit ihnen zu besprechen, und zwar bis 16 Uhr. Er kommt nicht. Sie gehen zum Rektorat, gleich nebenan. Das hatte er erwartet und um Polizeischutz gebeten. Den Studenten gelingt es trotzdem einzudringen. Die erste Rektoratsbesetzung in Berlin, genau einen Monat nach der in Frankfurt. In dieser Villa wird es noch lustiger als dort. Abends wird getanzt, und die Polizisten draußen überlegen schon mal, wer von ihnen welche der hübschen Studentinnen heraustragen soll, wenn der Befehl zur Räumung kommt.

Er kommt erst um Mitternacht, weil in einem Dorfkrug darüber verhandelt wird, ob der Rektor nicht doch mit den Studenten sprechen soll, die dann die Besetzung aufgeben wollen. Im Dorfkrug sitzen auf der einen Seite Rektor Harndt, einige Mitarbeiter und Mitglieder des Akademischen Senats, auf der anderen der Regierende Bürgermeister Klaus Schütz, zwei Senatoren, der Polizeipräsident und Mitglieder des Abgeordnetenhauses. Die Studenten tanzen. Die Politiker drängen den Rektor, mit den Studenten zu reden. Der Fall Eckart sei doch tatsächlich ein Skandal. Aber der Rektor weigert sich. Um Mitternacht wird geräumt. Professor Eckart ist ein halbes Jahr später gestorben.

Als ich eineinhalb Jahre später Vizepräsident der FU wurde, sind wir in diese kleine Villa eingezogen, die einmal die Residenz von Rektor Ewald Harndt war, jenes Rektors, der nicht mit Studenten reden wollte. Sein wichtigster Mitarbeiter von damals war mir nun unterstellt, und wir verstanden uns gut. Ich fragte ihn, warum er denn damals den Rektor davon abgehalten habe, mit den Studenten zu diskutieren, und erhielt die trockene Antwort: »Das konnte der doch gar nicht.« Ich musste lachen und ihm Recht geben. Rektor Harndt war sicher ein guter Zahnmediziner, aber wohl tatsächlich unfähig, eine solche Diskussion über dieses Thema mit diesen Studenten zu überstehen, ohne sich zu blamieren.

Das andere Problem war die neue Satzung für das Otto-Suhr-Institut, der erste Versuch einer Hochschulreform. Monatelang war verhandelt worden, und schließlich hatten sich – fast – alle geeinigt, Professoren, Assistenten, Studenten. Wortführer der Professoren war Alexander Schwan, dem es gelang, auch seine konservativen Kollegen zu überzeugen. Bei der entscheidenden Abstimmung ist keiner dagegen, zwei enthalten sich der Stimme. Im Institutsrat soll jene Drittelparität eingeführt werden, die zwei Jahre zuvor beim ersten Sit-in 1966 zum ersten Mal in einer deutschen Universität gefordert worden war.

Aber der Akademische Senat lehnt ab, das OSI soll die Satzung noch einmal überarbeiten. Das OSI weigert sich und stellt noch einmal den Antrag auf Genehmigung. Der Akademische Senat lehnt erneut ab. Deshalb am Ende des Semesters die zweite Rektoratsbesetzung, nicht mehr so lustig wie die erste, eher Vandalismus mit Barrikadenbau ohne Tanz, und dann kommt wieder die Polizei und räumt. Danach die Politik.

Nachdem die alte Ordinarienuniversität sich unfähig gezeigt hatte, ganz allgemein im Umgang mit Studenten und besonders im Fall Eckart, meinte die in der Stadt regierende SPD, man müsse den Professoren mal zeigen, wo Barthel den Most holt. Deutsche Redensart seit dem späten 17. Jahrhundert. Nicht ganz klar, wie sie zu erklären ist. Wahrscheinlich ist der Bartholomäustag gemeint, der 24. August, der wichtig ist für den Ausgang der Weinernte, obwohl der frühe Most hier noch nichts taugt, aber man doch schon sehen kann, wie die Weinernte im Herbst ausfällt. Die politische Ernte in Berlin fand statt im Herbst, am 10. Oktober 1968, als das Berliner Abgeordnetenhaus in einem so genannten Vorschaltgesetz beschlossen hat, dass einzelne Institute sich eine Satzung geben können ohne Genehmigung des Akademischen Senats, der nun ausgeschaltet war als Hüter der Herrschaft von Ordinarien. Ein Gesetz, das einem allgemeinen Gesetz vorgeschaltet war, das die Ordinarienuniversität endgültig beseitigt hat im nächsten Jahr, 1969.

Gewalt

In der »Herta« habe ich den Stolz der Helden erlebt, die vormittags Sieger geworden waren gegen die Polizei vor dem Gebäude des Landgerichts in Charlottenburg bei der »Schlacht am Tegeler Weg«, Montag, 4. November 1968. Die APO mit Blauhelmen, Pflastersteinen und verstärkt durch brutale Rocker aus dem Märkischen Viertel, die völlig überraschten Polizisten in normaler Dienstkleidung mit den alten Tschakos. Die Sieger kamen ins Lokal, wurden gefeiert, die Stimmung stieg, ich drückte auf der Musikbox den Knopf mit der »Internationalen« und dachte, die haben einen Knall.

Das war keine spontane Aktion, wie viele meinten. Am Freitag davor hatte der SDS auf einer Veranstaltung im Audimax der Technischen Universität zu der Demonstration aufgerufen, um gegen ein anwaltliches Ehrengerichtsverfahren zu protestieren, in dem Horst Mahler wegen seiner Beteiligung an der Demonstration und den Krawallen vor dem Springer-Verlag am Abend des Attentats auf Rudi Dutschke Berufsverbot erhalten sollte. Helme sollten sie mitbringen, Handschuhe, Verbandszeug, Eier und Tomaten. Auch die Rocker waren geladen – als »Randgruppe«, wie man das damals nannte, die ein Ersatz für die noch nicht mobilisierbare Arbeiterklasse war. Es wurde die größte Straßenschlacht der APO gegen die Berliner Polizei. 1000 Demonstranten gegen 400 Polizisten. Am Ende der Schlacht werden 130 verletzte Polizisten gezählt und 22 verletzte Demonstranten, zusätzlich, was die Berlinerinnen und Berliner am meisten empörte, einige verletzte Polizeipferde. Auf den Straßen lagen die Pflastersteine. Ein Journalist der *Zeit* hat sie gezählt. 2371 sollen es gewesen sein. Das Verfahren im Gericht war nicht mehr interessant. Es endete mit einem Freispruch für Horst Mahler.

Nach der Schlacht sind sie am Mittag wieder im Audimax der Technischen Universität, die Stimmung steigt, sie feiern ihren Sieg, und Christian Semler – einer der Häuptlinge im SDS – sieht den größten Erfolg dieser »exemplarischen Aktion« darin, dass Polizeiketten durch massiven Steinwurf bekämpft worden sind. Exemplarische Aktion ist das Stichwort, und exemplarisch heißt beispielhaft, nämlich für die Zukunft und für die Arbeiterklasse. Das Flugblatt des SDS dazu zwei Tage später:

> »Unser Widerstand gegen die Polizei, Bürgerkriegsinstrument gerade in Westberlin!, befreite uns aus der Lage des duldenden Opfers, in der uns so viele ›Freunde‹ gerne sehen. Unser Widerstand war unseren Kräften angemessen. Er wird nicht nur von den unmittelbar Betroffenen verstanden, sondern auch von all jenen, die die simpelste Verbesserung ihrer Lage nur durch organisierten Kampf erreichen: den lohnabhängigen Massen. Wer eine Widerstandsaktion gegen die Polizei als Abenteurertum bezeichnet, gibt seinen Bankrott als linke Organisation bekannt.
> Es gibt keine Militanz an sich. Jede Militanz ist im Klassenkampf progressiv oder reaktionär nach den politischen Zielen, denen sie dient …«

Der SDS war nämlich in die dritte Phase studentischen Demonstrationsverhaltens übergegangen. Die erste war die bewegliche, die zweite die heroische, und jetzt kam die militante. Die Phase der Beweglichkeit war der Turnschuh. Den gab es schon damals, nur noch nicht so verbreitet im Alltag wie Ende des 20. Jahrhunderts. Man war jung, ohnehin beweglich, aber durch die Turnschuhe viel schneller als die Polizei mit ihren schweren Stiefeln, und konnte so in vernünftiger Feigheit überflüssige Körperverletzungen und Festnahmen und Verhaftungen vermeiden. Dann kam die zweite, die heroische Phase, malerisch festgehalten von vielen Fotos der

Zeit, auf denen Studenten der Arbeiterklasse ihre Glaubwürdigkeit beweisen konnten als Opfer der Staatsgewalt, wie Rudi Dutschke Arm in Arm mit anderen vor Absperrgittern der Polizei und bereit zu Festnahme und Verhaftung oder kleine Gruppen eng aneinander gedrängt und nach vorn gebeugt gegen Wasserwerfer der Polizei, und zwar besonders eindrucksvoll, wenn man noch ein möglichst großes Holzkreuz dabei hatte und dem Wasser entgegenhalten konnte, um zu zeigen, dass man im Klassenkampf nicht nur christlich-moralisch war, sondern auch bereit zum Martyrium im kalten Wasser.

Da die Arbeiterklasse zu ähnlichen Opfern aber nicht bereit war, wurde diese »exemplarische Aktion« ersetzt durch die Militanz in der Hoffnung, damit ein Beispiel zu geben, dem die Masse der Lohnabhängigen folgen würde. Ebenfalls vergeblich, denn die Massen dachten nicht daran und duldeten nicht nur, sondern wollten sogar, dass die Polizei nun militärisch aufgerüstet wurde für die nächste Schlacht. Die war dann, am 4. November, nicht mehr zu gewinnen gegen Polizisten mit Helmen und Plastikvisieren statt der altertümlichen Tschakos und mannshohen Schildern statt der Regenmäntel. Der SDS war einfach größenwahnsinnig geworden durch den Erfolg seiner bisher symbolischen Aktionen und wollte nun zur tatsächlichen Tat übergehen, die die Arbeiterklasse, falls es sie überhaupt noch gab, natürlich noch weniger verstehen konnte. Wie eine Geschichte zeigt, die damals von Studenten lachend erzählt wurde über eine Demonstration mit vielen roten Fahnen durch das proletarische Moabit. Da wurde nicht nur in Sprechchören gefordert: »Bürger, lasst das Glotzen sein, kommt herunter, reiht euch ein!«, oder: »Bürger, runter vom Balkon, unterstützt den Vietcong!«, mit der ehrlicheren Variante: »Unterstützt den Vietcong – stürzt euch runter vom Balkon«, sondern auch unmittelbar appelliert an die eigenen Interessen: »Was wir wollen – Arbeiterkontrollen!«, worauf einer aus der Zielgruppe zu seinem Nachbarn vor einer Eckkneipe sagte: »Wat – von denen lass ick mir doch nicht kontrollieren.«

Drei Tage nach der Schlacht wird im überfüllten Audimax der

Freien Universität über die exemplarische Aktion diskutiert. Niels Kadritzke vom SHB, ehemaliger AStA-Vorsitzender, kritisiert die Militanz: »Heute ist zum ersten Mal die sonst immer zwingende Notwendigkeit zur Solidarisierung innerhalb der APO durchbrochen. Es gibt jetzt nicht mehr die Situation, dass jede Einzelaktion nachträglich dann auf die Kappe der APO genommen werden muss.« Christian Semler vom SDS wiederholt, endlich seien die Opfer staatlicher Gewalt sich bewusst geworden, dass sie sich aus dieser Lage durch Gewalt befreien können. Dann meldet sich Helmut Gollwitzer zu Wort, Professor der Theologie, klein, knorrig, jetzt fast 60 Jahre alt und von Anfang an das moralische Rückgrat der Studentenbewegung: »Es gibt eine Menschengruppe, für die Gewalt kein Problem ist, das sind die Faschisten … Ein Sozialist, für den Gewalt kein Problem ist, ist für mich kein Sozialist«, und zitiert Lenin zum Beweis. Darauf Christian Semler: »Ein Kleinbürger zitiert Lenin«, und alle lachen. Aber der alte Gollwitzer bekommt auch Beifall und sagt über das Gelächter zu einem seiner studentischen Freunde: »Da müssen wir jetzt durch, Jürgen.« Die erste Vollversammlung seit 1965, die in sich gespalten war.

Noch etwas ist passiert am Tag dieser Vollversammlung, morgens kurz vor elf auf dem Bundesparteitag der CDU in der Berliner Kongresshalle. Eine hübsche junge rothaarige Frau kommt mit einem Presseausweis durch die Einlasskontrolle, geht durch den Saal auf das Podium, wo Kurt Georg Kiesinger sitzt, Bundeskanzler der großen Koalition, und Autogramme verteilt. Sie geht ruhig auf ihn zu, gibt ihm mit großer Wucht eine Ohrfeige, ruft »Kiesinger Nazi!«, wird von den Sicherheitsbeamten überwältigt und auf Antrag des Kanzlers abends vor ein Schnellgericht gestellt. Beate Klarsfeld aus Berlin, verheiratet mit einem Franzosen in Paris. In einer vorbereiteten Presseerklärung begründet sie ihre exemplarische Aktion damit, dass Kiesinger im Reichspropagandaministerium unter Joseph Goebbels als Abteilungsleiter einer der einflussreichen Nazis gewesen sei, die jetzt erneut das deutsche Volk ins Verderben stürzen wollen. Das Amtsgericht Moabit verurteilt sie am Abend zu einer Gefängnisstrafe von einem Jahr ohne Bewährung, viel zu hoch, eine jener staatlichen Überreaktionen, die die APO groß gemacht haben, eine typische Überreaktion jener Justiz, die drei Wochen später im selben großen grauen Gebäude Dieter Kunzelmann fesseln lässt, weil er provozierend mit einem Krückstock zur Verhandlung kommt und der Vorsitzende Richter fürchtet, er wolle ihn damit angreifen. Statt ihm einfach den Stock abzunehmen.

Also, Beate Klarsfeld wird erst mal zu einem Jahr ohne Bewährung verurteilt, und als der Pulverrauch nach einiger Zeit verflogen war, hat das Landgericht die Strafe herabgesetzt auf das vernünftige Maß von vier Monaten mit Bewährung. Denn man darf nicht ungestraft andere ohrfeigen, und das wusste auch Beate Klarsfeld, die ein paar Monate einkalkuliert hatte. Die internationale Wirkung war ähnlich wie in der Bundesrepublik, nämlich ein großer Verlust des Ansehens der Regierung.

Als Frau Klarsfeld an jenem Novemberabend nach dem Urteil mit ihrem Anwalt Horst Mahler ins Audimax in Dahlem kam, wo über die Schlacht am Tegeler Weg mit Herrn Professor Gollwitzer diskutiert wurde, da war es schon spät, aber die Begeisterung groß über diese neue Gewalttat. Nur dass kaum jemand damals den Unterschied verstanden hat zwischen jener realen Gewalt am Tegeler Weg, die dem Staat ermöglicht hat, die Polizei zu militarisieren, und das mit großer Zustimmung in der Bevölkerung, und der Gewalt der Beate Klarsfeld, geborene Künzel. Diese Gewalt war symbolisch und moralisch gerechtfertigt und hat den Beifall gefunden bei vielen Gerechten, sodass sie sogar einen Strauß roter Rosen am nächsten Tag in ihrer Pariser Wohnung fand, und auf einer Karte stand: »Danke – Heinrich Böll«.

Aktiver Streik in Frankfurt am Main

Frankfurt am Main ist Goethe-Stadt, also Johann-Wolfgang-Goethe-Universität. Es ist auch die Stadt der Frankfurter Schule, war Sitz des Bundesvorstands des SDS, und dort lebte seit 1965 Hans-Jürgen Krahl, die andere charismatische Figur der Revolte neben Rudi Dutschke. Und Frankfurt war neben Berlin das andere Zentrum dieser Revolte, vor Heidelberg. Das hatte nur den dritten Platz in der Rangfolge revolutionärer Verdienste. Auch an anderen Universitäten war eine Menge los, wurde jedoch nicht so richtig wahrgenommen außerhalb des Lokalteils der Zeitungen dort, denn das Leben ist hart, aber ungerecht.

Universität, Frankfurter Schule und Hans-Jürgen Krahl waren eng miteinander verbunden, auch durch den aktiven Streik, der dort im Wintersemester 1968/69 stattfand. Ein aktiver Streik von Studenten unterscheidet sich von einem normalen Studentenstreik dadurch, dass man nicht einfach wegbleibt, sondern Lehrveranstaltungen durch Go-ins und Diskussionen aktiv verhindert, den Zugang zu den Räumen versperrt oder ganze Institute besetzt. Anlass für den Streik in Frankfurt war jenes vom Berliner Abgeordnetenhaus erlassene Vorschaltgesetz für das Otto-Suhr-Institut der Freien Universität, das einen drittelparitätisch besetzten Institutsrat ermöglichte. So etwas wollen sie auch haben, sagten Studenten der Soziologie der Johann-Wolfgang-Goethe-Universität und versuchten es mit diesem Streik durchzusetzen, den kurz zuvor schon ihre Kommilitonen der Pädagogik beschlossen hatten, weil der sozialdemokratische Kultusminister Ernst Schütte ihr Studium von acht auf sechs Semester verkürzen wollte.

Soziologie studiert man in Frankfurt an zwei Instituten, nämlich am Soziologischen Seminar der Universität, Myliusstraße im Westend, und daneben, besser gesagt auf einer etwas höheren Stufe, am Institut für Sozialforschung in der Senckenberganlage, an der auch das Hauptgebäude der Universität steht und das berühmte Naturmuseum mit den Dinosauriern. Das Institut für Sozialforschung war berühmt, gegründet in den Zwanzigerjahren und finanziert von einem reichen Getreidehändler für seinen Sohn, der das aufbaute mit anderen, die später diesen Ruhm begründeten. Ein privates Institut, weil dort Gesellschaftswissenschaft betrieben wurde auf der Grundlage von Karl Marx und Sigmund Freud, später genannt Frankfurter Schule oder kritische Theorie, und das war nicht nur damals politisch schwer unterzubringen an einer staatlichen Universität. Friedrich Pollock gehörte dazu und Max Horkheimer, Theodor Adorno und Herbert Marcuse, alle noch ziemlich jung, damals zwischen 25 und 30. 1933 mussten sie gehen, denn mit Adolf Hitler wurde es gefährlich für jüdische Intellektuelle, die natürlich wussten, was ihnen blühen würde. Sie trafen sich wieder in New York, nannten sich International Institute of Social Research und kehrten 1950 nach Frankfurt zurück, und ihr Institut hieß wieder Institut für Sozialforschung, jetzt eine halbprivate Einrichtung, verbunden mit der Universität, an der Adorno, Horkheimer, Pollock gleichzeitig ordentliche Professoren geworden waren. Marcuse blieb in den USA, lehrte zuletzt an der Universität von Kalifornien und war immer mit ihnen in engem Kontakt.

Ihr berühmtester Schüler wird Jürgen Habermas, in Frankfurt am Soziologischen Institut in der Myliusstraße seit 1964. Durch ihre Schriften sind sie – wie Herbert Marcuse – Wegweiser für die Studentenbewegung gewesen, die sich in diesem Wintersemester gegen sie wendete, ein Konflikt, der ähnlich war, aber nicht so leicht zu lösen mit einer einzigen Bemerkung, die überliefert ist von einem Berliner Philosophen am Anfang des 19. Jahrhunderts. Auf den Vorwurf des Widerspruchs zwischen seiner Theorie zur Moral in seinen Vorlesungen und der Praxis seines Privatlebens soll er den Kritiker gefragt haben, ob er schon einmal einen Wegweiser gesehen habe, der dorthin geht, wohin er zeigt. Das genügte den Studenten nicht mehr, zu denen Hans-Jürgen Krahl gehört, geschätzt von Adorno als einer seiner begabtesten Schüler, ein Lob, dem er als Wortführer der kritischen Studenten gegen die Praxis der Professoren einer kritischen Theorie voll gerecht geworden ist.

Allerdings waren, das muss auch gesagt werden, die Forderungen der Studenten überzogen. Nikolaustag 1968. Vollversammlung der Soziologen und Diskussion mit Jürgen Habermas, der das als Jüngster oft für seine Lehrer und älteren Kollegen übernahm, die, alle schon über 60, hin- und hergerissen waren im Widerspruch ihrer Sympathie für die Revolte und der Unmöglichkeit, deren überzogene Forderungen zu erfüllen. Außerdem ging das Benehmen der jungen Rebellen weit hinaus über das, was ältere Herren ertragen können, die als Oppositionelle viel gelitten haben und nun endlich anerkannt waren als Geistesgrößen der Bundesrepublik. Also Vollversammlung am Nikolaustag im dafür üblichen größten Hörsaal IV beim Hauptgebäude der Universität. Die Studenten fordern mehr als die OSI-Satzung. Die würde die Frankfurter Schule übernommen haben. Die Studenten fordern mehr, nämlich Halbparität und außerdem ein Drittel der für die Soziologie zur Verfügung stehenden finanziellen Mittel in eigener Regie. Darauf konnte auch Jürgen Habermas nur sagen: »Eine solche Satzung, meine Damen und Herren, muss scheitern, gleich wie erfolgreich, wie ich hoffe, ... die Tätigkeit, zu der Sie die Initiative ergreifen, sein wird.« Das war in der Tat eine indezente Selbstüberschätzung, allein über ein Drittel des Geldes zu verfügen und dann fifty-fifty mit Professoren und Dozenten über den Rest. Die Forderung wird nicht erfüllt, und die Studenten beschließen den Aktiven Streik.

Zwei Tage später besetzen sie das Soziologische Seminar in der Myliusstraße. Dann wieder eine Vollversammlung, wieder diese Forderungen und einiges mehr, diesmal mit Habermas und Adorno, eine provokative Rede eines SDS-Studenten. Die beiden Professoren verlassen den Hörsaal und geben ihre Antwort schriftlich, die Liste der Forderungen diene »der Taktik einer Konfrontation, die zur Selbstzerstörung führen muss«. Noch einmal versuchen die professoralen Halbgötter und Sympathisanten eine Einigung mit den Studenten. Vergeblich. Dann wird das Seminar von der Polizei geräumt, kurz vor Weihnachten. Polizeiwagen kommen in die Myliusstraße, aber die Studenten haben es geahnt und sind schon weg.

Anfang Januar demonstriert der Rektor. Es geht ja nicht nur um die Soziologie, auch um die Erziehungswissenschaften, deren Räume besetzt waren, und auch um viel Unruhe in anderen Fachbereichen. Er demonstriert mit einem Stuhl und mit einer Erklärung. Den Stuhl hält er in der Hand, um einem Fotografen zu zeigen, wie er sich gegen Studenten zur Wehr setzen würde. Auch Walter Rüegg – so heißt er – leidet an indezenter Selbstüberschätzung. Die Erklärung:

> »Im Dezember sind Lehrveranstaltungen in immer stärkerem Ausmaß durch rechtswidrige Aktionen radikaler Gruppen gestört oder unmöglich gemacht worden. Falls diese Störungen, gleichgültig in welcher Form, andauern, ist die Nichtanrechnung von Vorlesungen und Übungen in den betroffenen Fächern, die Schließung von Fakultäten oder auch der ganzen Universität die unausweichliche Folge ...
> In Zukunft werden Studenten, welche die Lern- und Lehrfreiheit durch ihre rechtswidrigen Aktionen aufheben wollen, sofort den Strafverfolgungsbehörden gemeldet. Besetzungen von Universitätseinrichtungen haben sofortigen polizeilichen Einsatz zur Folge ...«

Das ist durchaus nicht im Sinn der Frankfurter Schule, und sogar vier Juraprofessoren, Eberhard Denninger, Bernhard Diestelkamp, Dieter Simon, Rudolf Wiethölter, erklären dazu:

> »Mit der undifferenzierten Abwertung studentischer Reformversuche, die Teil der allgemeinen Reformarbeit in der Hochschule sind, wird die Erledigung notwendiger hochschulpolitischer Auseinandersetzungen durch verfehlte Maß-

> nahmen des Disziplinar-, Polizei- und Strafrechts bezweckt. Inhalt und Grenzen der Lehr- und Lernfreiheit können nicht von der Hochschulverwaltung einseitig dadurch festgelegt werden, daß sie unterschiedslos jede Abweichung von ›offiziellen Lehrveranstaltungen‹ unter rechtliche Sanktionen stellt. Die Bestimmung der Wissenschaftsfreiheit liegt ausschließlich bei allen am Wissenschaftsprozeß Beteiligten. Die Verfassung fordert gerade jene offene Auseinandersetzung, welche dieser öffentliche Aufruhr verhindern will.«

In diesem Sinne diskutieren die Professoren der Frankfurter Schule mit ihren Studenten und versuchen, zu einer Einigung zu kommen. Wieder vergeblich. Dann wird Ende Januar das Allerheiligste besetzt, das Institut für Sozialforschung. Die Studenten kommen, einer der Professoren fragt, was sie wollen, und erhält die Antwort von Hans-Jürgen Krahl: »Das geht Sie gar nichts an.« Die Professoren rufen die Polizei, lassen räumen, achten darauf, dass die Polizisten ohne Härte gegen die Studenten vorgehen, und stellen Strafantrag wegen Hausfriedensbruch. Der Sündenfall der Frankfurter Schule. 76 Studenten werden festgenommen, Krahl bleibt eine Woche in Untersuchungshaft. Hunderte erscheinen zum Termin eines Schnellverfahrens gegen ihn, der abgesetzt werden muss, weil sein Verteidiger zu viele Entlastungszeugen benennt. Danach Krawalle und Auseinandersetzungen mit der Polizei. Adorno an Marcuse in einem Brief Mitte Februar 1969, Semesterende:

> »Hier ging es wieder gräßlich zu. Eine SDS-Gruppe unter Krahl hatte einen Raum des Instituts besetzt und sich trotz dreimaliger Aufforderung nicht entfernt. Wir mußten die Polizei rufen, welche die im Raum Angetroffenen verhaftete; die Situation ist an sich scheußlich, aber Friedeburg, Habermas und ich waren bei dem Akt dabei und konnten darüber wachen, daß keine physische Gewalt angewendet wurde. Nun herrscht großes Lamento, obwohl Krahl die ganze Aktion nur organisiert hatte, um in Untersuchungshaft zu kommen und

dadurch die zerfallene Frankfurter SDS-Gruppe nochmals zusammenzuhalten – was ihm einstweilen auch gelungen ist. In der Propaganda werden die Dinge völlig auf den Kopf gestellt, so als ob wir repressive Maßnahmen ergriffen hätten, und nicht die Studenten, die uns zuriefen, wir sollten die Klappe halten und wir hätten hier gar nichts anzugeben. Dies nur zu Deiner Orientierung für den Fall, daß Gerüchte und gefärbte Darstellungen zu Dir dringen sollten.«

Marcuse im fernen Kalifornien hält die Räumung trotzdem für falsch. Man hätte die Polizei nicht holen dürfen, meinte er. Auch die Professoren des Instituts für Sozialforschung drückt ab und zu ein schlechtes Gewissen, denn im Grunde haben sie genauso gehandelt, wie der von ihnen kritisierte Rektor es gefordert hatte. Sie denken nach über die Rücknahme des Strafantrags gegen Krahl, Habermas ist dafür, die Älteren bleiben dabei trotz einiger Zweifel. Und so kommt es am Ende des Sommersemesters zur zweiten Hauptverhandlung vor dem Amtsgericht wegen Hausfriedensbruch, nachdem Adorno am Anfang des Semesters seine Vorlesung wegen dieses Konflikts endgültig abgebrochen hat. Er hatte es schon geahnt, dass was passieren würde. 22. April 1969, die Busenaktion in der »Einführung in dialektisches Denken«, wohl geplant vom SDS. Der Hörsaal ist voll besetzt. Adorno will anfangen, wird unterbrochen, drei Studentinnen in Lederjacken kommen nach vorn, entblößen ihren Busen, versuchen ihn zu küssen, und der alte Herr verlässt den Hörsaal, den er nie wieder betreten wird. Einen seiner begabtesten Schüler sieht er drei Monate später wieder, als Zeuge geladen, im voll besetzten Saal eines Gerichts.

»Krahl selbst ist fast schon personifizierte Höflichkeit und zu jeglicher Auskunft bereit. Der bleiche Student, dessen Kopf sich wegen des erblindeten rechten Auges pausenlos ruckartig in Bewegung befindet, brilliert mit seinem rhetorischen Talent und seiner Intelligenz, die streckenweise, verbunden mit einem gehörigen Schuß Arroganz, auf Gericht und Zeugen beleidigend wirken muß...«

schreibt die *Süddeutsche Zeitung* und auch über das »Kreuzverhör«, unter anderem zum Begriff der Besetzung oder, wie Adorno und Krahl sich ausdrücken, zur »Phänomenologie der Okkupation«, also über das Kreuzverhör, das einer seiner begabtesten Schüler mit seinem alten Lehrer veranstaltete. Das Urteil des Amtsgerichts blieb gemäßigt, eine leichte Freiheitsstrafe zur Bewährung für die Besetzung der Myliusstraße und eine milde Geldstrafe für die des Allerheiligsten. Der alte Lehrer ist drei Wochen später gestorben, 65 Jahre alt, wohl an Überarbeitung, und nun wird das schlechte Gewissen seinen begabtesten Schüler bedrückt haben, der schließlich doch noch dafür gesorgt hat, dass die Beerdigung in Ruhe stattfinden konnte mit 2000 Trauergästen und ohne Störung, die angedroht war vom militanten Flügel des SDS. Hans-Jürgen Krahl hatte ihnen gedroht, er würde gegen jeden losschlagen, der versuchen sollte, mit Eiern zu werfen.

Das war der große »Aktive Streik« in Frankfurt am Main, der für den SDS mit der Erfahrung endete, dass seine Bäume auch hier nicht in den Himmel wuchsen. Daneben wurde in jenem Wintersemester noch manche Gewalt angewendet, auch im Kampf mit der Polizei auf der Straße, aber alles in allem war es nicht so turbulent wie in Berlin, wo die Militanz in der Universität sehr viel größer gewesen ist und auch die Gewalt auf der Straße mit den Steinen am Tegeler Weg.

Hans-Jürgen Krahl

1943	Am 17. Januar in Sarstedt bei Hannover geboren
1961	Gründet Junge Union in Alfeld an der Leine, Mitglied der CDU
1963	Abitur in Alfeld, Studium der Philosophie in Göttingen
1964	Mitglied im SDS
1965	Studium der Philosophie in Frankfurt am Main
1967	Störung der Senghor-Veranstaltung in der Paulskirche
1968/69	Wortführer des SDS beim Aktiven Streik, Verhaftung
1969	Juli, Prozess wegen des Aktiven Streiks Dezember, Prozess wegen Störung der Senghor-Veranstaltung
1970	Am 14. Februar tödlicher Autounfall

Ein Buch liegt vor mit Zeugnissen aus jener wilden Zeit. Gelblich weißer Pappband, Titel in roter Schrift: Hans-Jürgen Krahl, *Konstitution und Klassenkampf*, Verlag Neue Kritik, Frankfurt 1971. Was er gesagt und geschrieben hat, das meiste gesagt und in Nachschrift von Tonbändern abgeschrieben, Reden desjenigen, der neben Rudi Dutschke die wichtigste Stimme im SDS gewesen ist. Am Anfang ein Artikel mit der Überschrift »Angaben zur Person«, die Nachschrift einer über einstündigen Erklärung, die er im Dezember 1969 vor dem Landgericht Frankfurt frei formuliert hat. Er war angeklagt mit zwei anderen wegen Landfriedensbruchs, den sie im September 1968 vor der Paulskirche begangen haben sollen, bei Protesten gegen die Verleihung des Friedenspreises des Deutschen Buchhandels an Leopold Senghor, Philosoph und Schriftsteller und damals Präsident des Senegal.

Hans-Jürgen Krahl konnte druckreif reden, stundenlang und besonders gern über das Verhältnis von Kritischer Theorie der Frankfurter Schule zur revolutionären Praxis. So auch hier, denn der Sechsundzwanzigjährige war die Personifizierung dieses Problems. Lesen Sie dieses Buch bloß nicht. Viele unverständliche Fremdwörter, komplizierter Satzbau, noch komplizierte Gedankenführung, aber alles frei formuliert und druckreif gesprochen. Für die Studenten im überfüllten Gerichtssaal damals erstaunlicherweise weitgehend verständlich. Die drei Richter und zwei Schöffen werden gestaunt und sich gelangweilt haben. Die Presse war beeindruckt. Zu dem, was wir im Allgemeinen das Leben nennen und das Persönliche, sagt er wenig. Das Wichtigste:

> »In Niedersachsen, jedenfalls in den Teilen, aus denen ich komme, herrscht noch zum starken Teil das, was man als Ideologie der Erde bezeichnen kann, und so habe auch ich mich, als ich meinen politischen Bildungsprozeß durchmachte, zunächst nicht anders als im Bezugsrahmen der Deutschen Partei bis zur Welfenpartei bewegen können. Ich konnte mir nicht einmal die Ideologien erarbeiten, die Liberalität und Parlamentarismus bedeuten – wenn man bedenkt, daß die Dörfer, in denen ich aufgewachsen bin…«

was nicht ganz korrekt ist. Es waren zwei Kleinstädte mit jeweils etwa 15 000 Einwohnern, nämlich Sarstedt bei Hannover und Alfeld an der Leine, also die Dörfer, in denen ich aufgewachsen bin,

> »…jene Nicht-Öffentlichkeit noch pflegen in ihren Zusammenkünften, die an die Rituale mittelalterlicher Hexenprozesse erinnern. Wenn man davon ausgeht, daß heute noch in vielen Teilen der Bundesrepublik, vom Bayerischen Wald bis zur niedersächsischen Heide, finsterste Ideologien der Mystik stattfinden, so war es sehr verständlich, daß mich mein Bildungsprozess zunächst einmal in den Ludendorffbund trieb, so daß ich begriffliches Denken nicht anders als auch der

> Mystik Meister Eckhards und Roswithas von Gandersheim erfahren habe, d. h. Ideologien, die, wenn man sie marxistisch interpretieren will, sicherlich ausgelegt werden können im Sinne eines utopischen Denkens, wie es Ernst Bloch getan hat, die aber, wenn man sie aus dem Erfahrungszusammenhang der herrschenden Klasse rezipiert, finsterste Unmündigkeit reproduzieren …«

Der Ludendorffbund war die von Mathilde Ludendorff – Witwe des berühmten rechtsradikalen Generals aus dem Ersten Weltkrieg – gegründete Religionsgemeinschaft »Bund für Gotterkenntnis«, antisemitisch, antichristlich, germanisch deutschtümelnd.

> »… Und so war es schon ein enormer Schritt an Aufklärung, als ich in meiner Heimatstadt Alfeld im Jahre 1961 die Junge Union gründete und der CDU beitrat … Und hier muß ich sagen, daß da gewissermaßen eine Odyssee durch die Organisationsformen der herrschenden Klasse hindurch begann, und es gehört, das möchte ich mir ganz persönlich zugute halten, ein enormes Ausmaß auch an psychischer Konsistenz dazu, in dieser finsteren Provinz zwei Jahre kontinuierlich an CDU-Versammlungen von Kleinstadt-Honoratioren teilzunehmen …«

In Göttingen wird er nach Beginn des Studiums Mitglied einer schlagenden Verbindung,

> »… was dort in hirnlosen Köpfen, die alle permanent Faschismus produzieren, vor sich geht, kann man zunächst gar nicht anders als elitär interpretieren. Aus dieser schlagenden Verbindung wurde ich allerdings rausgeworfen, nachdem ich einen antiautoritären Aufstand gegen einen Alten Herrn vorgenommen hatte … Nachdem mich die herrschende Klasse rausgeworfen hatte, entschloß ich mich dann auch, sie gründlich zu verraten, und wurde Mitglied im SDS.«

Dieser große Theoretiker des SDS war ein hoch gebildeter und scharfsinniger Mann. Er hatte nicht nur viel gelesen, er hatte auch ein phänomenales Gedächtnis. Marx und die Frankfurter Schule waren ihm vertraut, Kant, Hegel, Nietzsche, Platon und Aristoteles auf Griechisch, Hölderlin, George und Benn. Ganz anders als Rudi Dutschke, der auf Revolutionsliteratur spezialisiert gewesen ist, Krahl theoretisch weit unterlegen und von diesem in seiner typischen Arroganz einmal ein »revolutionäres Zirkuspferd« genannt worden war. Trotzdem haben sich beide gut verstanden und sich im SDS als Fraktion der Antiautoritäten gemeinsam durchgesetzt gegen die orthodoxen Marxisten-Leninisten, denn für beide stand die Freiheit im Vordergrund, nicht irgendeine Organisation.

Beide waren gleich groß oder besser gesagt klein, aber Krahl sehr zart, sehr blass, hatte als kleines Kind im Krieg bei einem Bombenangriff sein rechtes Auge verloren, das nun aus Glas war, und als Schüler ist er längere Zeit sehr krank gewesen, während Dutschke ein durchtrainierter Sportler war. Wie Dutschke kam Krahl aus kleinbürgerlichen Verhältnissen, machte aber ab und zu Andeutungen auf Herkunft von Adel, und manchmal fiel sogar der Name des Fürsten Hardenberg. Dutschke war mit Gretchen verheiratet, Krahl trotz vieler Bewunderer und Anhänger sehr einsam. Eine der frühesten Arbeiten, die in diesem gelblich weißen Pappband mit Titel in roter Schrift veröffentlicht ist, stammt von 1966. Da war er seit einem Jahr in Frankfurt. Sie hat die Überschrift »Ontologie und Eros – zur spekulativen Deduktion von Homosexualität« und beruft sich klug, aber in zweifelhafter Weise auf Platon gegen Aristoteles, um seine eigene Neigung zu begründen, zu der man sich damals öffentlich noch nicht bekennen konnte. Er sah sehr jung aus, mit dünnem dunklem Haar, nicht so wild wie Rudi Dutschke, intellektuell, mit Brille. War auch nicht so berühmt. In Frankfurt allerdings ist er für die Studenten genauso wichtig gewesen wie Dutschke für die Berliner. Bis heute wird er, weil nicht so berühmt, immer unterschätzt.

Also sieben Jahre in Alfeld, Abitur 1963, geht nach Göttingen, studiert Philosophie, Germanistik und Geschichte, ist 1964 im SDS, wechselt im nächsten Jahr nach Frankfurt ins Mekka der Kritischen Theorie, 22 Jahre alt, und im Antrag für die Immatrikulation auf die Frage nach dem Berufsziel steht die selbstbewusste Antwort »Hochschullehrer«. Ohne Zweifel, das hätte er geschafft, wurde aber Revolutionär und vergaß sein Ziel. War Doktorand bei Adorno über Naturgesetze der kapitalistischen Entwicklung bei Marx und kam nicht hinaus über Skizzen und Exzerpte aus demselben Grund. Oskar Negt beschreibt ihn, der damals Assistent bei Habermas war:

> »Hans-Jürgen Krahl, dieser zerbrechliche kleine Mann, den jüngst eine Illustrierte in gar nicht so unpassender Ironie als den ›Robespierre von Bockenheim‹ bezeichnet hat, ist der bei weitem reflektierteste. Er wußte wie kein anderer der 68er, Veränderungen der Machtverhältnisse und der gesellschaftlichen Strukturen in geschichtlichen und philosophischen Zusammenhängen zu deuten; er verfügte über die Kritische Theorie als Medium der Wirklichkeitsanalyse und hatte die klarste Vorstellung von den prekären Wechselwirkungen zwischen dem Privaten und der Politik, der Politisierung des Privaten, aber auch der Aneignung des Politischen fürs Private.
>
> Obwohl wir uns in seinen letzten Lebensjahren nahestanden, war unser Verhältnis am Anfang, als er in meinen Seminaren auftauchte und rechthaberisch immer die (wenn auch manchmal nur um Kleinigkeiten) bessere Deutung einer Textstelle anzubieten hatte, äußerst gespannt. Indem wir uns politisch annäherten, glich sich auch das persönliche Verhältnis aus. Die Art und Weise, wie Krahl komplizierte philosophische Sachverhalte in plausible strategische Handlungen zu übersetzen vermochte, übte auf mich eine ebenso große Faszination aus wie seine Fähigkeit, anderen Menschen etwas zu erklären, meiner dreijährigen Tochter das ›Kalte Herz‹ von Wilhelm Hauff und zu später Nacht in der Kneipe, nach einigen Lagen des ›doppelten Doppelkorn‹ einem Frankfurter Busfahrer den Fetischcharakter der Ware.«

Seit Mitte 1967 ist er allgemein als Kopf des Frankfurter SDS bekannt, der Riesentheoretiker, neben Dutschke der Einzige, der mühelos die Diskussion mit Habermas beim Kongress in Hannover nach der Beerdigung Benno Ohnesorgs aufnehmen kann. Überall ist er 1968 dabei, vom Vietnam-Kongress in Berlin über die Diskussion mit Dahrendorf auf dem Frankfurter Soziologentag im April, in der Bonner Beethovenhalle und auf dem Frankfurter Römerberg gegen die Notstandsgesetze im Mai, im Juli die vier Tage mit Marcuse im Audimax der Berliner Freien Universität, im September die Delegiertenkonferenz des SDS mit einer Rede, die eingeleitet wird durch die Tomaten Sigrid Rügers, tummelt sich im Herbst mit Megaphon auf der Buchmesse, wird vor der Paulskirche von der Polizei verprügelt, diskutiert darüber mit Adorno, Grass und Habermas und ist im Wintersemester beim Aktiven Streik nicht nur Sprecher des SDS, sondern aller protestierenden Studenten bis zu seiner Verhaftung bei der Besetzung des Instituts für Sozialforschung im Januar 1969. Diese Untersuchungshaft war vielleicht wirklich provoziert, um den Streik zu retten, wie Adorno zu seiner Entschuldigung in jenem schon zitierten Brief an seinen Freund Marcuse in den USA schreibt.

Am ersten Tag des Strafprozesses wegen der Besetzung wird er vorgeführt aus der Untersuchungshaft und ist Held der Studenten. »Unser Krahl will saufen, gebt ihm einen Doppelkorn«, singen sie im überfüllten Gerichtsgebäude. Einen Tag später lässt der Richter ihn mit der Auflage frei, sich einen festen Wohnsitz zu suchen und polizeilich anzumelden. Zwei Probleme. Seit längerem hatte er keine Wohnung, nur eine nicht sehr große karierte Stofftasche mit seiner ganzen Habe, keine Bibliothek, aber alles im Kopf, lebte mal hier in einer Wohngemeinschaft oder dort in einem Studentenheim, weil er kaum noch Geld hatte, das er sich oft mit dem Versprechen leihen musste, er werde es am nächsten Tag zurückzahlen. Daran sind manche Freundschaften zerbrochen. Die Revolution war wichtiger. Genauso wie abends unendlich viele doppelte Doppelkorn. Sein Alkoholismus war bekannt. Dann sang er: »Wir sind die Niedersachsen, sturmfest und erdverwachsen, aus Herzog Widukinds Stamm.« Erinnerungen an die Ideologie der Erde. Eines Abends, es war wieder sehr viel zusammengekommen, meinte eine Studentin, er solle zwischendurch mal ein Glas Wasser trinken. Hans-Jürgen Krahl antwortete mit dem amerikanischen Komiker Fields: »Was? Das glibbrige Zeug, in dem die Fische ficken?«

Auch 1969 eilt er von Termin zu Termin, ruft in Marburg bei einem großen Teach-in zu einem Streik an allen hessischen Universitäten gegen das neue – »technokratische« – Hochschulgesetz auf, will Jungarbeiter und Lehrlinge für den Kampf der APO mobilisieren, diskutiert mit Adorno im Juli bei der Fortsetzung des Prozesses wegen der Besetzung des Instituts für Sozialforschung. Ein merkwürdiges Verhältnis der beiden. In einem Brief an Günter Grass hatte dieser alte Lehrer ihn »einen seiner begabtesten Schüler« genannt, von denen er sich nicht selbst distanzieren wollte. Aber Grass hatte wohl das richtige Gefühl, als er in diesem Briefwechsel fragte: »Warum fürchten Sie sich vor Ihren Schülern?« Damit war Krahl gemeint. Furcht war wohl das falsche Wort. Adorno war mulmig, verständlich bei seinen Erfahrungen in der Hitlerzeit. Er hatte Sympathie für die Revolte, hatte wie die Studenten viele Vorbehalte gegen die kapitalistische Ordnung, aber auch das Gefühl, in der Bundesrepublik könnten die revoltierenden Studenten wieder schlafende Hunde wecken. Einen von ihnen, der kurze Zeit von der Polizei verhaftet war, soll er gefragt haben: »Haben Sie euch gefoltert?« Erinnerungen an die Gestapo, völlig vorbei an bundesrepublikanischer Wirklichkeit. Auch das war Theodor W. Adorno.

Hans-Jürgen Krahl macht weiter nach dem milden Urteil in diesem Prozess, ist wieder bei Protesten auf der Buchmesse, diskutiert hier und dort, ist der Mittelpunkt eines Hochschulseminars des SDS Ende September, versucht mit scharfer Kritik die Aufsplitterung in die K-Gruppe zu verhindern, und seit Oktober läuft beim Landgericht der Prozess gegen ihn wegen der Senghor-Veranstaltung vor der Paulskirche im vorigen Jahr. Am Anfang die »Angaben zur Person«, dazwischen Begeisterungsstürme für ihn aus dem

Publikum und schließlich Heiligabend das viel zu harte Urteil: Ein Jahr und neun Monate Gefängnis. Anfang Februar noch eine letzte Diskussion über Habermas:

> »Habermasens Entmaterialisierung revolutionärer Praxis der Tendenz nach zum sprachlichen Handeln evoziert anachronistische Vorstellungen der bürgerlichen Aufklärung. Auch hier geschieht eine Verbürgerlichung des Revolutionsbegriffes, die um so folgenreicher ist, als unter den Bedingungen der technologischen Reduktion des Sprachverhaltens nach Maßgabe instrumentalisierter Subjekt-Objekt-Verhältnisse aufklärerischer Parlamentarismus und bürgerliche Aufklärung eine historische Unmöglichkeit geworden sind.«

Und dann das Ende auf der Bundesstraße 252, die von Paderborn über Marburg nach Frankfurt führt, etwa 50 Kilometer vor Marburg, nachts, am 14. Februar. Hans-Jürgen Krahl sitzt neben dem Fahrer, der Wagen kommt wegen Glatteis ins Schleudern und stößt mit einem Lastwagen zusammen, der ihnen entgegenkommt. Krahl ist sofort tot. Er hat zweieinhalb Jahre für die Revolution offen und öffentlich gekämpft. Immerhin zweieinhalb Jahre. Nach der Beerdigung in Hannover treffen sich 100 Genossen vom SDS in der Technischen Universität, haben sich nicht mehr viel zu sagen, sind sich aber einig, dass der Verband aufgelöst werden soll. Nun war alles weg. Dutschke, Krahl und der SDS.

Weiberräte und Kinderläden

Es gibt, liest man, eine alte Frauenbewegung und eine neue. Die alte beginnt mit einer klugen, frechen und schönen Frau 1791 in Paris. Olympe de Gouges. Sie hatte die Erklärung der Menschenrechte gelesen, die 1789 in der französischen Nationalversammlung am Beginn der Revolution beschlossen worden war und durch das alte Europa ging wie ein Fanfarenton, besonders mit ihrem ersten Artikel:

> »Die Menschen werden frei und gleich an Rechten geboren und bleiben es«,

erkannte sofort, dass damit nur die Rechte der Männer gemeint waren, und schrieb eine »Erklärung der Rechte der Frau und der Bürgerin«. Artikel 1:

> »Die Frau ist frei geboren und bleibt dem Mann gleich an Rechten.«

Ihr folgten viele andere in den nächsten eineinhalb Jahrhunderten, auch Verbände von Frauen, aber sie erreichten nicht viel. Erst 1949 ist durch den energischen Kampf einer sozialdemokratischen Juristin gegen die Männer im Parlamentarischen Rat ihre Forderung bei uns verfassungsrechtlicher Inhalt in Artikel 3 des Grundgesetzes geworden. Sie hieß Elisabeth Selbert, wurde zweimal überstimmt und schaffte es im dritten Anlauf. Dann wurde es ganz allmählich etwas besser, auch mit Hilfe des Bundesverfassungsgerichts, aber es blieb eine große Lücke, die Juristen den Unterschied zwischen Verfassungsrecht und Verfassungswirklichkeit nennen. Schließlich entsteht in den Sechzigerjahren eine neue Frauenbewegung, zuerst in den USA das Women's Liberation Movement und dann 1968 dasselbe bei uns im Schoß der APO. Diese neue Frauenbewegung unterscheidet sich von der alten durch – ja, wodurch eigentlich? Die neue ist phantasievoller, sagt man, und zeichne sich aus durch Provokation. Aber phantasievoll und provokativ ist auch Olympe de Gouges gewesen, nicht nur mit ihrer Erklärung in Artikel 10:

> »Die Frau hat das Recht, das Schafott zu besteigen. Sie muss in gleicher Weise das Recht haben, die Rednertribüne zu besteigen«,

sondern auch in ihrem Leben, mit dem sie, gerade 45 Jahre alt, zwei Jahre später, am 3. November 1793, auf einem Schafott bezahlt hat. Ja nun also.

Im 20. Jahrhundert wird es etwas leichter. Dahinter steckt ein dramatischer Wechsel der Rolle von Frauen in der Wirtschaft. In den Vereinigten Staaten verdoppelte sich zwischen 1950 und 1970 die Zahl der verheirateten Frauen, die berufstätig waren, und das nicht mehr wie früher in Landwirtschaft und Industrie, sondern im Bereich von Dienstleistung. Besonders in der Mittelschicht. 1981 hatten sie dort einen Anteil von 50 Prozent aller Grundstücks- und Börsenmakler und fast 40 Prozent der Bankangestellten und Finanzberater. Ähnlich in Europa. 1950 lag der Anteil studierender Frauen in entwickelten Ländern zwischen 15 und 30 Prozent, 1980 waren es zwischen 40 und über 50 Prozent. Das ist der Hintergrund für den eindrucksvollen Aufstieg der neuen Frauenbewegung. Sie führt sogar zur Rebellion traditionell gläubiger Frauen in katholischen Ländern gegen die Dogmen ihrer Kirche, eine Rebellion, die sich in Italien durchgesetzt hat mit Volksabstimmungen über ein neues Scheidungsrecht 1974 und über eine liberale Regelung des Schwangerschaftsabbruchs 1981.

In der Bundesrepublik sind es Tomaten gewesen. Die flogen in den USA zwei Jahre zuvor den Frauen des SDS um die Ohren, als sie ihren männlichen Genossen erklären wollten, was ein männlicher Chauvinist ist, male chauvinist oder male chauvinist pig in der schärfsten Variante und abgekürzt MCP. Es gab sogar schwarze Regenschirme mit rosa Schweinchen bedruckt und dieser Kurzfassung darunter. Auch in der studierten Mittelklasse der Bundesrepublik fand das Wort Chauvi Eingang in die Umgangssprache, nachdem die neue Frauenbewegung sich hier am Nachmittag des 13. September 1968 mit sechs Tomaten, die in die umgekehrte Richtung geworfen wurden, in Szene gesetzt hatte.

Diese sechs Tomaten haben eine Vorgeschichte von neun Monaten. Sie beginnt am 26. Januar 1968 in einem kleinen Hörsaal des Henry-Ford-Baus der Freien Universität Berlin, voll besetzt mit 200 Frauen, zusammengerufen auf einem Flugblatt »An alle Frauen«:

> »Täglich reden wir von antiautoritärem Kampf, Politisierung, Selbsttätigkeit. Für viele muß diese Forderung Phrase bleiben, wenn sie nicht die materielle Möglichkeit haben, das auch durchzuführen, was sie als notwendig erkannt haben. Es sind vor allem die Frauen, die mit ihren Kindern zu Haus sitzen und höchstens mal demonstrieren können, während die Männer aktiv sind... Wir wollen diese Isolation aufheben, indem wir als erstes versuchen, schon jetzt die Möglichkeit für eine antiautoritäre Erziehung der Kinder zu schaffen. Vorschläge und Pläne gibt es.«

An diesem Tag gründeten sie den »Aktionsrat zur Befreiung der Frauen«, der wöchentlich in den Räumen des Republikanischen Clubs tagte. Dort wurde der Aufbau von Kinderläden geplant und jene Rede vorbereitet, die eine von ihnen auf der Delegiertenkonferenz des SDS im September in Frankfurt halten sollte, nämlich Helke Sander, 30 Jahre alt, Filmemacherin, Mutter eines Sohnes und der Idee von Kinderläden in Berlin. So weit die Vorgeschichte.

Am 13. September 1968 spricht Helke Sander auf der 23. Delegiertenkonferenz im Festsaal des Frankfurter Studentenhauses vor 200 fast nur männlichen Teilnehmern, deren Thema die Neuorganisation des Verbandes gewesen ist, der sehr groß geworden war und nicht mehr von Machteliten beherrscht werden sollte. In diese Debatte reihte sich Helke Sander ein in anderer Weise, als die männlichen Machthaber sich das vorgestellt hatten. Sie spricht über die Arbeit des Berliner Aktionsrates zur Befreiung der Frauen und darüber, dass der SDS in seiner Organisationsstruktur nur das normale Spiegelbild der gesamtgesellschaftlichen Verhältnisse im Kapitalismus sei mit seiner Herrschaft von Männern über Frauen, von männlichem Konkurrenzkampf und männlichem Leistungsprinzip, oder, um Antje Vollmer zu zitieren, die 1987 rückblickend den SDS eine Männerclique genannt hat, in der Studentinnen zum Tippen, Abziehen und Verteilen von Flugblättern abkommandiert und danach durch die ungemachten Betten ihrer Genossen gezogen wurden, die die Politik des Verbandes bestimmten und die großen Reden hielten. Dieses Problem der Herrschaft über Frauen werde von den männlichen Genossen tabuisiert, sagte Helke Sander, indem sie ihm den Namen Privatleben geben und von der politischen Arbeit unterscheiden. Das aber sei falsch. Man dürfe Privates und Politisches nicht trennen. Und:

> »Wir werden versuchen, unsere Position zu klären, wir verlangen, daß unsere Problematik hier inhaltlich diskutiert wird. Wir werden uns nicht mehr damit begnügen, daß den Frauen gestattet wird, auch mal ein Wort zu sagen, daß man sie, weil man ein Antiautoritärer ist, anhört, um dann zur Tagesordnung überzugehen.«

Die Herren Revolutionäre gingen aber zur Tagesordnung über, Hans-Jürgen Krahl zum Mikrofon und hielt eine vorbereitete Rede über die – männliche – Neuorganisation. Das hatten die Frauen erwartet, und für diesen Fall Tomaten besorgt, die von Sigrid Rüger, Romanistikstudentin aus Berlin geworfen wurden. Wütend springt sie vom Stuhl auf und beschimpft Krahl: »Du bist objektiv ein Konterrevolutionär und ein Agent des Klassenfeindes dazu!« Eine Tomate trifft ihn am Hals, eine landet am Tisch des Präsidiums, und eine klatscht gegen die Wand. »Mittags sind sie gekauft worden«, erzählt sie 20 Jahre später, und sie habe gedacht, »wenn ich sie nicht brauche, dann esse ich sie, ist ja auch sehr erfrischend in so einem stickigen Sitzungsaal.« Statt Erfrischung kam Empörung. Das Gemüse wurde gebraucht und nicht verbraucht.

Die Konferenz wurde abgebrochen und vertagt auf November in Hannover, nicht wegen des Angriffs der Studentinnen, sondern aus Ratlosigkeit über neue Formen der Organisation. Aber immerhin, die Tomaten zeigten Wirkung. Schnell bilden sich Frauengruppen in allen Universitätsstädten, die sich »Weiberräte im SDS« nennen, und auch die Überzeugung breitet sich aus, dass Privates politisch sei. Bei der Fortsetzung der Diskussion in Hannover zeigt sich wieder dasselbe Bild. Uneinigkeit und Ratlosigkeit in der Frage der Neuorganisation und eine zweite Kriegserklärung der Frauen, diesmal vorgetragen von einer Studentin aus Frankfurt, während gleichzeitig ein Flugblatt verteilt wird, das ihre Forderung brillant untermalt. Unter der Überschrift »Rechenschaftsbericht des weiberrats der gruppe frankfurt« die Abbildung von sechs ausgestopften männlichen Gliedern, die aufgezogen sind auf kleine Holzbrettchen wie die Geweihsammlung eines Jägers, darunter eine nackte Frau mit Hut und Beil auf einem Sofa und die numerische Zuordnung der einzelnen Trophäen mit den Namen führender SDS-Häuptlinge von Krahl bis Kunzelmann. Auf der Rückseite der Text:

»Wir machen das maul nicht auf!
wenn wir es doch aufmachen, kommt nichts raus!
wenn wir es auflassen, wird es uns gestopft: mit kleinbürgerlichen schwänzen, sozialistischem bumszwang, sozialistischen kindern, liebe, sozialistischer geworfenheit, schwulst, sozialistischer potenter geilheit, sozialistischem intellektuellem pathos, sozialistischen lebenshilfen, revolutionärem gefummel, sexualrevolutionären argumenten, gesamtgesellschaftlichem

Orgasmus, sozialistischem emanzipationsgeseich GELABER! Wenn's uns mal hochkommt, folgt: sozialistisches schulterklopfen, väterliche betulichkeit; dann werden wir ernst genommen, dann sind wir wundersam, erstaunlich, wir werden gelobt, dann dürfen wir an den stammtisch, dann sind wir identisch; dann tippen wir, verteilen flugblätter, malen wandzeitungen, lecken briefmarken: wir werden theoretisch angeturnt!

Kotzen wir's aus: wir sind penisneidisch, frustriert, hysterisch, verklemmt, asexuell, lesbisch, frigid, zukurzgekommen, irrational, penisneidisch, lustfeindlich, hart, viril, spitzig, zickig, wir kompensieren, wir überkompensieren, sind penisneidisch, penisneidisch, penisneidisch, penisneidisch, penisneidisch.

Frauen sind anders!

BEFREIT DIE SOZIALISTISCHEN EMINENZEN VON IHREN BÜRGERLICHEN SCHWÄNZEN!«

Seitdem hat sich in der APO die Diskussion über das Verhältnis von Männlein und Weiblein allmählich ausgebreitet. Die Männer wurden einsichtiger, manche sogar sehr, und die Frauen selbstbewusster. Aber es blieb ein Thema, das weitgehend auf den Bereich der Studenten beschränkt war. Bis 1971. Da kam »die Rettung von außen«, wie viele Studentinnen es empfunden haben. Die Frauenbewegung breitete sich plötzlich weit in die Gesellschaft der Bundesrepublik aus. Eine Journalistin hat ihnen geholfen, Alice Schwarzer, damals 28 Jahre alt. In Paris hat sie eine Aktion mit 343 Französinnen erlebt, die im *Nouvel Observateur* öffentlich erklärt hatten: »Wir haben abgetrieben und fordern das Recht auf freie Abtreibung für jede Frau.« Dasselbe organisierte sie mit 374 deutschen Frauen im *stern* am 6. Juni 1971, davon viele Prominente auf der Titelseite mit Bild. Eine breite Bewegung kam zu Stande, die schließlich den Bundestag erreichte, der 1974 mit sozialliberaler Mehrheit ein Gesetz erließ, mit dem der Schwangerschaftsabbruch innerhalb einer Frist von drei Monaten erlaubt wurde. Nach vielem Hin und Her, Entscheidungen des Bundesverfassungsgerichts und neuen Gesetzen ist das seit 1995 wieder, mit einigen Einschränkungen, geltendes Recht. Es ging aber nicht nur um die Selbstbestimmung von Frauen beim Schwangerschaftsabbruch, sondern wurde eine allgemeine Bewegung zur Durchsetzung von Gleichheit und Veränderung einer auf männliche Kultur konzentrierten Welt. Dafür schuf man wie die Studentinnen zunächst eigene Zentren, Frauencafés, Frauenhäuser für verfolgte und von Männer bedrohte Frauen, Frauenverlage, Frauenbuchläden, Frauenforschung, feministische Zeitschriften, und sie hatten Erfolg. Die Situation der Frauen hat sich verbessert. Auf die Frage, was von der Studentenbewegung übrig geblieben sei, hat Jürgen Habermas 1988 die verblüffende Antwort gegeben: »Frau Süssmuth.« Es war nicht nur Ironie. Er hat Recht. Und hat es auch begründet:

> »Eine liberale Familienministerin dieses Zuschnitts wäre vor 1968 in einer CDU-Regierung schwer vorstellbar gewesen. Ich meine das nicht einmal ganz ironisch, an diesem Faktum kann man sich einiges klarmachen. Der Marsch durch die Institutionen hat... sogar die CDU erreicht – nicht nur die Sozialarbeit, die Schule, den Kindergarten oder die Medien. Und weiter: daß die Ministerin ihr Ressort um Frauenfragen erweitert und die traditionelle Familien- und Jugendpolitik wenigstens in der Außendarstellung mit bemerkenswerten Akzenten versehen hat, ist Symptom einer Grenzverschiebung.«

Die Frauenbewegung der APO war von Anfang an verbunden mit dem Aufbau von Kinderläden. Dahinter standen zwei Überlegungen, eine praktische und eine theoretische. Die eher praktische war, dass antiautoritäre Mütter für ihre Kinder einen Kindergarten brauchten, da sie diese nicht in normale Kinderläden schicken wollten, die ganz normal wilhelminisch autoritär waren wie zu Kaisers Zeiten die »Kinderbewahranstalt«: zu einer bestimmten Stunde alle auf den Topf, Spaziergang, Mittagsschlaf. Die theoretische Überlegenheit war, dass an der Wurzel anfangen muss, wer radikal denkt. Und die Frauen wussten, dass als Wurzel für Veränderungen die Arbeiterklasse nicht zur Verfügung stand, und begannen deshalb mit dem Anfang der Menschen, ihren eigenen Kindern, die eine bessere Zukunft einleiten sollten. Kindergärten für die Kinder, nicht zur Entlastung der Mütter. Sie wurden Kinderläden genannt, weil in Berlin dafür viele kleine Läden mit günstigen Mieten leer standen. Obwohl es in Frankfurt anfing. Die Mutter der antiautoritären Kinderläden, Monika Seifert, hat es 1993 beschrieben:

> »Als ich mit meiner Tochter in England war, da stand sie immer am Zaun einer Grundschule und sagte: ›Auch Schule gehen wollen.‹ Und als wir dann zurückkamen, hab ich gesagt, ich muß unbedingt etwas machen – also, die in einen normalen Kindergarten zu schicken, das wäre nicht in Frage gekommen. Zumal ich ja über autoritäre Charakterstruktur gearbeitet hatte. Das war im Institut mein Job, meine Diplomarbeit und mein privates Interesse. Ich war die Entdeckerin von Wilhelm Reich gewesen. Über ihn wurde auch im Institut nicht geredet, er war auch bei Adorno tabu. Es gab in Frankfurt noch zwei, drei Schriften von Reich mit dem Stempel ›Von der SS beschlagnahmt‹. Ich hatte im SDS einen Arbeitskreis gemacht, die Studie *Autorität und Familie* von Erich Fromm gelesen, und da kam es überhaupt nicht in Frage, mein Kind in einen normalen Kindergarten zu schicken.
> Ich habe dann 1967 im Schwimmbad die Frauen von SDS-Genossen angesprochen, wie man das so macht, hab angefangen mit ihnen darüber zu reden. Das war nicht so einfach. Irgendwie hab ich es doch geschafft, und dann konnten wir im Herbst 1967 mit fünf Kindern anfangen.«

Und sie beschreibt auch die Grundgedanken, die dahinter standen und ganz einfach waren:

»Zumindest können die Einrichtungen für Kinder so sein, daß die nicht essen oder aufs Klo müssen, wenn die Erzieherin es anordnet. Heute ist es selbstverständlich, daß ein Kind mal zwei Stunden schläft und mal sechs, wie ich es machte. Ich dachte damals, hoffentlich mache ich nichts falsch in meiner rebellischen Art...
Ich finde es eine Verkennung von Wirklichkeit, zu sagen, wir müssen Grenzen setzen, und nicht davon auszugehen, auf welche Grenzen die Kinder an allen Ecken stoßen. Uns ging es darum, ihnen ein paar Grenzen zu ersparen. Wir sind selbst eine Grenze. Wir können es nicht aushalten, eine Wohnung zu haben, die kindgerecht ist. Eine gewisse Art von Gemütlichkeit wollte man zu Hause haben. Und wenn die Kinder einen Ort außerhalb der Familie haben, wo sie bestimmen konnten, wie es aussieht, dann war auch klar, es gibt einen Ort, wo wir bestimmen. Wir hatten ja Glück mit unserer Tochter, die war nicht so furchtbar, unsere Wohnung zu vermüllen.«

Die Eltern betreuten die Kinder selbst, abwechselnd jeder die ganze Gruppe, Mütter und Väter, antiautoritär und ohne Zwang. Gern wurde deswegen die Geschichte von dem kleinen Mädchen erzählt, das morgens einen der Väter fragt, der die Tür aufschließt: »Du, Werner, müssen wir heute schon wieder machen, was wir wollen?« In Berlin wurde unter den Eltern stärker diskutiert und psychologisiert als in Frankfurt, Elternarbeit als Gruppentherapie. Hier entstanden die ersten Kinderläden des Aktionsrats zur Befreiung der Frauen wohl schon im Januar 1968. Als Helke Sander im September darüber sprach, waren es schon fünf. Hier spielte auch die Sexualität eine größere Rolle. Dazu noch einmal Monika Seifert:

»Worum es ging, ist Kindern ihre Sexualität zu lassen. Wir haben die These vertreten, daß Erwachsenensexualität etwas ganz anderes ist... Wie viel körperlichen Kontakt ein Kind mit Erwachsenen braucht und wo die Grenzen sind, das haben

> wir auch diskutiert. So prüde wie wir waren, haben wir die Kinder eher auf Distanz gehalten, als daß sie zuviel gekriegt hätten. Da war die Kommune 2 in Berlin bestimmt offensiver.«

Die Kinderladenbewegung war eine der erfolgreichsten Erfindungen der APO, breitete sich schnell aus über die ganze Bundesrepublik. Ende der Siebzigerjahre verlor sie an Bedeutung, blieb trotzdem noch lange lebendig, bis Eltern allmählich wieder dazu übergingen, ihre Kinder anderen zu überlassen, privaten oder staatlichen Kindergärten, die sich inzwischen aber in die Richtung einer weniger autoritären Erziehung verändert hatten.

Antiautoritäre Erziehung und sexuelle Befreiung

An den Schulen war es ähnlich. Nach dem Krieg sind es dieselben Lehrer gewesen, die dieselben Tugenden predigten wie unter Kaiser Wilhelm und Adolf Hitler, also Fleiß und Ordnung und Disziplin – was wohl notwendig war für den Aufbau aus Zerstörung und Armut – und nicht Kritikfähigkeit, Selbstbestimmung und Widerstand gegen eine autoritäre Obrigkeit. Aber nun sind wir in der Bundesrepublik auf dem Höhepunkt des Wirtschaftswunders und auf dem Höhepunkt der Studentenrevolte. Da war es nicht schwer für den SDS, den Schlachtruf »Schluss mit Duckmäuserei und Arschkriecherei« auch in die Klassenzimmer zu schmuggeln, und zwar über die Gründung von sozialistischen Schülergruppen zuerst im Februar 1967 in Berlin und dann schnell überall in der Bundesrepublik. Rudi Dutschke als Vorbild war schon überall akzeptiert. Zwei Wochen nach der Erschießung Benno Ohnesorgs ist in Frankfurt von 29 Gruppen das Aktionszentrum Unabhängiger Sozialistischer Schüler gegründet worden, und vier Monate später bei der zweiten Delegiertenkonferenz dieser AUSS sind es schon 47 Gruppen mit 1800 Mitgliedern gewesen. An fast allen Schulen regte sich Emanzipatorisches, manchmal auch ganz schön radikal.

Nun wurde Alexander Neill entdeckt als Vorbild antiautoritärer Erziehung. Er hatte 1924 das Internat in Summerhill als Schule ohne Zwang gegründet, auch viel geschrieben darüber, das nun zusammengewürfelt wurde mit anderem zu einem Gesamtkunstwerk moderner Pädagogik, in dem die zum Teil sehr weit auseinander liegenden Theorien kaum noch zu unterscheiden gewesen sind. Erich Fromm gehörte dazu, der die Psychoanalyse mit Untersuchungen von Adorno und Horkheimer zur autoritären Persönlichkeit verbunden hatte und ganz anders als Neill forderte, auch die Triebstruktur von Schülern, Lehrern und Eltern vorsichtig zu berücksichtigen. Das passte den Schülern natürlich in den Kram, und mit dem »vorsichtig« nahmen sie es nicht so ernst. Am Rande der Entwicklung stand ein deutscher Professor und wurde immer wieder hineingezogen in diesen theoretischen Kuddelmuddel, Hartmut von Hentig, seit 1968 in Bielefeld, der die Schule als Polis organisieren wollte, als Bürgergemeinde und »Modell einer politischen, sich selbst regulierenden Lebens- und Lerngemeinschaft ... für die Ablösung von Belehrung durch Beteiligung«, womit er großes Ansehen erworben hat, auch bei den Mächtigen. Und über allen schwebte Wilhelm Reich, den Monika Seifert wiederentdeckt hatte und der jetzt in Raubdrucken vertrieben wurde als Kronzeuge für die Unterdrückung von Menschen durch Unterdrückung ihrer Sexualität oder – vielleicht besser formuliert – für die Befreiung des Menschen durch sexuelle Befreiung. Aus der Schule beschreibt das Ergebnis eindrucksvoll Sonja Düring, Psychotherapeutin, Jahrgang 1960:

> »Als ich politisch erwachte, waren Schule und Universitäten schon vom Muff der Tradition befreit, und die Frauen hatten sich längst zusammengeschlossen, um für ihr Selbstbestimmungsrecht zu kämpfen. Wo immer ich hinkam, die mythen- und sagenumwobene 68er Generation war immer schon vor mir da gewesen.
>
> Meine Generation profitierte von den kulturellen Umwälzungen, ohne sie erkämpft zu haben. In der Schule duzten wir die jungen Lehrer, bei denen wir diskutieren, in Frage stellen und andere Unterrichtsinhalte fordern konnten. Sie feuerten uns stürmisch zur Kritik an. Wer sich trotzdem nicht traute, wurde offen mißachtet. Gefragt war jetzt, wofür ich in der Grundschule noch die Eintragung bekommen hatte: ›Stört den Unterricht durch Dazwischenreden.‹ Das Klima war triebfreundlicher, aber auch rücksichtsloser geworden. Denen, die laut, impulsiv, angriffslustig und durchsetzungsfähig waren, gehörte das Feld.«

In den Schülerzeitungen jener Jahre konnte man viel erfahren über Emanzipation, sexuelle Befreiung, Kapitalismus und Sozialismus, Anarchie, die Techniken des Geschlechtsverkehrs und permanente Revolte an den Schulen. Standardwerk der sexuellen Aufklärung für Jüngere war ein Buch von Günter Amendt, SDS Frankfurt, *Sexfront*, mit vielen ungelenken, aber sehr deutlichen Zeichnungen über Einzelheiten. Dazu noch einmal Sonja Düring:

> »Mir fiel dieses Buch bei einem Klassenkameraden in die Hände. Ich schlug es neugierig auf und las dort sinngemäß: Wenn du auf eine Party gehst, frage zuerst, was es zu essen, zu trinken, zu kiffen und zu bumsen gibt. Ich war schockiert, fragte mich insgeheim, ob die Jungs das wirklich machen, und nahm mir vor, auf der Hut zu sein. Intuitiv hatte ich etwas dagegen, wie ein Nudelsalat behandelt oder in der Pfeife geraucht zu werden, aber es war schwer, sich der Botschaft einfach zu widersetzen.«

Die APO hatte das Glück, in einer Bundesrepublik zu entstehen, die nicht nur auf dem Höhepunkt ihres Wirtschaftswunders angekommen war, sondern seit einigen Jahren auch schon die Antibabypille kannte und noch nicht die Gefahren von AIDS. Und die alten Nazis mit ihren lustfeindlichen Ideen waren auch noch da mit Bundeskanzler Kurt-Georg Kiesinger an der Spitze. Da passte Wilhelm Reich politisch und persönlich vorzüglich ins Konzept. Also politisch, Wilhelm Reich, *Die Massenpsychologie des Faschismus*, geschrieben 1933:

> »Der deutsche Faschismus versucht es derzeit mit aller Macht, sich in den psychischen Strukturen zu verankern, und legt daher das größte Gewicht auf die Erfassung der Jugend und der Kinder. Er hat keine anderen Mittel zur Verfügung als Weckung und Pflege der Hörigkeit zur Autorität, deren psychologische Grundvoraussetzung die asketische, Sexualität verneinende Erziehung ist. Die natürlichen sexuellen Be-

strebungen zum anderen Geschlecht, die von Kindheit an zur Befriedigung drängen, werden im wesentlichen durch verstellte, abgelenkte homosexuelle und sadistische Gefühle, teils auch durch asketische Neigungen ersetzt. Das gilt etwa für den sogenannten Kameradschaftsgeist in den Arbeitsdienstlagern wie für die Einpflanzung des sogenannten Geistes von Zucht und Gehorsam.«

Eine sehr persönliche Reaktion dieses politischen Landes kam von hessischen Schülern, wohl männlichen, die ein Tauschgeschäft vorschlugen in einer ihrer Zeitschriften:

»Gebt uns unsere Antibabypille, dann ertragen wir euren Unterricht. Wir legen keinen Wert darauf zu erfahren, die geistig-seelische Liebe sei viel wichtiger oder die Geschlechtskrankheiten seien sehr verbreitet... Wir verzichten darauf, zu bürgerlichen Eheleuten erzogen zu werden... nur, wenn die Antibabypille in den freien Handel kommt, sind wir bereit, Sexualkunde über uns ergehen zu lassen.«

Auch der Pariser Mai 1968 hatte bekanntlich mit der Affäre Misoffe angefangen, jenem Jugendminister, den der rote Dany eine provokante Frage zur Sexualität von Studenten gestellt und der dem Studenten geantwortet hatte, wenn er Schwierigkeiten hätte mit seinen Trieben, solle er sich doch ins kühle Wasser des Schwimmbades begeben, das soeben eingeweiht worden war. Die Kultusminister der Bundesrepublik reagierten zehn Monate später anders und mit einem Beschluss über die Einführung von Sexualkunde in den Schulen und entsprachen damit Forderungen von Schülern und Studenten. Das hatte einen anderen Aufstand von Teilen der CDU/CSU, der Kirchen und vieler Eltern zur Folge, war lange umstritten als verfassungsrechtlicher Konflikt zwischen dem im Grundgesetz garantierten Erziehungsrecht der Eltern – »Was darf meine Tochter wann wissen?« – und dem dort ebenfalls erteilten Erziehungsauftrag von Schulen – »Was muss die Schule an notwendigen Kenntnissen unterdrücken?« Bis das Bundesverfassungsgericht neun Jahre später entschied, die Sexualkunde sei verfassungsgemäß, selbst wenn in einem Schulbuch zu lesen ist:

> »Begattung und Befruchtung. Wie kommt es zur Entwicklung eines Kindes? Wie wir wissen, müssen sich zwei Keimzellen miteinander vereinen, eine weibliche Eizelle und eine männliche Spermazelle. Dies kann bei der körperlichen Vereinigung von Mann und Frau geschehen. Dabei führt der Mann das versteifte Glied in die Scheide der Frau ein, wobei die Spermien abgegeben werden. Die Übergabe der Spermien nennt man Begattung. Die Spermien wandern durch die Bewegung ihres Schwanzfadens über die Gebärmutter in die Eileiter. Treffen sie mit einem reifen Ei zusammen, dann dringt eine Spermazelle mit Kopf und Mittelstück in die Eizelle ein und verschmilzt mit ihr. Dabei vereinigen sich die beiden Kerne, welche die Erbanlagen von Vater oder Mutter enthalten. Diesen Vorgang nennt man Befruchtung.«

Dies sei kein Eingriff in das Grundrecht der Eltern auf Erziehung, sagt das Bundesverfassungsgericht, nur »reine Information über Tatsachen«, und gibt mit seiner seitenlangen Entscheidung nach jahrelangem Kampf vor Verwaltungsgerichten zu diesem Thema eine eindrucksvolle Illustration für den Fortschritt von sexueller Freiheit in der Bundesrepublik.

Bei den Studenten war die Veränderung nicht so revolutionär. Erstens bedeutete akademische Freiheit schon seit langem auch einen gewissen Freibrief vom Keuschheitsgebot. Zweitens nahm die Zahl von Studentinnen seit den Fünfzigerjahren allmählich zu. Was für akademische Männlein und Weiblein nicht ungünstig war. Drittens gab es seit dem Anfang der Sechzigerjahre die Pille, die allgemein das Sexualverhalten liberalisierte. Viertens verschwand die Aufsicht von Zimmerwirtinnen in Universitätsstädten, weil es in Universitätsstädten immer weniger Zimmerwirtinnen gab, deren Zimmer immer häufiger ersetzt wurden durch Studentenwohnheime oder mit zunehmendem Wohlstand eigene kleine Wohnungen. Und das bedeutete eine Zunahme von sturmfreien Buden. In der APO wurde natürlich viel diskutiert, mehr als früher auch über Persönliches. Und Wilhelm Reich gab jetzt eine politische Legitimation für das, was man bisher eher diskret gemacht hatte, sodass jener Spruch eine gewisse symbolische Bedeutung bekam, der gern öffentlich verbreitet wurde als Motto der Bewegung: »Wer zweimal mit derselben pennt, gehört schon zum Establishment.«

Kunzelmann und Kommunen

1808	Charles Fourier, *Theorie der vier Bewegungen*
1884	Friedrich Engels, *Der Ursprung der Familie*
1939	Dieter Kunzelmann in Bamberg geboren
1960	Dieter Kunzelmann in München, Gruppe SPUR, später subversive Aktion
1966	Kunzelmann in Berlin, Mitglied des SDS
1967	1. Januar, Kommune 1 gegründet 2. Hälfte Januar, Kommune 2 gegründet April, Kommune 2 gescheitert Mai, Ausschluss Kunzelmanns mit anderen der K 1 aus dem SDS
1969	Kommune 1 gescheitert
1995	»Frohe Ostern, Sie Weihnachtsmann!«
1998	Eigene Todesanzeige Kunzelmanns in einer Berliner Tageszeitung
1999	Kunzelmann meldet sich zum bisher letzten Strafantritt

Dieter Kunzelmann steht am Anfang der Entwicklung von Kommunen in Berlin, die der fundamentalste Angriff aus den Reihen der APO auf die bürgerliche Gesellschaft gewesen sind. 1939 in Bamberg geboren, Sohn eines Sparkassendirektors, beginnt er eine Banklehre, bricht sie ab, lebt in Paris als Clochard, dann in München, wo sich in Schwabing ein letzter Hauch von Bohème erhalten hat. Zielsicher landet er in der Gruppe SPUR, einer Vereinigung widerborstiger Künstler, die an den Schwabinger Krawallen 1962 nicht unwesentlich beteiligt sind. Danach erweitern sie ihr Programm als »Subversive Aktion«, einer Mischung aus Dada, Surrealismus, Existentialismus, Psychoanalyse, Frankfurter Schule und einer erstaunlichen Portion an gebildeter Phantasie und Kraft zur Provokation, die oft witzig und geistreich ist, manchmal langweilig, häufig geschmacklos und ganz allgemein gedacht als Sprengstoff zur Beseitigung bürgerlicher Kultur und ihrer unterdrückten Sexualmoral. 1966 zieht Kunzelmann nach Berlin. Da ist mehr los. Er wird im SDS und in der APO einer der wichtigsten Spezialisten für Provozierendes als – seine eigenen Worte – »Obermufti des Chaos« und das für den Erfolg der Bewegung wichtige Salz in der Suppe. Später erwirbt er sich einen Ruf als fleißiger grüner Abgeordneter im Berliner Abgeordnetenhaus, bleibt sich trotzdem treu, zuletzt mit einer eigenen Todesanzeige in einer Berliner Tageszeitung 1998:

Nicht nur über sein Leben
Auch über seinen Tod
Hat er frei bestimmt
DIETER KUNZELMANN
1939–1998

Mit ihr inszenierte er ein vorläufiges Untertauchen, um selbst bestimmen zu können, wann er die bisher letzte seiner zahllosen Haftstrafen antritt, die ausgesprochen waren in Urteilen wegen Aktionen gegen den Berliner Regierenden Bürgermeister, die letzte in einem Gerichtssaal am 20. Dezember 1995, als er auf dem Kopf von Eberhard Diepgen mit den Worten: »Frohe Ostern, Sie Weihnachtsmann!« ein Ei zerschlug. Vier Jahre später taucht er wieder auf, inzwischen 60 Jahre alt, meldet sich zum Strafantritt und macht auch daraus noch ein Spektakel. Ein Leben als Gesamtkunstwerk.

Die Idee der Kommune stammt aus der Subversiven Aktion in München von Christopher Baldeney 1962. Sie nannten es Kohorte:

> »Die Subversive Aktion, bestehend aus Rädelsführern des organisierten Ungehorsams, als erster Schritt zur Verwirklichung der emanzipierten Gesellschaft der Kohorte, definiert

sich als eine direkt auf Aktion ausgerichtete Pariaelite. Kriterium selbst infinitesimaler Aktion ist das Maß an Entblößung gesellschaftlicher Repression. Zur subversiven Linken darf sich nur zählen, wer an einer neuen Tradition der Revolte aktiv sich beteiligt… Im Glauben an die Möglichkeiten des Menschlichen lebt der Homo subversivus aus dem Vertrauen auf eine bessere Welt; der unverblendete Mensch, der zugleich die irrlichternden Faszinationsmechanismen dieser repressiven Welt durchschaut hat und dem es nicht genügt, innerhalb der Kohorte die Möglichkeiten des Menschlichen hic et nunc im lebendigen Vollzug experimentell zu realisieren – ist der Homo subversivus… Wir werden also als Verführer an die Rampe treten; wir versprechen das Blaue vom Himmel herunter, und – wir werden es halten!«

Vielleicht hatte Christopher Baldeney sich an Charles Fourier orientiert, denn die Subversiven waren belesene Leute. Fourier – ein so genannter Frühsozialist – war schon 1808 der Meinung, die Familie sei neben dem Privateigentum die Wurzel allen Übels für Frauen und Männer in einer Zweierbeziehung mit beschränkter Sexualität, und entwarf Landkommunen, die er »Phalanxen« nannte. Auch Friedrich Engels fand die Familie nicht gut, blieb unverheiratet im Gegensatz zu seinem Freund Karl Marx, nach dessen Notizen er 1884 den Ursprung der Familie – zu Unrecht – auf das Privateigentum zurückführte, das er ebenso abschaffen wollte wie Charles Fourier. Nach der russischen Revolution 1917 soll es dort entsprechende Versuche gegeben haben von Kommunen mit mehreren Frauen und Männern. Selbst Gretchen Dutschke entwickelte Anfang 1966 ähnliche Ideen, die sie mitbrachte aus den USA, wo es Versuche gegeben hatte, besonders in Kalifornien. Angestrebt wurde, dass die Isolation von Frauen in der Kleinfamilie aufgehoben wird. In Berlin traf sich eine Gruppe von etwa 30 Personen, die für dieses Modell ein Haus bauen wollte. Deshalb waren auch Rudi Dutschke und Bernd Rabehl zunächst interessiert.

Jedenfalls steht am vorläufigen Ende dieser Gedanke zur Beseitigung der Familie der Einzug von acht Kommunarden am 1. Januar 1967 in die Wohnung Uwe Johnsons, Niedstraße 14 in Berlin-Friedenau. Kunzelmann und sieben andere. Kommune 1, abgekürzt K 1. Von der Phalanx Fouriers über Engels' Ursprung der Familie und Baldeneys Kohorte zur K 1, die im Mai in die Kaiser-Friedrich-Straße 54a, 3. Stock, am Stuttgarter Platz umziehen muss, und schließlich im August 1968 in eine Fabriketage in Moabit, Stephanstraße 60, weil es am Stuttgarter Platz zu eng geworden war durch den Polittourismus. Denn der Generalangriff auf die bürgerliche Familie mit dem Programm sexueller Promiskuität als Baustein einer von allen Zwängen befreiten neuen Gesellschaft war ein grandioser Medienerfolg, der Andrang von Neugierigen groß, auch von weiblichen Teenagern, um die sich besonders Fritz Teufel kümmerte. Schon im Januar spaltet sich die K 1. In der Niedstraße blieb das psychoanalytisch aktionistische Konzept Kunzelmanns. Eine Gruppe um Eike Hemmer gründete die K 2 mit dem Ziel, das Schwergewicht auf die politische Arbeit zu legen. Sie leben zunächst in einer Wohnung des SDS-Zentrums am Kurfürstendamm, ziehen im August in eine größere in Charlottenburg, drei Frauen, vier Männer, zwei Kinder, auch Politkommune genannt, machten aber nicht Politik, sondern redeten, viel mehr noch als die in der K 1, ununterbrochen über sexuelle Probleme.

Die K 1, die weltberühmte, ist endgültig erst im November 1969 gescheitert, weil es schwer ist, hic et nunc das Zusammenleben von Männlein und Weiblein radikal zu verändern. Denn die Familie existiert nun mal seit über 50 000 Jahren, seit der späten Steinzeit. Ab und zu gab es Abweichungen in der Polygamie im Laufe der Zeit bis heute. Aber nirgendwo war sie die Regel, blieb meistens beschränkt auf einige Männer, die wohlhabend oder mächtig waren und sich das leisten konnten. Das haben sie nicht gewusst, Friedrich Engels und die belesenen Leute von der Subversiven Aktion. Und so war es ja auch nicht gemeint in den Berliner Kommunen. Es gab noch den einen oder anderen Versuch. Es ging nicht. Hatte aber Folgen.

Wohngemeinschaften und Randgruppen

Nur wer sich etwas Außerordentliches vornimmt, wird etwas Ordentliches schaffen. Folge der Kommunen waren Wohngemeinschaften. Auf die extremen Ansprüche der Kommunen haben sie verzichtet und so ein Leben im Kollektiv ermöglicht. Sie bildeten sich schnell, schon 1967, zuerst in Berlin in den großen alten Wohnungen, dann auch in der Bundesrepublik. 1978 schätzte man, dass es etwa 100 000 waren, die auf diese Weise zusammenlebten, meistens Studenten oder junge Akademiker. Die Programme hießen: »Wir bauen uns eine eigene bessere Familie«, »Wir haben Verantwortung füreinander«, »Wir machen was zusammen«. Sexualität war Privatsache. Es wurde viel diskutiert, auch über Liebeskummer, und – sehr wichtig – abends wurde gemeinsam gekocht. Jede Wohngemeinschaft hatte eine gemeinsame Kasse für das Essen, oft auch einen allgemeinen Finanzausgleich, der nicht selten zu Schwierigkeiten führte, wenn alle ihr Geld zusammenlegten, um die Unterschiede auszugleichen, aber Einzelne besonders viel verbrauchten, zum Beispiel für Zigaretten oder Kaffee. Es gab Regeln für den Küchendienst, die selten eingehalten wurden, was zu Diskussionen führte, in denen die Verteidigungslinie häufig aufgebaut wurde auf Erfahrungen im spießigen Elternhaus, dem eindimensionalen Menschen Herbert Marcuses und dem Repressionscharakter von Sauberkeitsforderungen. Die Schmutzgrenze war hoch. Umso höher, je jünger die Beteiligten gewesen sind. Das erhöhte die Gemütlichkeit. Die »WG« als gemütliches Zuhause mit sturmfreier Bude und politischem Anspruch.

Es war die Zeit, wo alles auf dem Fußboden stattfand. Schaumstoffmatratzen, Mauersteine oder Bierkästen als Fundamente für

Regale, schwarze Möbel und schwarze Heizungen und bald auch Hochbetten, damit auf dem Fußboden mehr Platz zur Verfügung stand. Seit dem Ende der Sechzigerjahre wurde gekifft ohne Ende, im Badezimmer stieg die Zahl von Zahnbürsten aufs Drei- bis Vierfache der Zahl der Bewohner, zurückgelassen von wechselnden »Beziehungen«, und jeder kannte nur die eigene, sodass aussortieren mühsam war. Pärchen gab es auch innerhalb der WG, waren aber die Regel nur bei den sehr ordentlichen Wohngemeinschaften der DKP oder ihrer Ableger, die sich am so genannten Sozialismus der DDR orientierten. Sogar ein Kochbuch für Wohngemeinschaften existierte, 1975 erschienen in der Reihe Wagenbachs Taschenbücher, *Schlaraffenland, nimms in die Hand*. Das Vorwort:

> »Mit dem Fortschritt der kapitalistischen Demokratie ist notwendig die fortschreitende Kaputtmachung des menschlichen Lebens in allen seinen Bereichen verbunden. Die Verstörung der Psyche, die Zerstörung des Individuums ist enorm. Das schlägt natürlich auf den Magen. Der hektische, nervöse, desorientierte Typ in vielen Schattierungen und Verdeckungen ist der normale. Indessen wird hier nicht von der politischen Psychologie und der politökonomischen Sozialstation gehandelt, hier wird nur von einer besonderen und ganz hundsgewöhnlichen Technik berichtet, sich der Kaputtmachung zu widersetzen. ... ich nehme das Kochen als Technik sehr ernst, die Teil einer Lebens-Technik ist, der Kaputtmachung sich zu widersetzen und an der Aufhebung aller Kaputtmachung mit tätig zu sein.«

Streitigkeiten waren häufig und wurden im Ernstfall gelöst durch Fluktuation. Einzelne oder mehrere zogen aus und suchten andere WGs. Gespräche mit neuen Bewerbern wurden in der Gruppe geführt, und die Entscheidung musste einstimmig fallen. Wohngemeinschaften gibt es heute noch, nicht mehr so viele wie damals, aber meistens noch mit einem gewissen politischen Anspruch und immer noch abgekürzt WG.

In den ersten Jahren lebte in fast jeder WG irgendjemand aus einer so genannten Randgruppe. Und das kam so. Da die Arbeiter sich für die Revolution der Studenten nicht interessierten, hatten die Theoretiker der APO aus der Not eine Tugend gemacht und von Herbert Marcuse – *Der eindimensionale Mensch* – die Randgruppentheorie übernommen, nach der auch die Arbeiter auf die Barrikaden gehen würden, wenn erst einmal subproletarische Randschichten revolutioniert worden seien, die Karl Marx noch Lumpenproletariat genannt und nicht weiter beachtet hatte. Die Zielgruppe verstand das sofort – Straßenkinder, entlassene Strafgefangene, Nichtsesshafte, Prostituierte –, lagerte schnell an den Rändern der APO, wurde durchgefüttert und gehegt in den Wohngemeinschaften und konnte oft ihrem Elend in ergreifenden Worten einen sozialrevolutionären Anstrich geben. Es gab Erfolge, zwar nicht in Richtung Revolution, aber die eine oder der andere wurde bisweilen auf den bürgerlichen Weg gebracht, machte sogar Abitur und kam auf die Hochschule. Die Regel war das nicht. Wenn der »Proli« sich mit unbekanntem Ziel und leichter Beute davongemacht hatte, blieb den durch ihren eigenen Randgruppenkult Geprellten immerhin die politische Einsicht, dass ein Straßenkind oder Vorbestrafter unter den herrschenden Verhältnissen völlig Recht hatte, sich an der einzigen Randgruppe schadlos zu halten, die ihm noch eine echte Chance eingeräumt hatte.

Bekannteste Randgruppe sind damals die Staffelberger gewesen, Jugendliche aus einem geschlossenen Erziehungsheim in Staffelberg bei Marburg, die 1969 agitiert und zur Flucht angestiftet worden sind von einer größeren APO-Gruppe aus Frankfurt, zu der Andreas Baader und Gudrun Ensslin gehörten, die wegen der Kaufhausbrandstiftung verurteilt, aber noch auf freiem Fuß waren. In Frankfurt wurden mehrere Dutzend von den Studenten begeistert empfangen, in Wohngemeinschaften untergebracht, mit den Schriften Maos versorgt, vor der Polizei versteckt und haben sich zum Teil – im bürgerlichen Sinn – positiv entwickelt, nachdem sie vom Heimterror befreit und untergebracht worden waren in einem von Studenten betreuten und vom Frankfurter Jugendamt finanzierten Wohnprojekt. Nach dem Verlassen der Wohngemeinschaften fehlten allerdings auch in Frankfurt viele Plattensammlungen, und ganze Stereoanlagen waren abgebaut worden. Der bekannteste Staffelberger allerdings, Peter Jürgen Boock, ist später Mitglied der Roten Armee Fraktion geworden und hat im grausamen Herbst 1977 mit Brigitte Mohnhaupt die Entführung und Ermordung Hanns-Martin Schleyers organisiert.

DRITTER TEIL

Die APO zerfasert

1969–1973

	1968
April	Deutsche Kommunistische Partei gegründet (DKP)
Dezember	KPD/ML gegründet
	1969
April	Sozialistisches Büro gegründet
Juni	Beginn der Bildung von Roten Zellen
Juli	Berliner Universitätsgesetz
	1970
März	KPD gegründet (zunächst als KPD/AO)
März	Auflösung des SDS
Mai	Rote Armee Fraktion entsteht mit Baader-Befreiung
September	Revolutionärer Kampf gegründet (RK)
	1971
März	MSB Spartakus gegründet
November	Kommunistischer Bund gegründet (KBNord)
	1972
Januar	Bewegung 2. Juni gegründet
Januar	Radikalenerlass, Beginn der Berufsverbote
Mai	Mai-Offensive der RAF
Juni	Verhaftung Baader, Ensslin, Meinhof
	1973
Mai	Bundesverfassungsgericht zum niedersächsischen Vorschaltgesetz
Juni	Kommunistischer Bund Westdeutschland gegründet (KBW)

Abschied vom SDS

Der Niedergang der Revolte im Sommer 1968 bedeutete nicht, dass sie am Ende war. Sie breitete sich weiter aus. Die Zahl ihrer Anhänger nahm sogar ständig zu, besonders nach dem Attentat auf Rudi Dutschke. Und ihre Ausläufer reichen bis in die Achtziger- und Neunzigerjahre. Aber es gab Probleme. Erstens die Niederlagen und zweitens die immer größere Zahl der Anhänger. Die Niederlagen im Kampf gegen die Notstandsgesetze, im Pariser Mai und beim Aufbau eines Sozialismus mit menschlichem Antlitz in Prag. Das hatte Zweifel an Form und Organisation der Bewegung zur Folge. Der SDS verlor seine Steuerungsfunktion. Zum einen, weil er selbst zu groß geworden war und die alte Organisationsform eines kleinen Studentenverbandes nicht mehr passte, zum anderen, weil nun Tausende und Abertausende außerhalb des SDS dazugekommen waren. Tausende und abertausende von Studenten und Schülern, die erkannten, dass problematische wirtschaftliche Interessen in ihrer Ausbildung eine Rolle spielten, sogar in der angeblich wertfreien Wissenschaft, dass die Bundesrepublik in ihrer Abhängigkeit von den USA mitverantwortlich für den Krieg in Vietnam war und dass die Freiheit einer freiheitlichen demokratischen Grundordnung auch die Freiheit eines Fuchses in einem freien Hühnerstall sein konnte und Gerechtigkeit oft nur ein leeres Wort in der Justiz und besonders in politischen Prozessen.

Also wurde ständig über die »Organisationsfrage« diskutiert, nicht nur im SDS. Wie kann man in Zukunft weiterkommen und Niederlagen vermeiden? Wer ist in der Lage, für die Zukunft Veränderungen zu erzwingen? Oder, in der Sprache von damals, wer ist das »revolutionäre Subjekt«? Die Arbeiterklasse, wie Marx, Engels, Lenin und Stalin es sahen? Oder die Intelligenz, weil jetzt die Wissenschaft zur entscheidenden Produktivkraft geworden war und die Arbeiterklasse als »eindimensionale Menschen« in das kapitalistische System integriert gewesen ist, wie Herbert Marcuse lehrte? Oder nur die jüngeren Revolutionäre, weil die älteren zu saturiert waren? Was – angeblich – die Meinung Maos war und der Grund für seine Kulturrevolution. Oder die Länder der Dritten Welt? Wofür Che Guevara und der Vietcong als heldenhafte Beispiele vor Augen standen.

Diese Diskussion führte in verschiedene Richtungen und zwangsläufig zu Fehlentwicklungen. Rudi Dutschke fehlte mit seinem klaren Blick für das Machbare. Nach dem Attentat erholte er sich mühsam und ging dann ins Ausland. Seine große Autorität hätte vielleicht manchen Unsinn verhindern können. Hans-Jürgen Krahl – eine ähnlich große Begabung – hatte außerhalb Frankfurts noch nicht genügend Autorität und starb sehr früh, zu früh, um auch nur die Auflösung des SDS verhindern zu können, die einen Monat nach seinem Tod beschlossen wurde. Die APO zerfaserte.

Sie zerfaserte im Wesentlichen in drei Richtungen. Die meisten blieben, was sie waren: nicht organisiert, freie Linke, auch Spontis genannt, weil sie spontan auf Probleme reagierten und nicht nach festen Programmen der einen oder der anderen Partei. Die eine Partei, das war die DKP, die sich an der Politik der Sowjetunion und der DDR orientierte. Sie war die größte organisierte Gruppe, etwa 50 000 Mitglieder in ihrer besten Zeit. Die anderen Parteien sind die in ihrer Bedeutung auch heute noch weit überschätzten K-Gruppen, Maoisten, die einer falsch verstandenen Politik Mao Tse-tungs folgten. Zusammen 6000 bis 7000 Mitglieder. Also auf der einen Seite die DKP, auf der anderen die K-Gruppen, dazwischen viele tausend Spontis und einige wenige andere Vereinigungen wie das Sozialistische Büro, die trotzkistische GIM oder die Münchner Marxistische Gruppe. Das war die westdeutsche Linke als Nachfolgerin der APO nach der Auflösung des SDS 1970. Schließlich – ihnen immer wieder zugerechnet von freundlichen

Gegnern – terroristische Organisationen wie die Rote Armee Fraktion – RAF – oder die Bewegung 2. Juni.

Die DKP – Deutsche Kommunistische Partei – wurde im April 1968 gegründet, als Fortsetzung und mit dem Personal der 1956 verbotenen alten KPD vor dem Hintergrund der neuen Ostpolitik Willy Brandts. Der war Außenminister der Großen Koalition unter Kanzler Kiesinger und wollte das Verhältnis zur DDR und zur Sowjetunion verbessern. Deshalb brauchten sie nicht zu befürchten, als Nachfolgeorganisationen wieder verboten zu werden, zumal sie das Parteiprogramm von revolutionären Parolen entschärft hatten.

Es war ein vorsichtig formulierter Abklatsch des so genannten Sozialismus der DDR, die letztlich nichts anderes gewesen ist als eine kleinbürgerliche Gesellschaft mit einer rosaroten Patina, also sehr repressiv. Die Partei war unabhängig von der APO gegründet worden, hatte aber Folgen für sie. Denn viele von ihnen bogen nun ab in diese Richtung, als die Revoluzzer ratlos wurden. Der Zulauf wurde noch größer, als 1971 der Marxistische Studentenbund Spartakus, abgekürzt MBS, als Studentenorganisation der DKP, gegründet war.

Im Dezember dieses Jahres entstand auch schon die erste kleine K-Gruppe auf Drängen von Studenten, die einige ältere deutsche Altstalinisten mobilisieren konnten: die KPD/ML. ML heißt Marxisten-Leninisten. Es war der Versuch, anzuknüpfen an das harte Regiment Stalins, die Sehnsucht nach strenger Disziplin, die einige Jüngere in der APO vermissten und die nun im Bund mit der Arbeiterklasse die Revolution bringen sollte. Also ein Dutzend ältere deutsche Altstalinisten aus der alten KPD und einige hundert jüngere aus der APO. Sie orientierten sich noch nicht an Mao, sondern am albanischen Stalinisten Enver Hodscha.

Die ersten Maoisten kamen im März 1970, nannten sich KPD/AO – AO als Abkürzung für Aufbauorganisation –, waren FU-Studenten der Germanistik aus dem SDS. Andere kamen schnell dazu. Christian Semler und Jürgen Horlemann als Helden an der Spitze von zeitweise wohl 2000 Mitgliedern, die sich bald KPD nannten ohne AO. Von Spöttern KPDFU genannt. Sie setzten auf Mao aus mehreren Gründen. Erstens predigte er eine Revolution, die sich ständig erneuern sollte. Die permanente Revolution. Das ging gegen die Sowjetunion und die DDR und ihre spießige bürokratische Genügsamkeit. Zweitens verlangte Mao strikte Disziplin wie Stalin. Siehe Hamburg und die KPD/ML. Und drittens meinte Mao, nur die Jugend sei geeignet, ständig zu revoluzzern, also seine Roten Garden.

Und jung waren sie damals an der FU, als sie darangingen, deutsche Arbeiter wieder in revolutionären Schwung zu bringen. Ihre Hoffnung wurde im September 1969 durch eine Welle von wilden Streiks der Stahl- und Bergarbeiter gestärkt. Wild ist ein Streik, weil er vom Bundesarbeitsgericht so genannt wird. Er ist wild, wenn er von Arbeitern im Betrieb selbst organisiert wird, ohne Mitwirken der Gewerkschaften, und verpflichtet die Beteiligten oft zur Zahlung von hohem Schadensersatz. Professoren des Arbeitsrechts waren entsetzt, als die Unternehmer damals darauf verzichteten, diesen juristischen Weg zu gehen und stattdessen den Forderungen für Lohnerhöhungen nachgaben. Die Welle der Streiks war für sie zu groß. Und die Studenten dachten, jetzt geht's los. Die Arbeiter, meinten sie, würden sich jetzt befreien vom Joch der Unternehmer und Gewerkschaften. Was ein Irrtum war. Die wollten nur mehr Geld. Aber die Hoffnung blieb, die KPD/AO wurde gegründet, die Zentrale bald verlegt nach Dortmund, wo besonders viel gestreikt worden war, später nach Köln, wegen der Ford-Werke, die es auch treffen sollte.

Zehn Jahre haben die Maoisten durchgehalten mit zum Teil großen persönlichen und finanziellen Opfern, bis sie erkannten, dass es nicht läuft mit der Revolutionierung deutscher Arbeiter. Wenn man fragt, warum sie das so lange durchgehalten haben, antwortet Christian Semler, inzwischen über 60 und immer noch fröhlich und gescheit, es sei die Wirtschaftskrise der Siebzigerjahre gewesen. Sie hätten gedacht, das sei das Gesetz vom tendenziellen Fall der Profitrate. Eine ziemlich komplizierte Rechnung von Karl Marx im dritten Band des *Kapitals* über den Einsatz von Geld für Löhne und Investitionen, wobei die Investitionen immer teurer werden und dadurch der Profit geringer. Dieses Gesetz würde zum Zusammenbruch des Kapitalismus führen. Führte aber nicht. Und so haben sie 1980 aufgegeben und sind zu einem großen Teil bei den Grünen gelandet.

Die Vorläufer der KPD kamen ebenfalls aus der Berliner FU. Vor dem Erlass der Notstandsgesetze hatten sich Studenten zu einer »Ad-hoc-Gruppe Notstand der Germanistik« zusammengeschlossen. Sie wurde zum Vorbild für andere Ad-hoc-Gruppen. Das waren lockere Vereinigungen, die sich auf das eigene Fach konzentrierten und Hochschulpolitik nicht mehr auf der Ebene der ganzen Universität machten. Aus dieser ersten Ad-hoc-Gruppe entstand 1969 die erste Rote Zelle, Rotzeg, Rote Zelle Germanistik, schon einen Zacken schärfer, disziplinierter, leicht konspirativ. Rote Zellen beherrschten dann die Freie Universität seit 1970, bildeten sich auch an anderen Universitäten. Aus der Rotzeg entstand die KPD/AO. Was nicht unbedingt ein Vorwurf sein soll an die deutsche Literaturwissenschaft. Obwohl es an sich nicht untypisch war, dass das von der Germanistik ausging. Aber es gibt auch Fächer, in denen so etwas nicht passiert wäre. Für die Universitäten noch unangenehmer war, dass die KPD 1971 eine Unterabteilung Studenten gründete, die den allgemeinen Arbeiterkampf wieder zurückverlegten ins akademische Milieu. Die Unterabteilung hieß KSV, Kommunistischer Studentenverband, und war ein Haufen von ziemlich scharfen Gurken.

Kurz nach der Gründung der KPD/AO trafen sich 350 Mitglieder des SDS im Frankfurter Studentenhaus. Ein Mitglied des Bundesvorstandes stellte den Antrag, den Verband aufzulösen. Ratloses Schweigen. Zu oft hatte man über eine neue Form der Organisation diskutiert, und inzwischen war viel passiert, die Revolte dem SDS entglitten. Ad-hoc-Gruppen und Rote Zellen waren an den Universitäten entstanden, einige schon abgewandert in die DKP und nun schon die KPD/AO auf dem Weg. Daniel Cohn-Bendit versuchte noch eine Rettung. Vergeblich. So ist die wichtigste linke Studentenorganisation der deutschen Geschichte am späten Nachmittag des 21. März 1970 aufgelöst worden. Eine Abstimmung fand nicht mehr statt. Man war sich einig. Und dem SDS ist eine Menge erspart geblieben. Udo Knapp, der den Antrag gestellt hatte, erklärte im *Spiegel*: »Die richtige Fortsetzung des Hochschulkampfs ist der proletarische Klassenkampf.«

Im Dezember 1971 kam als dritte K-Gruppe der KBNord dazu, Kommunistischer Bund, mit dem Zentrum in Hamburg, Maoisten wie die KPD, deren Mitglieder in den Betrieben sich mit den Arbeitern verbrüdern sollten, etwas kleiner, flexibler und schon früh engagiert in der ökologischen Bewegung, in Norddeutschland also zunächst im Kampf gegen das Atomkraftwerk Brokdorf. Anfang der Achtzigerjahre sind sie alle zu den Grünen gegangen.

Größte Gruppe der Maoisten war der KBW, Kommunistischer Bund Westdeutschland, gegründet 1973. Er konnte seine Mitglieder am besten ausbeuten. Mehr als tausend Mark netto durfte niemand behalten. Bei der KPD war es immerhin noch ein Facharbeitergehalt, ungefähr das Doppelte. So häuften sie ein großes Vermögen an, kauften zum Preis von drei Millionen Mark ein Haus in der Frankfurter Innenstadt für ihre Zentrale, existierten zehn Jahre wie die KPD und lösten sich 1983 auf. Und wo sind sie geblieben? Bei den Grünen.

Im Vergleich mit diesen K-Gruppen ist die DKP sehr zahm gewesen, eine ziemlich bürgerliche Partei mit einer rosaroten Patina. In der Mitte zwischen beiden die undogmatischen Spontis, wohl die größte Zahl.

An den Universitäten sind sie die Einzigen gewesen, die in der Tradition der antiautoritären Revolte standen. Es waren kleine Gruppen, oft beschränkt auf einzelne Fachbereiche, aber ohne inneren Zusammenhang wie die Roten Zellen. Sie entstanden Anfang der Siebzigerjahre und beteiligten sich an den Wahlen in den Gremien, manchmal mit phantasievollen Namen wie »Bewegung undogmatischer Frühling« in Göttingen. In Frankfurt ist es die Sozialistische Hochschulinitiative – SHI – gewesen, gegründet 1972, die sich auch an anderen Universitäten ausbreitete. In Berlin waren es zum Teil nicht organisierte Studenten, die sich im Umkreis der

Zeitschrift *Langer Marsch* bewegten, zu der auch Rudi Dutschke Kontakt hatte, als er sich wieder bewegen konnte und zwischen Aarhus und Berlin pendelte. Linke Studenten mit gelegentlicher Lektüre von Karl Marx, widerspenstig, aber nicht gewalttätig, oft das Salz in der konservativen Suppe langweiliger Fachbereichsräte, ohne festes Programm, sondern spontan je nach Situation. Daher der Name Sponti. Und fröhlicher und verspielt sind sie manchmal auch noch gewesen, wollten eigentlich gar keine Revolution. Ab und zu wagten sie Aktionen außerhalb der Universität. Aber das war die Ausnahme. Im Sommer 1974 zum Beispiel während der Fußballweltmeisterschaft. Da spielte die chilenische Mannschaft im Berliner Olympiastadion. Spontigruppen taten sich zusammen, eine sogar von Juristen. Die hieß SAKJur, Sozialistisches Arbeitskollektiv Jura. Schmuggelten sich sehr vorsichtig unter die Zuschauer mit überdimensionalen Transparenten gegen Pinochet, der bei seinem Putsch im vorausgegangenen Herbst nicht nur Allende ermorden ließ: »Chile si, Junta no!« Und sind noch heute stolz darauf.

Studentische Spontis stellten an vielen Universitäten mehr als die Hälfte der Vertreter in den Gremien. Aber es gab kaum überörtliche Gruppen. Weitgehend gehörten sie in den Lokalteil der Presse. Deshalb sind sie in der Literatur bisher kaum beachtet. Zu Unrecht. Ihre Geschichte muss noch geschrieben werden.

Besser bekannt sind einige kleinere Gruppen – SB, GIM oder MG. Das Sozialistische Büro – SB – in Offenbach, gegründet 1969, ein sehr lockerer Verband, auch mit Studenten, aber meistens ältere, auch in der Tradition der antiautoritären APO, aber akademischer und eng verbunden mit der Frankfurter Schule und mit Verbindungen zur linken SPD. Die GIM, das waren Trotzkisten, die wichtigste von einem Dutzend trotzkistischer Gruppen und trotzdem sehr klein, etwa 500 Mitglieder in der ganzen Bundesrepublik zu ihrer besten Zeit. GIM heißt Gruppe Internationaler Marxisten. Die Marxistische Gruppe – MG – in München war eine lokale Erscheinung, aber mit ihrer Zeitschrift in fast allen Universitäten bekannt, akademisch fixiert auf *Das Kapital* von Karl Marx und konspirativ wie die Maoisten. In Frankfurt wichtig war der Revolutionäre Kampf – RK –, gegründet 1970 für die Betriebsarbeit bei Opel, wo sie aber schnell wieder rausgeflogen sind und sich dann militant im Frankfurter Häuserkampf engagiert haben.

In diesen eher militanten Zusammenhang gehören die Spontis außerhalb der Universitäten, die oft mit den studentischen Gruppen verwechselt werden. Ebenso unkonventionell und spontan, noch viel weniger Marx oder gar keiner, dafür aggressiv und gern am Rand der Legalität oder darüber hinweg nach dem Motto »legal, illegal, scheißegal«. In Berlin war das die Kreuzberger Szene mit Übergängen von Anarcho-Spontis zu so genannten Autonomen, bei denen es wieder Übergänge gab zur Stadtguerilla. Ihr Sprachrohr in Berlin war die Zeitschrift *883*. Die kam sozusagen aus dem Untergrund und wurde unter Umgehung von Polizei und Staatsanwaltschaft in Kneipen verkauft. Cohn-Bendits *Pflasterstrand* in Frankfurt hatte immerhin eine Redaktionsadresse und bewegte sich mehr in Richtung Legalität. Jenseits aller dieser Grenzen bewegten sich noch einige andere: die Terroristen der »Stadtguerilla«, an ihrer Spitze die Rote Armee Fraktion, die sich erst 1997 aufgelöst hat.

Hochschulreform

1961	Helmut Schelsky, *Einsamkeit und Freiheit*
	Denkschrift des SDS *Hochschule in der Demokratie*
1964	Georg Picht, *Die deutsche Bildungskatastrophe*
1966	Drittelparität gefordert beim Sit-in am 22. Juni in der FU
1969	Berliner Universitätsgesetz

1961 veröffentlichte der Sozialistische Deutsche Studentenbund eine Denkschrift über die *Hochschule in der Demokratie*. Auf knapp 200 Seiten enthält sie die wesentlichen Gedanken und Forderungen zur Reform der Universität, wie sie 1968/69 in den Hochschulgesetzen der Länder verwirklicht worden ist, ohne Zweifel eine der bedeutendsten Leistungen der deutschen Studentenschaft. »Es spricht nicht für die gegenwärtigen gesellschaftlichen Verhältnisse«, schrieben 1961 die Studenten des SDS, »wenn solche Grundsätze zur Demokratisierung der Hochschule einen fast utopischen Eindruck hinterlassen.« In der Tat konnte damals niemand im Ernst daran denken, diese Grundsätze nach noch nicht einmal zehn Jahren gesetzlich verwirklichen zu können. Das Programm schien utopisch. Unter dem Druck der Revolte hat es sich durchgesetzt.

Die Studenten des SDS hatten die erste ernsthafte Alternative zur damaligen Universität entwickelt auf der Grundlage einer vorzüglichen Beschreibung ihrer Entstehung des Soziologen Helmut Schelsky, die im selben Jahr unter dem Titel *Einsamkeit und Freiheit* erschienen war. Die damalige Universität war in ihrer äußeren Gestalt immer noch die von Wilhelm von Humboldt in Berlin gegründete »allgemeine Lehranstalt«, eine Einrichtung des frühen klassischen Liberalismus, für den die Beschäftigung mit Wissenschaft eine moralische und private Angelegenheit des einzelnen ordentlichen Professors gewesen ist. Wissenschaft als Privatsache. Der Staat hatte dabei die Aufgabe, ihm die Freiheit für seine Arbeit zu garantieren, indem er ihm ein Gehalt zahlte und die Autonomie der Universität akzeptierte.

In zweifacher Weise sollte diese Universität sich von den höheren Lehranstalten des 18. Jahrhunderts unterscheiden. Sie war gegründet gegen das mittelalterliche »Zunftwesen«, wie Humboldt es nannte, also gegen die Einschränkung der Freiheit des Einzelnen im Inneren der Universität durch Erstarrung in traditioneller Gelehrsamkeit und gegen die Tendenz des absolutistischen Staates der Aufklärungszeit, die Universitäten zu Fachhochschulen für die Ausbildung von akademisch gebildeten Staatsdienern zu machen, also gegen die Einschränkung der Freiheit, die dem Einzelnen in der Universität von außen, vom Staat her, drohte. Erstarrung in traditioneller Gelehrsamkeit: Das war die Akademie, an der nicht gelehrt wird. Verschulung: Das war die Fachschule, an der nicht geforscht wird. Das institutionelle Mittel gegen beide Gefahren war die von Humboldt und seinen Nachfolgern immer wieder verkündete Einheit von Forschung und Lehre. Und die institutionelle Inkarnation der Freiheit des Einzelnen war die Figur des ordentlichen öffentlichen Professors, der einsam im Innern der Universität und frei von äußeren Einwirkungen mehr als 150 Jahre lang die deutsche Wissenschaft bestimmt hat. Einsamkeit und Freiheit des ordentlichen Professors, Autonomie, Einheit von Forschung und Lehre. Das war Humboldts Universität. Eine imponierende Konstruktion.

Bis in die Mitte des 20. Jahrhunderts aber hatte die Universität ihre Struktur und Funktion grundlegend geändert. Sie war zu einem Großbetrieb geworden – nicht nur durch die Entwicklung der Naturwissenschaften – mit Betriebsmitteln größten Umfangs. Der Haushalt der Freien Universität Berlin zum Beispiel hatte 1969 einen Umfang von fast einer halben Milliarde Mark. Wissenschaft war zur Produktivkraft geworden. Und außerdem hatte die alte Universität nun doch die Berufsausbildung übernommen, jenes – gerade von Humboldt – verdammte »Brotstudium«, weil der Bedarf an Akademikern in Staat und Wissenschaft immer größer geworden war. Den letzten Anstoß in der Bundesrepublik hatte Georg Picht 1964 mit seiner Schrift *Die deutsche Bildungskatastrophe* gegeben, in der er auf einen großen Rückstand an akademisch gebildetem Personal im Vergleich mit anderen Ländern hinwies.

Nun wurde der Strom von Studenten an die Universitäten staatlich verstärkt. Damit hatte sich die Wissenschaft zu einem der wichtigsten Faktoren der modernen Industriegesellschaft entwickelt. Ihr Selbstverständnis aber und ihre institutionelle Konstruktion hatten sich nicht geändert. Einsam und frei entschied immer noch der ordentliche öffentliche Professor, der das alles als seine Privatangelegenheit ansah. Dementsprechend war zum großen Teil auch die Berufsausbildung der Studenten. Die alte Feindschaft der Humboldtschen Universität gegen das Brotstudium, gegen eine berufsbezogene Ausbildung, war geblieben. Die Studenten wurden so ausgebildet, als ob sie später alle einmal ordentliche Professoren werden sollen. Die Universität lebte in einem ständigen inneren und äußeren Widerspruch mit ihren Aufgaben.

Die Studenten des SDS haben aus diesem Widerspruch die Konsequenz gezogen. Aus der öffentlichen Funktion von Wissenschaft und aus dem Umstand, dass hier eine öffentliche Institution von großer gesellschaftlicher Bedeutung bestand, haben sie gefordert, dass diese öffentliche Institution demokratisch konstruiert werden muss. Das ergab sich für sie – zu Recht – schon aus dem Demokratiegebot des Artikels 20 des Grundgesetzes, das nicht nur für den Staat, sondern für alle öffentlichen Personenverbände aufgestellt ist, also auch für die Universität. In der Universität hatte bisher nur eine Gruppe zu entscheiden: die ordentlichen Professoren. Das war nicht nur unzweckmäßig, wie sich bei der Ausbildung der Studenten zeigte, sondern widersprach auch dem demokratischen Grundsatz, dass Herrschaft nur so weit wie unbedingt nötig ausgeübt werden darf.

Was für die Gesellschaft im Allgemeinen gilt, musste für die Universität, ihren eher intellektuellen Bereich, erst recht gelten. Also erhob der SDS die Forderung, alle Mitglieder der Universität müssten an den Entscheidungen beteiligt werden. Außerdem wurde vorgeschlagen, entsprechend den amerikanischen Departments kleinere Facheinheiten zu bilden, weil die Fakultäten zu groß und unübersichtlich geworden waren. Von der alten Universität übernahm man das Prinzip der Einheit von Forschung und Lehre, um die Gefahren zu vermeiden, die auch Humboldt vermeiden wollte, nämlich das Absinken in abstraktes Gelehrtentum auf der einen und die Verschulung auf der anderen Seite. Aus der kritischen Funktion der Wissenschaft wurde schließlich die Notwendigkeit abgeleitet, der neuen Universität die gleiche Autonomie zu garantieren wie der alten. Diese Autonomie sollte jetzt allen Gruppen, nicht mehr nur der einen, die vom Grundgesetz geforderte Freiheit der Wissenschaft gewährleisten.

Es kommt noch ein anderes hinzu, nämlich eine Krise der Wissenschaft. Es ging um die Frage, welche Aufgabe, welche Ziele die Wissenschaft hat, zu welchem Zweck sie betrieben wird. Diese Frage war in der deutschen Wissenschaft bis dahin weitgehend gar nicht gestellt worden. Man ging – mehr oder weniger – davon aus, dass man Wissenschaft betreibt, um zu erfahren, was ist, um zu erfahren, wie das, was Gegenstand der Wissenschaft ist, also die Natur, die Sprache, das Recht, die Gesellschaft, beschaffen ist, wie es sich entwickelt hat. Man ging – mehr oder weniger unbewusst – davon aus, dass man ohne eigene Stellungnahme, wertfrei, unpolitisch, nur das zu untersuchen brauche, was ohnehin vorgegeben ist, was vorliegt: id quod positum est.

Diese »wertfreie« Wissenschaft, die sich mit dem Siegeszug des Positivismus am Ende des 19. Jahrhunderts an den Universitäten etabliert hatte, war zwar nach dem Ersten Weltkrieg schon einmal infrage gestellt worden, in einem Streit, der um die Wertfreiheit geführt wurde. Aber in dieser Krise wirkte die Autorität und das Wort Max Webers noch einmal glättend, als er in einem fast lutherischen Dualismus zum letzten Mal »Wissenschaft als Beruf« von

»Politik als Beruf« trennte. Mit anderen Worten: Die Wissenschaft nach dem Ersten Weltkrieg verzichtete darauf, ihre Ziele selbst zu definieren. Sie blieb unpolitisch, »Privatangelegenheit«, manipulierbar, mit der bekannten Folge des Versagens der Universität im Dritten Reich. Die Studenten hatten um 1960 dieses Thema der Braunen Universität aufgegriffen und analysiert. Sie hatten die Ursachen erkannt, formuliert und in ihrer Denkschrift auch aus diesem Grunde die Forderung nach Demokratisierung gestellt. Mit anderen Worten: Es ging auch um die gesellschaftliche und politische Verantwortung von Wissenschaft.

1962, ein Jahr nach der Veröffentlichung der Denkschrift des SDS, erschien ein Gutachten einer Kommission des Verbandes Deutscher Studentenschaften zur Neugründung von wissenschaftlichen Hochschulen – die der Wissenschaftsrat 1960 empfohlen hat – unter dem Titel »Studenten und die neue Universität«. Es ist im Ganzen etwas braver, aber auch der VDS setzt sich mit dem Positivismus auseinander. Er erklärt:

> »Wir können nicht mehr annehmen, daß Wissenschaft ihre Inhalte und Probleme und damit die Momente ihrer Fortentwicklung allein aus ihrer immanenten Ordnung und damit aus der Tiefe des menschlichen Geistes gewinnt.«

Auch er schließt von der Funktion der Wissenschaft auf die Notwendigkeit ihrer Demokratisierung, fordert wie der SDS eine Dezentralisierung in kleinere Einheiten der Selbstverwaltung und eine Neuordnung des Studiums. Hier wurde zum ersten Mal formuliert, was eine der Hauptaufgaben der Hochschulreform war: die Studentenreform. Die Neuordnung der Institution hatte als Ziel die Neuordnung der Ausbildung.

Die Krise der Universität war offensichtlich 1968, nicht nur in der Bundesrepublik. Es entstand ein Vakuum, in dem sich derjenige durchsetzen musste, der ein klares Konzept hatte. Das waren die Studenten mit dem des SDS von 1961. Andere hatten sich ihnen angeschlossen, mehr oder weniger ihre Forderungen übernommen. Als Erste der respektablen Instanzen die Westdeutsche Rektorenkonferenz mit ihrer Godesberger Rektorenerklärung von 1968. Im selben Jahr wird die Bundesassistentenkonferenz gegründet, die in der folgenden Zeit immer mehr zum Sprecher der Hochschulreform wurde, nachdem die studentische Bewegung immer mehr zerfiel. Gegen Ende des Jahres findet in Bad Kreuznach ihre erste große Tagung statt, deren Ergebnis das vorzügliche Kreuznacher Hochschulkonzept ist. Was die Studenten mit ausführlicher Begründung konzipiert hatten, wird hier in knapper Form, mit neuen Vorschlägen, schon fast in die Sprache des Gesetzgebers gebracht. Und der Gesetzgeber reagiert.

Er reagiert mit neuen Hochschulgesetzen, in Baden-Württemberg zuerst, 1969 dann in Hamburg, Berlin, Nordrhein-Westfalen, Hessen, Rheinland-Pfalz und zuletzt im Saarland. Wie Humboldt mit seinen Plänen in ein kurzes zeitliches Vakuum stieß, in die Zeit der preußischen Reformen zwischen Niederlage und Restauration, so konnte in der kurzen Zeit zwischen der Niederlage der alten Autoritäten in der Universität und der bald einsetzenden hochschulpolitischen Gegenreformation ein Konzept durchgesetzt werden, das eine Chance hatte, ebenso entscheidend das Geschick der deutschen Universitäten zu bestimmen wie die Reform von 1809.

Diese Gesetze bringen institutionell drei Neuerungen: die Vereinheitlichung von akademischer und Wirtschaftsverwaltung mit einem auf längere Zeit gewählten Präsidenten an der Spitze, kleinere Facheinheiten in Form der so genannten Fachbereiche – also zum Beispiel Biologie, Chemie, Physik, Rechtswissenschaften, Wirtschaftswissenschaften, Germanistik, Kunstwissenschaften, Geschichte usw. – statt der bisherigen Fakultäten und die Demokratisierung in allen Gremien, das heißt die Beteiligung aller Gruppen an Beratungen und Entscheidungen in der Universität.

Die Notwendigkeit der Einheitsverwaltung lässt sich am besten auf der Fachbereichsebene zeigen. Bisher war die akademische Verwaltung in der Fakultät wahrgenommen worden, die über Promotionen, Habilitationen, Prüfungsordnungen, Lehraufträge und Berufungen entschied, also im Wesentlichen über Fragen der Lehre – und über die Ergänzung der Professorenschaft durch Berufungsvorschläge. Die Wirtschaftsverwaltung betraf im Hauptsächlichen die Forschung. Sie richtete sich direkt an die Institute. Der Staat oder die Universitätsverwaltung stellte ohne Einschaltung der Fakultät dem einzelnen ordentlichen Professor als Institutsdirektor die finanziellen Mittel zur Verfügung, die er allein, ohne weitere Kontrolle, für die Einstellung von Personal und Anschaffung von Apparaturen und Literatur im Bereich seiner Forschung verwendete. Zwar waren Forschung und Lehre in seiner Person wieder vereinigt, institutionell aber getrennt in die Wirtschaftsverwaltung der Institute und in die akademische Verwaltung der Fakultäten. Das war also auch die Freiheit des ordentlichen Professors: die freie Verfügung über Personal und Sachmittel ohne Mitsprache seiner Kollegen, die jeder für sich wiederum genauso frei gewesen sind.

Der Fachbereich dagegen hat über Forschung und Lehre in gleicher Weise zu entscheiden. Beide sind institutionell zum ersten Mal wirklich vereinigt. Der Fachbereich ist zuständig für den bisherigen akademischen Bereich und für die Wirtschaftsverwaltung. Er verteilt auch die ihm zur Verfügung gestellten Personal- und Sachmittel an die Institute. Das bedeutet, dass zum ersten Mal eine Gruppe von Wissenschaftlern und anderen darüber entscheidet, wo und in welchem Umfang Wissenschaft betrieben wird – Fakultäten hatten keinen Einfluss auf die Forschung –, und zwar demokratisch, im Fachbereichsrat, in dem Hochschullehrer, Assistenten, Studenten und andere Dienstkräfte vertreten sind. Eine Konstruktion, die Schluss macht mit der idealistischen Vorstellung des frühen Liberalismus, dass man zwischen wissenschaftlichen und finanziellen Fragen differenzieren könne, dass Wissenschaft nichts mit Geld zu tun habe, stattdessen einzig und allein im Kopf des Gelehrten stattfinde. Eine Konstruktion, die allein es ermöglicht, in der Universität in größerem Rahmen Forschung zu planen. Aber auch eine Konstruktion, die bedeutet, dass der ordentliche Professor – der Ordinarius – nicht mehr allein darüber entscheiden kann, welche Mittel für das Institut beantragt und wie diese Mittel dann verwendet werden, also wer eingestellt und was angeschafft wird. Der ordentliche Professor ist vom Thron gestoßen. Es war zu erwarten, dass er sehr heftig reagieren würde.

In Berlin bedeutete die Abschaffung der Ordinarienuniversität gleichzeitig die Abschaffung des AStA, denn eine eigenständige studentische Selbstverwaltung war nicht mehr notwendig, wenn die Studenten in allen Gremien der Universität angemessen mitentscheiden konnten. Das war den Studenten nicht recht, denn nun fehlte ihnen ein zentrales Kampforgan mit eigenen finanziellen Mitteln. Im Fachbereichsrat galt der so genannte Berliner Schlüssel. Danach sollte keine Gruppe die anderen überstimmen können. Also, von 15 Mitgliedern sind 7 Professoren, 4 Assistenten, 3 Studenten und ein sonstiger Mitarbeiter, zum Beispiel eine Sekretärin, eine medizinisch-technische Assistentin oder ein Bibliothekar. Jede Gruppe wählt ihre Vertreter selbst. Der Fachbereichsrat entscheidet nicht nur über die Verteilung der Mittel, Einstellung des Personals und Vorschläge für die Berufung neuer Professoren, er wählt auch die Vertreter für den Akademischen Senat und das Konzil. Das Konzil besteht aus je 22 Professoren, Assistenten und Studenten und 20 sonstigen Mitarbeitern. Es wählt den Präsidenten und Vizepräsidenten. So war es gedacht. Aber es hat nicht so richtig geklappt. Die Verhältnisse, sie waren doch nicht so. Nur ein Teil davon ist bis heute geblieben, nämlich Einheitsverwaltung und Fachbereichssystem. Die Demokratisierung ist gescheitert.

»Ich mach das«

Das Wintersemester war mit der Einstellung des Lehrbetriebs der Fakultät im Januar für mich gerettet. Im Sommer 1969 hatte ich dazugelernt, legte die Vorlesungen auf den Nachmittag, und sie wurden besser. Die Universität blieb unruhig. Auch bei den Juristen brodelte es ständig. Es war eine erstaunliche Zeit. Anfang Februar kam Rudolf Wiethölter zu einem Gastvortrag, eingeladen von der juristischen Studentenvertretung. Er war Professor in Frankfurt und hatte 1968 eine Einführung in das Recht, mit einer deftigen Kritik der konventionellen Rechtswissenschaft, geschrieben, die sich bis heute als völlig unpolitisch darstellt. Das Buch mit dem Titel *Rechtswissenschaft* war ein Riesenerfolg, hatte eine Auflage von über 100 000 Exemplaren, die Bibel der linken und liberalen Jurastudenten über viele Jahre und mit großem Einfluss auf diese Generation bis heute.

Ich wusste, wie beliebt dieses Buch gewesen ist, ging in die Veranstaltung, und war aber trotzdem völlig überrascht. Der größte Hörsaal der Juristen reichte nicht aus. Über 600 Jurastudenten drängten sich dort, um ihn zu hören. Jurastudenten, von denen man heute noch meint, sie seien eine Truppe von Konservativen und Karrieristen. Diese Meinung war falsch. Das lernte ich nicht nur im Gespräch in meinen Vorlesungen, sondern auch in der Mensa. Allmählich setzten sie sich zu mir an den Tisch, vertrauten dem unbekannten neuen Gesicht, und eines Tages erzählten sie von einer Studentin, die von meinem Kollegen Bettermann als studentische Hilfskraft fristlos entlassen worden war, obwohl er wusste, dass sie darauf angewiesen war, Geld für ihr Studium zu verdienen. Er hatte sie unter einer Menge anderer entdeckt, die uns als Fakultät im Sitzungssaal eingesperrt hatten, weil wieder einmal etwas beschlossen war, das nicht im Einklang stand mit ihren revolutionären Vorstellungen. Dicht gedrängt eine Sitzblockade im engen Gang vor der Tür, ließen sie uns zur Strafe nachsitzen für ein oder zwei Stunden, und als die Blockade endlich gnädig aufgehoben war, blieben sie trotzdem sitzen und ließen uns durch wie Störche im Salat. Unter ihnen die Studentin R., die Karl August Bettermann erkannte, in sein Zimmer ging und wegen Begehung einer strafbaren Handlung das Entlassungsschreiben diktierte. Denn Sitzblockaden waren juristisch eine Nötigung. Ein berühmtes Urteil des Bundesgerichtshofs aus jenem Jahr. Und vielleicht kam auch noch eine Freiheitsberaubung dazu.

Also, die Studentin R. war entlassen, ich hörte mir das an, dachte an meinen alten Lehrer in München, der selbst zu Studenten, die ihm auf die Nerven gingen, gütig und freundlich war, und ich sagte ihnen in der Mensa, sie sollten sie zu mir schicken. Denn nun war ich ja auch ein Ordinarius und Direktor eines kleinen Instituts für Römisches Recht mit einer Bibliothek, in der es ebenfalls Stellen gab für Studenten, die da Aufsicht führen mussten. Und stellte die Studentin R. wieder ein in den Dienst der Freien Universität Berlin, weil ich nicht einsah, dass wir auf studentischen Protest immer nur mit Härte reagieren. Rums! Da geht die Pfeife los mit Getöse, schrecklich groß. Die Kollegen hatten kein gutes Gefühl und Bettermann einen Wutanfall. Den hatte er öfter, und es rührte mich nicht. Ich fand, er hatte das verdient.

Eine Folge dieser spontanen Aktion war einige Zeit später die Einladung zu einem Treffen von Kollegen anderer Fakultäten. Im Juli 1969 war das neue Universitätsgesetz erlassen worden, und es musste ein Präsident gewählt werden. Dafür gab es zwei Kandidaten. Einer von denen, die ihre Gegner die Rechten nannten, und einer von jenen, die Linke genannt wurden von denen, die sie die Rechten nannten. Bleiben wir ruhig bei diesen problematischen Substantiven, die damals auch gern als Adjektive benutzt wurden in Verbindung mit anderen herabsetzenden Substantiven. Kandidat der Rechten war Hans-Joachim Lieber, der Rektor von 1965 bis 1967, der ziemlich schlecht regiert und besonders hilflos reagiert hatte während des Desasters beim Schahbesuch am 2. Juni 1967. Kandidat der Linken war Rolf Kreibich, Diplomphysiker, 31 Jahre alt, Assistent am Soziologischen Institut und – zum Entsetzen der Rechten – noch nicht einmal promoviert. Das Treffen der etwa 20 Kollegen anderer Fakultäten kam zustande, weil man aus möglichst allen Fächern Professoren suchte, die die Wahl Kreibichs unterstützten. Jurastudenten waren gefragt worden, wer bei ihnen dafür in Frage käme, und sie hatten wegen meiner Heldentat für die Studentin R. mich genannt.

Ich ging also in eine der üblichen kleinen Institutsvillen in Dahlem und fühlte mich sofort wohl. Zum ersten Mal war ich an dieser Universität unter Menschen und nicht in einer Festungsatmosphäre wie unter meinen juristischen Kollegen. Freie Menschen, die zum Teil sogar fröhlich waren wie Helmut Gollwitzer, genannt Golli, der bald mein Freund wurde. Der Germanist Lämmert war da, der Psychologe Holzkamp, der Publizist Proß und andere, die auch fachlich einen besseren Eindruck machten, weil sie nicht diese verkniffene Haltung hatten, die ich bisher bei den Juristen erleben musste. Wir waren uns einig, dass die Wahl Liebers eine falsche Entscheidung sein würde, formulierten eine Erklärung zugunsten Kreibichs und gingen zufrieden nach Hause. Wie nach der Aktion mit der Studentin R. hatte ich das Gefühl, damit sei die Sache erledigt. War sie aber nicht, und Dr. Eduard Oehl in München hatte Recht gehabt. Hier musste man sich entscheiden. Auch wenn »manche meinen, lechts und rinks kann man nicht velwechsern«. In der Tat ein Irrtum. Ich hatte mich ohne Nachzudenken und aus rein ästhetischen Gründen auf die linke begeben.

Kreibich wurde gewählt, und die Gruppe der 20 traf sich ein zweites Mal, weil sie von der linken Fraktion im Konzil gebeten worden war, einen Vorschlag für die Wahl eines Vizepräsidenten zu machen. Wir einigten uns auf den sehr gescheiten und fachlich hoch qualifizierten Iranisten und Religionswissenschaftler Colpe. Ich sollte ihn begleiten und unseren Vorschlag in der linken Fraktion begründen, die ich bei dieser Gelegenheit zum ersten Mal in einem kleinen Raum des Soziologischen Instituts sah. Eine stundenlange Diskussion zur Person, an der Carsten Colpe sich souverän beteiligte. So etwas hatte ich öffentlich noch nie erlebt und bisher immer Menscheln genannt. Der Hauptvorwurf: Er sei zu irenisch. Das Wort kommt aus dem Griechischen und heißt friedlich. Ich hatte ja mal Griechisch studiert. Eirene, der Frieden. Also konnte ich mitreden, auch über Frieden und seine Vor- und Nachteile, kämpfte von abends acht bis nachts um eins, fünf Stunden mit viel Nikotin in der Luft eines kleinen Seminarraums und hatte nach fünf Stunden verloren. Carsten Colpe wurde abgelehnt. Dann saßen wir da, erschöpft, und nach einer kurzen Pause fragte Gessinger, so hieß der Student und Mitglied der Roten Zelle Romanistik – Rotzrom –, der in dieser Sitzung den Vorsitz hatte: »Herr Wesel, wollen Sie das nicht machen?« Ich dachte nach, etwa 50 bis 60 Sekunden, über Vor- und Nachteile, wusste, dass nun die verdammten Abendeinladungen zu den Kollegen am Freitag sofort aufhören, ich aber auch nie wieder einen Ruf an eine andere Juristenfakultät erhalten würde, nahm beides in Kauf und sagte: »Ja, wenn die Gruppe einverstanden ist, die mich hierher geschickt hat.« Keine weitere Diskussion. Wir gingen nach Hause, die Gruppe stimmte zu, und so bin ich der erste Vizepräsident der Freien Universität geworden und blieb es von 1969 bis 1973.

Das Präsidialamt, so nannten wir es, war die kleine alte Villa des Rektors neben dem Henry-Ford-Bau, in die wir im Dezember 1969 eingezogen sind: Rolf Kreibich, Detlev Borrmann, Michael Höbich, Peter Dehn, Klaus Warncke und ich. Bald kam auch Hermann Hildebrandt dazu, der Kanzler, gewählt vom Kuratorium. Wir verstanden uns als eine Gruppe von Gleichen. Und selten wird es an der Spitze einer Universität ein solches Team gegeben haben, wie man heute sagt. Und selten wird es – in den ersten zwei, drei Jahren – so gut zusammengearbeitet haben und so intensiv und gegen so viele Feinde.

Kreibich hatte sich einen gewissen Namen gemacht im Drittelparitätischen Institutsrat der Soziologen, der wie im Otto-Suhr-Institut der Politologen nach dem Vorschaltgesetz im Oktober 68 gebildet worden war. Er gehörte zum linken Flügel der SPD, war vom Konzil aber nicht wegen seiner Mitgliedschaft in dieser Partei gewählt worden, ebenso wenig wie ich, der ich acht Jahre zuvor als Student in München Mitglied der SPD geworden war. Der Unterschied zwischen uns bestand nur darin, dass er sich in einer Art Doppelfunktion sah: einerseits gewählt von der linken Fraktion, andererseits Mitglied dieser Partei. Ich hatte da weniger Schwierigkeiten, verstand mich als Mitglied der Universität und verpflichtet nur der linken Fraktion. Die hatte mich gewählt, und nicht die Partei. Höbich, parteilos, war der Leiter des Präsidialamts, Hildebrandt, Borrmann und Warncke waren Juristen wie ich, und Peter Dehn, unser Pressechef, war jahrelang Studentenvertreter im Akademischen Senat gewesen, fröhlich und unverzagt.

Die Feinde kamen von rechts und links. Von links griffen Rote Zellen an, die sich seit Sommer 1969 gebildet hatten als Studentengruppen an einzelnen Fachbereichen, zum Teil sehr radikale maoistische Gruppen, die die Revolution predigten, die Hochschulreform bekämpften als Täuschungsmanöver der Kapitalisten und sich auch nicht an der Wahl Kreibichs beteiligt hatten, im Gegenteil, sie durch Störungen verhindern wollten. Von rechts kamen Professoren, deren Kompetenzen durch das neue Universitätsgesetz stark gemindert waren. Sie hatten sich schnell zu einer Organisation »Notgemeinschaft für eine freie Universität« zusammengeschlossen, von ihren Gegnern Nofu genannt, die die Hochschulreform genauso heftig bekämpfte wie die Roten Zellen. Dazwischen standen wir, ein optimistisches Team mit der Macht des Amtes, das sich stützen konnte auf die Mehrheit der Assistenten, viele linksliberale Studenten und eine linksliberale Gruppe von Professoren, die aus jenem Treffen zur Unterstützung der Wahl Kreibichs hervorgegangen war. Sie nannten sich »Aktionsgruppe Hochschullehrer«, von einigen Rotzprof genannt.

Mai 1970	Baader-Befreiung, Entstehung der RAF
Okt. 1970	Mahler verhaftet
Jan. 1972	Bewegung 2. Juni gegründet
Mai 1972	Mai-Offensive der RAF
Juni 1972	Verhaftung Baader, Ensslin, Meinhof
1972–1982	Zweite Generation der RAF
Nov. 1974	Von Drenkmann getötet bei Entführungsversuch durch 2. Juni
Febr. 1975	Lorenz-Entführung durch 2. Juni
April 1975	Geiselnahme in Stockholmer Botschaft durch RAF gescheitert
April 1977	Buback ermordet durch RAF
	Urteil im Stammheimer Prozess
Juli 1977	Ponto ermordet durch RAF
Sept. 1977	Schleyer entführt durch RAF
Okt. 1977	Schleyer ermordet durch RAF
1980	Auflösungserklärung der Bewegung 2. Juni
1982–1993	Dritte und vierte Generation der RAF
1985–1991	Fünf Prominentenmorde der RAF
1997	Auflösungserklärung der RAF

Andeutungen in diese terroristische Richtung finden sich schon bei Rudi Dutschke, oft zitiert und sehr gern falsch gedeutet. Als der SDS nach dem Tod Benno Ohnesorgs am 2. Juni 1967 von neuen Mitgliedern überlaufen wurde, stellte sich zum ersten Mal die »Organisationsfrage«. Sie wurde auf der nächsten Delegiertenkonferenz im September in Frankfurt diskutiert. Am Dienstag, 5. September 1967, um 9 Uhr 30 hält Rudi Dutschke in der Mensa der

Universität ein Referat, das er gemeinsam mit Hans-Jürgen Krahl verfasst hat. Es ist auch ein Generalangriff auf die DDR-freundlichen Krawattenmarxisten, gegen die Dutschke sich wendet auf Grund eigener Erfahrungen in jenem Staat und Krahl, weil er von der Frankfurter Schule kommt. Darin die beiden Sätze:

> »Die ›Propaganda der Schüsse‹ (Che) in der ›Dritten Welt‹ muß durch die ›Propaganda der Tat‹ in den Metropolen vervollständigt werden, welche eine Urbanisierung ruraler Guerilla-Tätigkeit geschichtlich möglich macht. Der städtische Guerillero ist der Organisator schlechthinniger Irregularität als Destruktion des Systems der repressiven Institutionen.«

Muss man dreimal lesen. Aber einmal hören genügte bei seinem Talent der Darstellung. Rudi Dutschke hatte ein ambivalentes Verhältnis zur Gewalt, würde aber nie auf die Idee gekommen sein, die Bundesrepublik mit einer Terroristenorganisation anzugreifen, hat sich später immer klar von der Roten Armee Fraktion distanziert, bis auf einen emotionalen Ausrutscher bei der Beerdigung von Holger Meins, mit der linken Faust in der Höhe und den Worten: »Holger, der Kampf geht weiter!« Aus den komplizierten Sätzen im September 1967 herauszulesen, er habe die Gründung einer bewaffneten Stadtguerilla vorgeschlagen, ist schon deshalb nicht möglich, weil er klar unterscheidet zwischen Schüssen auf der einen Seite und Taten auf der anderen, also Aktionen, die er nicht genau benennt. Hört sich aber gut an und hatte Erfolg. Die Freunde der DDR im Vorstand des SDS wurden abgelöst von Dutschkisten.

Erst zwei Jahre später wird es ernst. Dann kommen Aufrufe aus der Berliner Anarchoszene in ihrer Zeitschrift *883* wie dieser der »Haschrebellen« vom 9. Oktober 1969 gegen die Maoisten, die mit ihren eigenen Abgöttern geschlagen werden sollen:

> »... Doch ›die zentrale Aufgabe und höchste Form der Revolution ist es, die Macht mit Waffengewalt zu ergreifen und die

Angelegenheit durch Krieg zu erledigen‹ (Mao), denn ›die Gewalt ist der Geburtshelfer jeder alten Gesellschaft, die mit einer neuen schwanger geht‹ (Marx) ... ALLE POLITISCHE MACHT KOMMT AUS DEN GEWEHRLÄUFEN ...«

Im Dezember 1969 schmieden dann einige Aktivisten der APO unabhängig voneinander Pläne für den Aufbau bewaffneter Untergrundorganisationen. Erstens Horst Mahler, der noch als Anwalt arbeitet, aber schon einige Mittänzer gewonnen hatte für eine solche Gruppe. Zweitens Dieter Kunzelmann und Georg von Rauch im Auto auf der Rückfahrt von Al Fatah in Jordanien nach Berlin. Und drittens Andreas Baader und Gudrun Ensslin in Frankfurt. Was Horst Mahler jeweils umgetrieben hat, kann man nicht wissen. Seine vielen Wandlungen sind nicht berechenbar. Bei den anderen ist es einfacher. Kunzelmann war wegen Störung des Abgeordnetenhauses rechtskräftig zu einer Freiheitsstrafe von neun Monaten ohne Bewährung verurteilt. Ähnlich Baader und Ensslin. Wegen der Kaufhausbrandstiftung sind sie sogar zu drei Jahren Zuchthaus verurteilt worden, und das viel zu harte Urteil wurde im November 69 vom Bundesgerichtshof bestätigt. Statt für längere Zeit in die Zelle lieber gleich in den Untergrund.

Diese drei Gruppen treffen sich im März 1970 in der Wohnung von Ulrike Meinhof in Schöneberg. Mahler will eine gemeinsame Organisation und das Kommando übernehmen. Kunzelmann und von Rauch lehnen ab, finden seinen autoritären Ton unerträglich und ziehen sich zurück. Baader möchte lieber selbst der Chef sein, trifft sich aber noch einmal mit Mahler, einigt sich mit ihm über dessen Oberbefehl und sagt sich, den kriege ich schon. Gemeinsam gehen sie auf die Suche nach Waffen mit Peter Urbach, dem V-Mann vom Verfassungsschutz, der die Polizei verständigt. So wird Baader verhaftet, muss seine Strafe antreten, und nun beginnt mit seiner Befreiung am 14. Mai 1970 morgens um neun in einem Dahlemer sozialwissenschaftlichen Institut das Unternehmen der Roten Armee Fraktion. Die Gefängnisleitung hatte ihm genehmigt, dort in der Bibliothek zu arbeiten, weil er angeblich ein Buch über Randgruppen schreiben wollte. Begleitet von einem Wachtmeister fuhr er dorthin, wurde freigeschossen von Gudrun Ensslin, Ulrike Meinhof und zwei anderen, ein Institutsangestellter schwer verletzt.

Bald danach die Gründungserklärung der Roten Armee, wie sie sich zuerst nannten, in jener Zeitschrift *883*:

»Die Rote Armee aufbauen

Genossen von 883 – es hat keinen Zweck, den falschen Leuten das Richtige erklären zu wollen. Das haben wir lange genug gemacht. Die Baader-Befreiungs-Aktion haben wir nicht den intellektuellen Schwätzern, den Hosenscheißern, den Allesbesser-Wissern zu erklären, sondern den potentiell revolutionären Teilen des Volkes. Das heißt denen, die die Tat sofort begreifen können, weil sie selbst Gefangene sind. Die auf das Geschwätz der ›Linken‹ nichts geben können, weil es ohne Folgen und Taten geblieben ist. Die es satt haben!

Den Jugendlichen im Märkischen Viertel habt ihr die Baader-Befreiungs-Aktion zu erklären, den Mädchen im Eichenhof, in der Ollenhauer, in Heiligensee, den Jungs im Jugendhof, in der Jugendhilfsstelle, im Grünen Haus, im Kieferngrund. Den kinderreichen Familien, den Jungarbeitern und Lehrlingen… Ohne gleichzeitig die Rote Armee aufzubauen, verkommt jeder Konflikt, jede politische Arbeit im Betrieb und im Wedding und im Märkischen Viertel und in der Plötze und im Gerichtssaal zu Reformismus, d. h.: Ihr setzt nur bessere Disziplinierungsmittel durch, bessere Einschüchterungsmethoden, bessere Ausbeutungsmethoden… Sitzt nicht auf dem hausdurchsuchten Sofa herum und zählt eure Lieben, wie kleinkarierte Krämerseelen. Baut den richtigen Verteilungsapparat auf, laßt die Hosenscheißer liegen, die Rotkohlfresser, die Sozialarbeiter, die sich doch nur anbiedern, dies Lumpenpack. Kriegt raus, wo die Heime sind und die kinderreichen Familien und das Subproletariat und die proletarischen Frauen, die nur darauf warten, den Richtigen in die

Fresse zu schlagen. Die werden die Führung übernehmen. Und laßt euch nicht schnappen und lernt von denen, wie man sich nicht schnappen läßt – die verstehen mehr davon als ihr. Die Klassenkämpfe entfalten. Das Proletariat organisieren. Mit dem bewaffneten Widerstand beginnen!
DIE ROTE ARMEE AUFBAUEN!«

Das war die Sprache der RAF, meistens formuliert von Ulrike Meinhof, die vorher eine erfolgreiche Journalistin war. Die Hosenscheißer, das ist der Rest der APO ohne die RAF.

Sie fliegen nach Jordanien in ein militärisches Ausbildungslager der Al Fatah, inzwischen etwa 20 Mitglieder. Mahler macht einige Fehler. Baader übernimmt die Führung gemeinsam mit Gudrun Ensslin, in Liebe verbunden bis zum Ende. Die Palästinenser schicken sie bald zurück, weil sie zu arrogant sind. Im August sind sie wieder in Berlin, überfallen einige Banken, und im Oktober werden fünf in einer Wohnung in Charlottenburg verhaftet, darunter Horst Mahler. Irgendjemand hatte sie verraten.

Die Gruppe verlegt ihren Standort nach Frankfurt, und die Banküberfälle finden in Kassel statt. Wieder werden einige von ihnen verhaftet, diesmal in Hamburg, und es gibt die ersten Toten. Petra Schelm wird bei ihrer Festnahme erschossen, ein Polizist bei der Festnahme von Margit Schiller. Beide Seiten haben den Finger am Abzug ihrer Revolver. Die Fahndung nach Mitgliedern der »Baader-Meinhof-Bande« läuft auf vollen Touren. Bevor sie gefasst werden, starten sie 1972 eine Bombenserie, die von ihnen Mai-Offensive genannt wird: gegen die US-Streitkräfte in Frankfurt und Heidelberg – vier Tote, 18 Verletzte –, gegen die Polizeidirektion Augsburg und das Landeskriminalamt München, fünf Verletzte und Sachschaden, schließlich gegen einen Bundesrichter, dessen Frau schwer verletzt wird, und gegen den Springer-Verlag in Hamburg, 17 Verletzte.

Im Juni werden sie alle verhaftet, zuerst Baader, Meins und Raspe in Frankfurt. Eine dramatische Schießerei, die morgens kurz vor sechs an einer Garage beginnt, zwei Stunden dauert und einige

Ähnlichkeit hat mit jenem berühmten gunfight am O. K. Corral, ausgetragen 1880 in Tombstone von Sheriff Wyatt Earp und seinem Freund, dem Zahnarzt Doc Holliday, auf der einen Seite und der Bande von Old Man Clanton auf der anderen. Hier wie dort hat das Gute gesiegt. Einige Tage später, in einer Boutique am Hamburger Jungfernstieg, folgt Gudrun Ensslin nicht ganz widerstandslos der Polizei, die von der Inhaberin gerufen wurde, weil ihr eine Pistole in der Lederjacke aufgefallen war, die auf dem Sofa lag. Und wieder eine Woche später wird Ulrike Meinhof in Hannover verhaftet, am wenigsten dramatisch, in der Wohnung eines Lehrers. Nach zwei Jahren und zwei Monaten war die erste Generation der RAF hinter Schloss und Riegel.

Peter Jürgen Boock, 20 Jahre alt, einer aus der 1969 von Frankfurtern politisierten Randgruppe in Staffelberg, holt sich von Baader über Kassiber den Auftrag, die zweite Generation aufzubauen und die erste zu befreien. Andreas Baader war – wie Gudrun Ensslin – in Staffelberg dabei, Boock gehörte zu der von ihm betreuten Gruppe in Frankfurt, die bei den jüngeren besonders beliebt war. Die zweite Generation hat mehr Mitglieder als die erste, die Studenten wieder in der Mehrheit, existiert viel länger, nämlich zehn Jahre von 1972 bis 1982, und ist viel brutaler, wohl auch deshalb, weil die Haftbedingungen für die erste Generation immer empörender wurden. Die Gefangenen antworteten auf die nicht nur von ihnen Isolationsfolter genannten Maßnahmen mit mehrfachem Hungerstreik, an dem Holger Meins 1974 gestorben ist. Die überflüssige und unverständliche Härte der Justiz und die ähnlich gnadenlose Haltung der Gefangenen gegen sich selbst haben wesentlich dazu beigetragen, dass es immer wieder gelungen ist, in der linken Szene Empörung zu mobilisieren und damit auch neue Mitglieder für die zweite, dritte und vierte Generation der RAF zu gewinnen. Das war übrigens auch eines der Motive der Gefangenen, wohl nicht der Justiz.

Dominante Figur der zweiten Generation ist seit Anfang 1977 Brigitte Mohnhaupt gewesen. Fünf Jahre zuvor war sie vom Landgericht Berlin wegen Mitgliedschaft in der RAF verurteilt worden, hatte das letzte halbe Jahr mit Ensslin, Baader und Raspe im damals berühmten siebten Stock des Gefängnisses in Stuttgart-Stammheim zugebracht, täglich einige Stunden im so genannten Umschluss, und war nicht nur durch diesen »Heiligenschein« anerkannte Autorität der Gruppe, sondern auch durch ihre radikale Entschlossenheit und natürliche Emotionalität. Anders als Peter Jürgen Boock, mit dem sie liiert war, dessen Drogenprobleme aber immer schwieriger wurden. Größere Aktionen der zweiten Gruppe waren die Besetzung der deutschen Botschaft in Stockholm, mit der die Gefangenen in Stammheim freigepresst werden sollten, die aber als Desaster endete, dann die grausamen Morde 1977, zuletzt an Hanns-Martin Schleyer, und 1979 und 1981 missglückte Mordversuche an amerikanischen Generälen – Haig und Kroesen – in Brüssel und Heidelberg. Nach zehn Jahren waren sie am Ende, weil ein großer Teil freiwillig aufgegeben hatte, zum Beispiel auch Peter Jürgen Boock, und die letzten 1982 verhaftet wurden, darunter Brigitte Mohnhaupt.

Trotzdem, und nicht zuletzt wegen der skandalösen Behandlung auch dieser Gefangenen, kamen immer wieder neue Mitglieder der RAF dazu, die dritte und vierte Generation bis Mitte der Neunzigerjahre. Auch sie hinterließen eine Blutspur, die letzten Opfer waren 1986 ein höherer Beamter des Auswärtigen Amts, Gero von Braunmühl, der mit derselben Waffe wie Hanns-Martin Schleyer neun Jahre zuvor erschossen wurde, schließlich der Chef der Deutschen Bank Alfred Herrhausen 1989 und 1991 der Leiter der Treuhandanstalt Detlev Karsten Rohwedder. Das Trauerspiel endet 1993 mit dem Tod von Wolfgang Grams bei seiner Festnahme im mecklenburgischen Bad Kleinen, nachdem er kurz zuvor auf dem Bahnhof einen Grenzschutzbeamten erschossen hatte, und 1997 mit Erklärungen der letzten Gefangenen, die endlich eingesehen hatte, dass es sinnlos war, den »bewaffneten Kampf« weiterzuführen. 27 Jahre nach der Befreiung von Andreas Baader. 27 Jahre Terrorismus in der Bundesrepublik. Das war 1970 völlig unvorstellbar. Einer der Gründe, dass dieses damals Undenkbare möglich wurde, war ständiges staatliches Fehlverhalten, übermäßige Härte von Gerichten und in den Gefängnissen. Das Ergebnis waren 72 Tote, davon 29 Mitglieder der RAF, und eine zunehmende Verhärtung des innenpolitischen Klimas.

Als die Gruppe um Dieter Kunzelmann im März 1970 die Wohnung Ulrike Meinhofs in Berlin-Schöneberg verließ, weil Mahler und Baader ihnen zu autoritär waren, haben sie ihre eigenen Pläne nicht aufgegeben. Auch sie gründeten eine Stadtguerilla, die sich zuerst Tupamaros West-Berlin nannten, später Bewegung 2. Juni, womit sie sagen wollten, der Staat habe zuerst geschossen, nämlich 1967 vor der Oper auf Benno Ohnesorg. Bevor es richtig losging, ist Dieter Kunzelmann im Sommer 1970 auf dem Flughafen Tempelhof verhaftet worden und ins Gefängnis gekommen, war also nicht mehr beteiligt. Was er später eine glückliche Fügung des Schicksals genannt hat:

> »Nicht nur, daß ich am Leben blieb, verdanke ich diesem Umstand, auch daß ich – was bei einer weiteren Existenz als Stadtguerillero nicht auszuschließen war – keine Aktionen zu verantworten habe, denen Menschen zum Opfer fielen.«

Seine Freunde Georg von Rauch und Thomas Weissbecker wurden 1971 und 1972 von der Polizei erschossen, ohne jeden Grund. Denn die Bewegung 2. Juni war vorsichtiger im Umgang mit Waffen als die RAF. Sie war kleiner, beschränkte ihre Aktionen auf Berlin, wo sie im Gegensatz zur RAF in der linken Szene große Popularität genoss. Ihre Mitglieder diskutierten nicht nur ständig mit den »Legalen«, sondern finanzierten auch deren Projekte mit dem Geld von Banken, die sie überfallen haben. Sie lebten einfacher, kamen meistens aus dem Arbeitermilieu, waren nicht militärisch organisiert wie die RAF mit verschiedenen Befehlsebenen und sind zum Teil sogar witzig gewesen. Kunzelmanns Erben.

Auch sie wollten durch Geiselnahmen Gefangene befreien. Der erste Versuch misslang. Kammergerichtspräsident Günther von Drenkmann wurde erschossen, als er sich wehrte. Das war 1974. Im nächsten Jahr wurden sie weltberühmt durch die Entführung von

Peter Lorenz, dem CDU-Landesvorsitzenden von Berlin und Spitzenkandidat für die Wahl im Frühjahr, die er dann auch gewonnen hat. Im Februar haben sie ihn als Geisel genommen, in einem Kellerversteck in Kreuzberg festgehalten und nach fünf Tagen freigelassen, als fünf Gefangene der Stadtguerilla mit einer Sondermaschine in den Jemen geflogen waren, in Begleitung von Heinrich Albertz, wie sie es gefordert hatten. Horst Mahler sollte der sechste sein, lehnte aber ab, denn inzwischen war er bei der maoistischen – legalen – KPD und wollte nichts mehr zu tun haben mit illegalen Stadtguerilleros. Nach der Lorenz-Entführung sind die Beteiligten schnell verhaftet worden, unter ihnen Fritz Teufel, der im Lieferwagen, mit dem sie Peter Lorenz entführt haben, Negerküsse hinterlassen hatte. Der hat sich für die gute Behandlung bedankt im Prozess, und viel mehr ist dann nicht passiert. 1980 haben sie sich aufgelöst wegen Nebels und Aussichtslosigkeit, also nach acht Jahren und nicht nach 27 wie die Rote Armee Fraktion.

Bald nach der Entstehung der Bewegung 2. Juni im Januar 1972 haben sich in Frankfurt Revolutionäre Zellen gebildet, die dritte Spielart bundesrepublikanischer Stadtguerilla, so genannte Feierabend-Terroristen. Ihre öffentliche Inszenierung fand statt 1973 mit einem Anschlag auf die Firma ITT unter Hinweis darauf, dass sie am Putsch Pinochets gegen Allende in Chile beteiligt gewesen sei. Sie waren ein schwieriges Problem für die Strafverfolger, sind es bis heute, denn sie lebten normal in Beruf oder Studium und waren nur nebenbei mit militanten Aktionen beschäftigt, außerdem nur in selbstständigen einzelnen Gruppen organisiert, in ihrer Sprache: autonom und dezentral. Also schwerer zu fassen als RAF oder 2. Juni.

1981 haben sie den hessischen Wirtschaftsminister Herbert Karry erschossen, mit der geschmackvollen – aber wohl zutreffenden – Entschuldigung, sie hätten ihn nicht töten, sondern ihm nur ins Bein schießen wollen. Das war damals ihre Spezialität, als sie auf diese Weise einen Richter am Bundesverwaltungsgericht schwer verletzt haben, danach den Leiter der Berliner Ausländerbehörde wegen seiner ausländerfeindlichen Entscheidungen. In den Siebzigerjahren waren sie auch im Ausland aktiv, in Verbindung mit dem international bekannten Terroristen Carlos, beteiligt am Überfall auf die Konferenz der OPEC in Wien 1975 und 1976 an der Entführung einer Maschine der Air France auf dem Weg von Tel Aviv nach Paris, die dann in Uganda, auf dem Flughafen von Entebbe, von einem israelischen Spezialkommando gestürmt worden ist. 1981 sind sie an gewalttätigen Aktionen gegen den Bau der Startbahn West für den Frankfurter Flughafen beteiligt gewesen, auch gegen Firmen, die am Bau beschäftigt waren. 1992/93 haben sie sich aufgelöst, und vieles ist bis heute ungeklärt.

Die Nofu

1968	Marburger Manifest
1969	Gründung der Notgemeinschaft
1970	Gründung »Bund Freiheit der Wissenschaft«
1972	Anzeigenserie in Berliner Zeitungen
	Artikel über die FU in *Time Magazine*
1973	Urteil des Bundesverfassungsgerichts zum niedersächsischen Vorschaltgesetz
1974	Novellierung des Berliner Universitätsgesetzes

In der Woche nach dem Mordversuch an Rudi Dutschke wurde noch demonstriert in Berlin, der Bundesrepublik und ganz Europa. Am Mittwoch nach Ostern 1968 haben Professoren der Universität Marburg schon in die andere Richtung gesteuert und eine Erklärung gegen die geplante Hochschulreform formuliert. Denn nach dem 2. Juni 1967 hatte die Berliner Revolte sich auf Westdeutschland ausgedehnt, und überall versuchte man, sie durch neue Universitätsgesetze, die mehr oder weniger dem Berliner Beispiel folgen sollten, einzudämmen. Das Marburger Manifest war die erste größere organisierte Aktion der Gegenreform. Professoren drehten den Spieß um und gingen zum Angriff über wie die Studenten zuvor. Innerhalb weniger Wochen hatten sie 1500 Unterschriften von Kollegen von Hochschulen der Bundesrepublik und der Berliner Universitäten.

Das Marburger Manifest enthält schon einen Teil der Argumente, mit denen in den nächsten Jahren weitergekämpft wurde, einiges gar nicht so falsch, vieles unzutreffend, zum Teil aber juristisch bestätigt fünf Jahre später vom Bundesverfassungsgericht, dass nämlich die Zusammensetzung der Gremien nach dem Berliner Schlüssel verfassungswidrig sei. Nicht ganz falsch:

> »In endlosen und zermürbenden Debatten werden Arbeitskraft und Arbeitsfreude bei denen zerstört werden, auf deren wissenschaftlichem Rang die Leistung der Universität beruht.«

Was aber nur zutreffend war, wenn die Interessengegensätze von beiden Seiten angeheizt wurden, woran die Unterzeichner des Manifests sich später mit Heldenmut beteiligt haben. Ebenso wie an der Erfüllung jener Prophezeiung:

> »Die Einführung des ... Proporzsystems in die Organisationsstruktur der Universität läßt diese in ein Konglomerat von Interessenverbänden zerfallen.«

Der erste professorale Interessenverband wurde im Dezember 1969 nach der Wahl Rolf Kreibichs zum Präsidenten gegründet, nannte sich »Notgemeinschaft für eine freie Universität«, allgemein Nofu genannt, und war ähnlich aggressiv und rücksichtslos wie die von ihnen immer wieder angeprangerten Roten Zellen und später der KSV, aber viel mächtiger, zumal sie es sich leisten konnten, sehr viel vornehmer aufzutreten.

Der große alte Mann der Berliner Politologie Ernst Fraenkel hatte nach der Niederlage Liebers bei der Präsidentenwahl die Parole ausgegeben: »Der Kampf innerhalb der Universität ist verloren. Jetzt müssen wir außerhalb kämpfen.« Und sie kämpften außerhalb als Notgemeinschaft, die eine Public-Relations-Organisation war, mit großer Wirksamkeit. Daneben tapfer innerhalb der Universität ihr Ableger »Liberale Aktion«. Bald hatten sie über 500 Mitglieder, ein eigenes Büro in Steglitz mit hauptamtlichem Geschäftsführer und einen Jahresetat von mehr als einer halben Million Mark durch Zuwendungen von Industrie und Verbänden. Ziemlich schnell ist es ihnen gelungen, auch die liberale öffentliche Meinung umzudrehen, die bisher auf der Seite der revoltierenden Studenten gewesen war. Mit einer Doppelstrategie. Durch intensive Öffentlichkeitsarbeit und eine kräftige Lobby.

Die Öffentlichkeitsarbeit lief über das Steglitzer Büro mit einer großen Zahl von Berichten und Pressemeldungen, die Berichte meistens unter dem Titel »Freie Universität unter Hammer und Sichel«, jeweils an zunächst 8000, später 11 000 Empfänger in den Redaktionen der Medien, in Politik, Verwaltung und Wirtschaft, anfangs 20 im Jahr, später 100 jährlich, also fast alle drei Tage, immer aggressiv kämpferisch für die freiheitlich demokratische Grundordnung und immer mit Schreckensmeldungen über den roten Terror und den Leistungsabfall an der Dahlemer Universität, über Abwanderung von Professoren und Pflichtverletzungen im Präsidialamt.

Die Lobby, das war das Netzwerk persönlicher Verbindungen ihrer prominenten Mitglieder, an deren Spitze Richard – »Rix« – Löwenthal und Otto von Simson standen, der eine Politologe, der andere Kunsthistoriker. Ihr Einfluss reichte nicht nur in die Redaktionen und in die Politik der Bundesrepublik, Löwenthals besonders in die SPD in Bonn, die dort an der Regierung war, er ging bis in die USA, zu denen, die Charles Wright Mills die Machteliten genannt hat, und von dort wieder zurück nach Bonn und Berlin.

Besonders niederträchtig waren die schwarzen Listen der Notgemeinschaft, ebenfalls mit einem Verteiler von 11 000 Auflage, mit Namen und Anschrift von Studenten, die für die Wahlen der Universitätsgremien als Mitglieder linker Organisationen kandidierten. Wer da genannt wurde, hatte kaum eine Chance, eine Anstellung in der Privatwirtschaft zu finden. Es war die Zeit der Berufsverbote, die noch beschrieben werden. Die erste Idee dafür kam von einem Ethnologen der FU, der Mitglied in der Notgemeinschaft gewesen ist. Mitglieder von Roten Zellen dürften nicht eingestellt werden als studentische Hilfskräfte. 1972 wurde sie auf den gesamten öffentlichen Dienst ausgedehnt, weit über die Roten Zellen hinaus. Die Informationen für die Berufsverbote kamen regelmäßig vom Verfassungsschutz, der sich diese Wahllisten natürlich auch besorgte. Aber er durfte seine Informationen an Private nicht weitergeben. Das erledigte die Notgemeinschaft mit ihren schwarzen Listen als eine Art privater Geheimdienst für die deutsche Wirtschaft im Namen von Einsamkeit und Freiheit der Wissenschaft. Im Oktober und November 1980 zum Beispiel veröffentlichte sie immer noch eine Liste von 1700 Namen angeblich radikaler linker Studenten.

Am meisten Stimmung wurde gemacht mit Leistungsverfall und rotem Terror. In linken Gruppen geistes- und sozialwissenschaftlicher Fächer gab es tatsächlich Tendenzen, Prüfungen abzuschaffen oder ihren Schwierigkeitsgrad erheblich zu senken. Was sich aber nur in Randbereichen bemerkbar machte, weitgehend misslungen ist und als Gesamttendenz der Entwicklung an der Universität ebenso maßlos übertrieben war wie der »Terror«, der von der Notgemeinschaft bisweilen selbst provoziert wurde, um darüber berichten zu können. Ich erinnere jenen Kollegen, dem bei einer Veranstaltung im Henry-Ford-Bau von Studenten das Mikrofon abgenommen worden war und der es sich wieder zurückholen wollte, und der von mir gewarnt wurde, das würde eine Schlägerei geben, und mir antwortete, es sei doch gut, wenn sie ihn schlügen, dann würde es am nächsten Tag in der Zeitung stehen. Das Universitätsgesetz von 1969 ist durch übertriebene Berichte der Notgemeinschaft noch stärker in ein schlechtes Licht geraten als durch die vielen unverantwortlichen Aktionen linker Studentengruppen wie der Roten Zellen.

Höhepunkt der Agitation der Notgemeinschaft waren 1972 Anzeigen in allen Berliner Tageszeitungen, als Streifen am äußeren Rand des redaktionellen Teils:

»HIER INFORMIERT SIE DIE NOTGEMEINSCHAFT FÜR EINE FREIE UNIVERSITÄT

Gehen Sie nie zum Arzt?
Brauchen Sie nie einen Anwalt?
Ist Ihnen der Lehrer Ihres Kindes gleichgültig?
Natürlich gehen Sie zum Arzt. Natürlich ist Ihnen der Lehrer Ihres Kindes nicht gleichgültig. Vielleicht brauchen Sie gelegentlich einen Anwalt.

Aber was tun Sie, wenn Sie sich künftig auf die fachliche Fähigkeit der Ärzte, Anwälte und Lehrer nicht mehr verlassen können?
Sehen Sie sich die Berliner Universitäten an. Dann wissen Sie, was wir meinen. Seit 2½ Jahren gibt es das neue Universitätsgesetz. Es versprach Reformen, es versprach bessere Ausbildung.
Was ist das Ergebnis? Professoren wandern ab. Das Leistungsniveau sinkt rapide. Berliner Examen verlieren an Wert. Politischer Radikalismus verdrängt Sachkenntnis.
Wir finden: So geht das nicht weiter.
Wir, das ist die Notgemeinschaft für eine freie Universität. Wir, das sind Hochschullehrer, Assistenten, Studenten, Universitätsangestellte und Bürger …
Darum haben wir dem Senat Vorschläge für eine Verbesserung des Universitätsgesetzes vorgelegt.
Darum wenden wir uns an Sie, heute und in weiteren Anzeigen. Wir, die Notgemeinschaft für eine freie Universität …«

Heute gibt es hoch motivierte Lehrer, vorzügliche Ärzte und Anwälte, die damals studiert haben. Vielleicht sogar mehr als in anderen Studentengenerationen, jedenfalls nicht weniger. Auch die Studentin R. gehörte dazu, die, von Karl August Bettermann entlassen, eine der am besten qualifizierten Anwältinnen für Ausländerrecht wurde und nun Richterin am Verfassungsgerichtshof des Landes Berlin ist.

Im November 1970 ist auf Initiative der Notgemeinschaft in Bad Godesberg von 1500 Teilnehmern eine entsprechende Gruppe auf Bundesebene gegründet worden. Ein junger Professor der FU war dort als Beobachter der Gruppe, die Präsident Kreibich unterstützte. Heute ein hoch geachteter Wissenschaftler und Wissenschaftsmanager. In seinem Bericht meinte er, drei Viertel der 1500 Anwesenden seien eine »akademische NPD«, was sicher übertrieben war und der Eindruck eines nicht neutralen Beobachters, aber die Stimmung ahnen lässt. Etwa zur selben Zeit und auf Initiative der Notgemeinschaft und des Bundes Freiheit der Wissenschaft entstand ein International Council on the Future of University. Zielrichtung USA und wieder zurück nach Hause als zusätzlicher Druck auf die Verantwortlichen für die unbeliebten Gesetze.

Das gehörte zum Netzwerk der persönlichen Einflussnahme auf Machteliten, die über die USA wieder zurückwirkten auf die Bundesrepublik und die Hochschulpolitik in Berlin. Dazu gehörte die mächtige Ford-Foundation mit ihrem einflussreichen ehemaligen Auslandsdirektor Shepard Stone, der einen großen Teil des Aufbaus der FU finanziert hatte und mit Richard Löwenthal freundschaftlich verbunden war. Nicht ganz zu Unrecht sahen die Amerikaner die Freie Universität als ihr Geschöpf an, hatten sie doch bei der Gründung eine wichtige Rolle gespielt und waren lange Zeit entscheidende Financiers. Ford-Foundation und die US-Militärmission waren deshalb ständige Beobachter des Geschehens in Dahlem. Die Berichte in die USA waren zunächst eher beruhigend. Erst als Anfang 1972 im amerikanischen Nachrichtenmagazin *Time* ein größerer Artikel mit der Überschrift »Die Schlacht von Berlin« erschien und nur Mitglieder der Notgemeinschaft zitiert wurden, wussten Eingeweihte, wem die Stunde schlug. Das düstere Bild der Entwicklung an der FU wurde verglichen mit der Situation Deutschlands vor der Machtübernahme Hitlers, wie Otto von Simson schon im Dezember 1969 nach der Wahl Kreibichs in der Zeitung *Die Welt* geschrieben hatte, was ebenfalls leicht übertrieben war. Ein Jahr nach dem *Time*-Artikel kam das Urteil des Bundesverfassungsgerichts zur Hochschulreform in Niedersachsen, und im nächsten Jahr – 1974 – schlug die Stunde dem Universitätsgesetz von 1969, das vom Berliner Abgeordnetenhaus zum ersten Mal in die Richtung der Vorstellungen der Notgemeinschaft für eine freie Universität geändert wurde.

Im Präsidialamt

	1969
November	Präsident Rolf Kreibich gewählt
Dezember	Vizepräsident Uwe Wesel gewählt
	1970
April	Schülerladen Rote Freiheit
Mai	Teilung der Psychologie
Oktober	Rote-Zellen-Bericht
Dezember	Verbot der drei Seminare
	1971
Juni	Meinecke-Institut besetzt
	Fenstersturz Professor Schwan
	1972
Februar	Ablehnung der Berufung Ernest Mandels
November	Löffler-Plan vorgelegt
	1973
Juni	Löffler-Plan beschlossen, Rücktritt von Uwe Wesel

Eigentlich ein ganz normaler Freitag, 5. Februar 1971. Seit über einem Jahr bin ich Vizepräsident der Freien Universität, seit einigen Tagen 38, und im Terminkalender sind eingetragen: 12 Uhr Vorlesung, 14 Uhr Narr, 15 Uhr Baring, 17 Uhr Hartwich, 20 Uhr Seminar. Mit dem Politologen Wolf-Dieter Narr eine Berufungsverhandlung, erfolgreich. Mit dem Politologen Arnulf Baring eine Bleibeverhandlung, erfolgreich. Dr. Horst W. Hartwich war der Leiter unseres Akademischen Außenamtes, mir unterstellt. Worum es ging, weiß ich nicht mehr. Es war jener Berater von Rektor Harndt, der mir später gesagt hatte: »Das konnte der doch gar nicht.« Und vorher und nachher eine Vorlesung und ein Seminar. Berufungs- und Bleibeverhandlungen mit Professoren führt die FU selbst, anders als in Bundesländern, wo sie vom Ministerium geführt werden. Eine Sonderstellung der FU seit ihrer Gründung 1948.

Also ein ganz normaler Tag kurz vor dem Ende des Wintersemesters? Nein. Denn außerhalb und innerhalb des Präsidialamts war der Teufel los. Vormittags wurde noch gestreikt, zum Teil gewalttätig wie zuvor schon die ganze Woche, und nachmittags eine große Demonstration zum Gebäude von Wissenschaftssenator Stein, 4000 Studenten mit Sprechchören: »Erkämpft das sozialistische Studium!«, die einem Aufruf der Roten Zellen gefolgt waren. Die CDU-Abgeordnete Ursula Besser, Mitglied der Notgemeinschaft, wirft dem Regierenden Bürgermeister Klaus Schütz – SPD – vor, er habe nichts getan zur Unterstützung von Professoren und lernwilligen Studenten. Juraprofessor Bernd Rüthers, Mitglied der Notgemeinschaft, spricht vom Versagen der Universitätsspitze gegenüber »dem herrschenden Terror und der verfassungsfeindlichen Perversion in ganzen Fachbereichen«. In der *Frankfurter Allgemeinen* kann man an diesem Tag lesen:

> »Unterstützt wurden die Radikalen unter anderem auch von dem Vizepräsidenten der FU und SPD-Mitglied Professor Wesel, der eine Erklärung unterschrieb, in der das Verbot des sozialistischen Studiums der Roten Zelle Germanistik durch Senator Stein als antikommunistische Tradition der SPD bezeichnet wird.«

Die Zeit vom selben Tag bringt einen Artikel von Dietrich Bächler »Die Roten und ihre Zellen« mit dem Untertitel »Bilanz einer studentischen Protestbewegung, die ihren Höhepunkt überschritten hat«. Höhepunkt überschritten? Schön wär's. So viel Chaos wie in dieser Woche hatte es in Dahlem noch nie gegeben. Die *Stuttgarter Zeitung* drei Tage später sieht eher Parallelen zu 1967:

»Zieht man einen groben Vergleich zwischen dem Sommer 1967 und dem Winter 1970/71 an der Freien Universität, so fällt zunächst eines ins Auge: Damals wie heute endete das Semester in verhärteten Fronten und weitgehend chaotischen Zuständen. Diese Parallele bietet sich nicht von ungefähr, vielmehr ist zu befürchten, daß die Beteiligten immer noch nicht dazugelernt haben, daß sich trotz der jahrelangen Auseinandersetzung jenes allseitig anerkannte Minimum an Spielregeln nicht entwickeln ließ, ohne das Konflikte nicht sachbezogen auszutragen sind.«

Die Zeit nennt Unterschiede. Damals sei es lustiger gewesen. Mit dem Ernst von heute könne die Masse der Studenten nicht gewonnen werden. Was, wie ich meine, nicht ganz zutreffend ist, denn die von der *FAZ* getadelte Unterschrift stand neben über 7000 anderen, was eine große Masse ist bei insgesamt 17 000 Studenten. Außerdem hätten die Proteste jetzt eine Vorliebe fürs Theater: »Bärte und Mähnen, Spottverse im Sprechgesang, durch Rufe und Klatschen rhythmisierter Laufschritt, der Regisseur mit der Flüstertüte … Farbbeutel, Konfetti, Transparente … klirrende Fensterscheiben, detonierende Knallkörper.« Also ernster Protest mit Konfetti und Knallkörpern? Nun ja. Auch sonst war manches ähnlich. Wieder eine jener typischen Überreaktionen. Der Senator hatte mit einem Streichholz in einem leeren Benzinfass sehen wollen, ob noch was drin ist. Es war noch was drin. Werner Stein, SPD, war ein besonnener und liberaler Mann, hatte aber Scharfmacher in seiner Verwaltung und in seiner Partei, die vor der Wahl zum Abgeordnetenhaus im März unter starkem Druck der CDU stand, die ihr ständig vorwarf, sie würde nichts tun gegen roten Terror und kommunistische Unterwanderung an der FU. Was war passiert?

Am Fachbereich Germanistik hatten drei linke Dozenten Proseminare für das Wintersemester angekündigt. Im offiziellen Vorlesungsverzeichnis hieß das also, Manfred Lefèvre: »Deutsche Literatur von der Kapitulation bis zur Währungsreform«, Horst Domdey: »Literatur des CDU-Staats«, Friedrich Rothe: »Literatur zum Aufbau des Sozialismus in der DDR«. Unter revolutionär veränderten Titeln waren sie aufgenommen in eine Broschüre: »Die Seminare des Sozialistischen Studiums der Roten Zelle Germanistik«. Die Rotzeg, ach du lieber Gott. Die drei Dozenten hatten vorher mit ihr diskutiert, die unwissenschaftliche Verkürzung von Marxismus in der Broschüre kritisiert, sich aber einverstanden erklärt, dass ihre Seminare dort unter den veränderten Titeln genannt werden, nämlich »Dokumente des Kampfes der KPD für die Entmachtung der Monopolherren und die Einigung der Arbeiterklasse in den Westzonen« (Lefèvre), »Literatur zur Restauration des Kapitals in Westdeutschland« (Domdey) und »Literatur der antifaschistischen Ordnung und des Beginns des sozialistischen Aufbaus in der DDR« (Rothe). Der Fachbereichsrat fragte das Präsidialamt, ob das noch rechtmäßig sei und zu vereinbaren mit der freiheitlichen demokratischen Grundordnung. Das richtet sich aber gegen die Rotzeg, nicht gegen die drei Dozenten und ihre Seminare, an denen mehrere hundert Studenten teilnahmen, drei Viertel des Grundstudiums. Das Präsidialamt unterschied wie der Fachbereichsrat. Politische Propaganda könne nicht Inhalt des Lehrprogramms sein. Aber was sollen wir dagegen machen, wenn eine politische Gruppe offizielle Lehrveranstaltungen in ihr politisches Programm aufnimmt, um wieder mal ein bisschen an der revolutionären Schraube zu drehen? Gegen die Proseminare sei ja nichts einzuwenden.

Mitglieder der Notgemeinschaft übersahen großzügig diese Unterscheidung, produzierten einen öffentlichen Skandal, und der Senator verbietet am 29. Dezember 1970 die drei Seminare im Wege seiner Rechtsaufsicht, wie das bei Juristen heißt. Es folgte das Übliche: Vollversammlungen, Streikbeschlüsse an den meisten Fachbereichen, Gewalttätigkeiten. Das Präsidialamt, wieder im Krisenmanagement, erhebt, um das Schlimmste zu verhüten, außerdem Klage gegen Senator Stein beim Verwaltungsgericht mit Antrag auf einstweilige Anordnung, um die Wogen zu glätten. Denn sein Verbot war ein Eingriff in die Freiheit von Wissenschaft. Wenn überhaupt, hätte der Innensenator die Rotzeg verbieten müssen. Wollte der aber nicht. Was auch richtig war. Hätte nämlich auch nichts genützt, hätte nur der Rotzeg genützt, als armem Opfer staatlicher Verfolgung mit denselben Folgen wie denen des Verbots der drei Seminare.

Die drei Dozenten geben eine öffentliche Erklärung ab. Sie seien weder Mitglieder der Rotzeg noch Mitverfasser der Broschüre. Ziel ihrer Seminare sei, »die Studenten mit… einer Analyse der Literatur vertraut zu machen…, die die Literatur in den Zusammenhang mit dem zeithistorischen Prozess stellt und ihr Verhältnis zur gesellschaftlichen Wirklichkeit klärt«. Ihre Methode sei »historisch-materialistisch«, also marxistisch. Aber es ist eben marxistische Wissenschaft. Es ist nicht marxistische Schulung, von der sie sich distanzieren. Selbst Peter Szondi, renommierter Literaturwissenschaftler und scharfer Kritiker der Rotzeg, meldet sich nun und sagt, seine Bedenken gegen die drei Seminare seien durch diese Erklärung voll und ganz ausgeräumt.

Mitte Januar entscheidet das Verwaltungsgericht über unseren Eilantrag. Das Verbot wird vorläufig aufgehoben. Aber es bleibt ein Rest. Der Senator hatte auch verboten, für die Teilnahme an den Seminaren Scheine auszustellen, die die Studenten für ihr Examen brauchen. Dieses Verbot konnte mit einem Eilantrag nicht aufgehoben werden, weil die Ausstellung der Scheine auch später noch möglich war. Wieder Wasser auf die Mühlen der Rotzeg, die das nicht verstehen kann oder will. Also wieder Streik, wieder Gewalttätigkeiten, zum letzten Mal in dieser Woche vom 1. bis zum 5. Februar. Die Roten Zellen wollen bis Semesterende weitermachen, nicht aber die Mehrheit der Studenten. Mitte März entscheidet das Verwaltungsgericht endgültig. Das Verbot wird aufgehoben, Scheine können ausgestellt werden. Rechtskräftig bestätigt ein Jahr später vom Berliner Oberverwaltungsgericht. Kommentar? Nein, kein Kommentar. No comment. »Die Jugend brauset, das Leben schäumt! Frisch auf! Eh der Geist noch verdüftet.« (Friedrich von Schiller)

Die Studentenbewegung war noch lange nicht am Ende. Die hochfahrende Revolte veränderte sich, zerfaserte, wurde breiter und weniger verspielt und spektakulär. Der harte Kern war mit den K-Gruppen abgewandert in die Betriebe, bedeutungslos. Nicht wenige kamen zurück an die Universität, als sie merkten, dass sie ihre Revolution dort nicht verkaufen konnten. Ort der Studentenbewegung blieb die Universität. Ihr Ende lässt sich nicht genau benennen. Es klapperten die Klapperschlangen, bis ihre Klappern schlapper klangen. Das war etwa Anfang der Achtzigerjahre.

Die Universität blieb der Ort. In Hamburg und Köln, Frankfurt und Heidelberg und anderswo. Zentrum blieb Berlin, die FU. Auf sie waren die Medien fixiert, hierher strömten die aufmüpfigen Abiturienten aus der ganzen Bundesrepublik, die scharfen Gurken, jedes Semester frische Kräfte, mit denen mussten wir uns herumschlagen, die Nofu hinter uns her, und über uns der Senator und das Abgeordnetenhaus. Aufgabe des Präsidialamts war der Umbau der FU, wie das Gesetz es befahl, Aufbau von Planung, Vermittlung zwischen den Fronten, Krisenmanagement. Als ich das Präsidialamt nach dreieinhalb Jahren verließ, war die Universität eine andere geworden, hier ein wenig schlechter, dort ein wenig besser, und immer noch gezeichnet von den Auseinandersetzungen. Dies war kein Kampf der Wagen und Gesänge gewesen, sondern eher Krampf. Maulwurfshügel freigeben, wenn Zwerge sich vergrößern wollen? Das gab's hier nicht. Auch wir im Präsidialamt waren nicht unparteilich. Wenn es möglich war, haben wir uns auf die Seite derjenigen gestellt, die in die Richtung einer gesellschaftlich verantwortungsvollen Ausbildung und Wissenschaft verändern wollten. Aber wir sind auch fair gewesen gegenüber denen, die hinter uns her waren. Wir waren jung, hatten gute Nerven. Ich mit meinen 36 Jahren war der Älteste, als wir anfingen, Kreibich eher vorsichtig, ich eher das Gegenteil. Wenn es in den Sitzungen langweilig wurde, malte ich Schmunzelmännchen.

Unser erstes Jahr, 1970, ist das Jahr der Roten Zellen gewesen. 1969 war das Jahr der Farbeier, erstes Opfer ein Professor der Wirtschaftswissenschaft, den sie lange gequält haben. »Bellinger ist rot!«, triumphierten sie am 6. Mai 1969. Dann flogen Farbeier auf drei Professoren der Romanistik, auf den Historiker Nipperdey und viele andere, die anderer Meinung waren als sie. Die Universität übernahm die Reinigungskosten für die Kleidung. Nach den roten Farbeiern also 1970 die Roten Zellen, fast an jedem Fachbereich eine, also Rotzök Rote Zelle Ökonomie, Rotzrom Rote Zelle Romanistik und so weiter, insgesamt etwa 500 Mitglieder, macht zwei Prozent aller Studenten, bei denen sie allerdings Sympathien hatten mit einem Viertel aller Sitze in den Gremien, denn zum Teil war durchaus vernünftig, was sie im Studienprogramm als Änderung forderten und ab und zu sogar erreichten.

Zum Beispiel die Rotzang. Rote Zelle Anglistik, ein grauenvoller Haufen, sehr aggressiv, teilweise ohne größere Geistesgaben, insofern ihren Professoren nicht unähnlich, und eine ziemlich große Gruppe, 100 von 400 Studenten der Anglistik. Sie kämpften gegen Beowulf und für Linguistik, Landeskunde und Sprachunterricht. *Beowulf*, altenglisches Epos, 3182 Zeilen, überliefert in einer Handschrift des 10. Jahrhunderts, ältestes und vollständig erhaltenes altgermanisches Heldenepos. Aber in der Anglistik werden Lehrer ausgebildet, die sollen später Englisch oder Gegenwart lehren und den Schülern berichten können über das Vereinigte Königreich und die Vereinigten Staaten. Rudolf Walter Leonhard, *Die Zeit,* am 7. April 1972:

> »Um es an einem ganz unpolemischen Beispiel zu verdeutlichen. Wer etwa bis 1960 ein Studium der Anglistik mit höchsten akademischen Auszeichnungen hinter sich bringen wollte, mußte genau Bescheid wissen über Beowulf und den Wortschatz des Altenglischen; Chaucer und die Lautverschiebungen im Mittelenglischen; Shakespeare und Shakespeare-Kritik; die Geschichte der Königshäuser Lancaster und Tudor; Byron, Keats, Shelley, Dickens, Thackeray, Trollope. Dazu ein bißchen moderne Literatur und die Sekundärliteratur zu drei oder vier ausgewählten Themen.
> Er brauchte nichts zu wissen von der industriellen Revolution oder von der irischen Frage. Er brauchte keine Ahnung zu haben, wo Liverpool liegt und wo Inverness. Er brauchte nicht

Französisch lesen und auch nicht Englisch sprechen zu können. Unter den Ordinarien der Anglistik, die zwischen 1918 und 1945 habilitiert wurden, galt es als eigentlich nicht ganz wissenschaftlich, die englische Umgangssprache zu beherrschen.«

Die Auseinandersetzungen darüber begleiteten mich, oder besser ich begleitete sie während der Zeit im Präsidialamt vom Anfang bis zum Ende. Für die Rotzang war ich zuständig. »Und er sprach zur Tochter Isis, mein Kind, wir sind in einer Krisis.« Nur ein einziger von vielen Berichten dazu in der Dokumentation der FU über diese Zeit (Band VI, Seite 121). I remember, I remember:

»5. Mai 1971
Abteilung Alt-Anglistik der FU immer noch bestreikt
Der seit Semestern andauernde Streik von Anglistik-Studenten gegen sprachhistorische Lehrveranstaltungen (Altenglisch, Mittelenglisch) dauert an (vgl. 20. April). Hintergrund ist die Unzufriedenheit mit der geltenden Zwischenprüfungsordnung, bei der bisher keine Alternative zur sprachhistorischen Richtung (z. B. aus dem Bereich der Linguistik) geboten wird. Vizepräsident Wesel bezeichnet die Forderung nach Aufhebung der verpflichtenden Teilnahme an sprachhistorischen Übungen als berechtigt, erklärt aber, daß die Aktionen (Verbarrikadieren von Seminarräumen) nicht hingenommen werden können. Als er am 14. Mai herbeigerufen wird, um ein Handgemenge zwischen den Roten Zellen und Prof. Dr. Bitterling zu schlichten, rät er dem Professor, seine Übungen bis Pfingsten auszusetzen, da er glaube, daß danach die Übungen ungestört stattfinden könnten. Am 17. Mai wird auf einer Versammlung von Studenten der Anglistik einer Vertreterin der Studentengruppe Liberale Alternative, die auch Mitglied des Bundes der Wissenschaften ist, eine Niederschrift über den Verlauf der Versammlung von Mitgliedern der Roten Zelle gewaltsam entwendet. Diesen Vorfall bezeichnet die FAZ als

neues alarmierendes Signal für die wachsende Intoleranz an der FU. Zwölf Mitglieder des Lehrkörpers schreiben einen offenen Brief an Senator Stein, in dem sie auf die eklatanten Rechtsbrüche durch Radikale aufmerksam machen und den Senator auffordern, alle Rechtsmittel auszuschöpfen, die zur Wiederherstellung geordneter Arbeitsverhältnisse notwendig seien.«

Ich erinnere mich also nach über 30 Jahren, greife zu meinem letzten Vorlesungsverzeichnis der Freien Universität, Wintersemester 2000/2001, danach wurde ich emeritiert, und seh mal nach. Was macht Bitterling? Was machen die anderen? Und bin verblüfft. Bitterling macht natürlich noch Beowulf und Chaucer. Soll er. Ist aber nicht mehr zwingend vorgeschrieben. Und Direktor des Instituts ist jetzt ein Linguist. Linguistik ist stark ausgebaut, ebenso die Landeskunde, zum Beispiel »Britische Sozial- und Kulturgeschichte seit der Industriellen Revolution«, heiliger Sankt Leonhard!, dienstags 14 bis 16 Uhr, und außerdem noch intensiver Sprachunterricht, den es vorher auch noch nicht gab. Donnerwetter, die Rotzang hat es geschafft. Wir haben sie so geliebt, die Revolution, die eine Reform war. Nicht überall so erfolgreich wie hier. Aber immerhin. Die Rotzang.

Im Oktober 1970 gibt der Berliner Senat dem Abgeordnetenhaus einen langen Bericht, angefordert von Frau Dr. Besser, CDU, also Nofu, unter anderem mit der Frage, welche Verbindungen zwischen Präsidialamt und den Roten Zellen bestehen. Große Debatte. Ihr Programm sei kommunistisch, sagt der Senat, ihr verfassungswidriges Ziel die Revolution und die Ausbildung von Studenten zu Kämpfern für den Sozialismus. Ein Verbot sei aber nicht beabsichtigt, würde nur bedeuten, mit Kanonen auf Spatzen zu schießen. Spatzen? Na ja, dachten wir. Für uns eher andere Vögel, vielleicht die von Alfred Hitchcock. Kann man aber auch schlecht verbieten. Dem Präsidialamt bescheinigt der Senat, seine Mitarbeiter hätten durch persönlichen Einsatz in vielen Vermittlungsversuchen erheblich dazu beigetragen, Umfang der Störungen und

Schäden zu mindern. Mehr wird über die Verbindungen nicht gesagt. Das lässt sich ergänzen.

Wir hatten um uns ein Beratergremium der linken Fraktion, auf das Rolf Kreibich sich vor seiner Wahl eingelassen hatte. Aber das Gremium hatte sich aufgelöst im Sommer, weil der Präsident immer mehr auf unsere Eigenverantwortlichkeit setzte, das Ganze auch ruchbar geworden war in der Öffentlichkeit und uns schadete. Also ging die Aufgabe der notwendigen Kontakte mit Roten Zellen immer mehr auf mich über. Einige von ihnen kannte ich gut. Als eine Art Zentralkomitee gab es ein Pärchen in einer schönen Altbauwohnung in Charlottenburg, wo ich öfter klingelte. Die junge Frau noch schöner als die Wohnung und ihr Freund sehr gescheit und kultiviert. Da haben wir halt so manches geregelt. Und manchmal nicht. So ähnlich wie Ministerpräsident Stolpe das für die Evangelische Kirche mit dem Ministerium für Staatssicherheit der DDR gemacht hat und sich später anhören musste, er sei ein IM der Stasi gewesen. Anders ging es nicht, und so haben wir die FU über manche Runden gebracht. Später haben sich die meisten Roten Zellen in den KSV verwandelt. Der war noch schlimmer. Aber die kultivierte Zentrale in der schönen Altbauwohnung blieb dieselbe. Auch meine Tätigkeit als IM, wie die Nofu das genannt haben würde, hätte sie das alles gewusst und dieses Totschlagsargument schon gekannt.

Wir lebten von Krise zu Krise. Zwischendurch wurde die Universität umgebaut. Die Krisen dienten der Nofu als Mittel zur Mobilisierung der Öffentlichkeit, den Roten Zellen und dem KSV zur Mobilisierung von Studenten. Die erste größere schon Anfang 1970: »Schülerladen Rote Freiheit«. Klaus Holzkamp, Professor der Psychologie, hatte mit Assistenten und Studenten eine Ergänzung zu den Kinderläden in Kreuzberg versucht, für 6- bis 12-jährige Arbeiterkinder, denen der Weg geebnet werden sollte aus dem Gehäuse ihrer Hörigkeit, antiautoritär und antikapitalistisch. Protokolle über die Arbeit mit den Arbeiterkindern fanden den Weg über die Nofu zum Springer-Verlag und in *Die Welt* Anfang April. Zum Beispiel:

»...Protokolle berichten über mühsame und nahezu vergebliche studentische Versuche, mit den Schülern über den Vietnamkrieg und Demonstrationen zu sprechen (›Das sollen die allein mit den Amis ausmachen. Das geht uns doch nichts an.‹). So zeigten sich die Schüler mehr an den roten Fahnen als an den Gründen für die Demonstration interessiert. Aus einem Gespräch mit den Kindern über obszöne Malereien an den Wänden und der Tür, geht hervor, daß die Kinder den Vorschlag machten, alles wieder sauberzumachen. »Wenn dann die Eltern hierherkommen, damit die nich denken, das is hier son Saustall.‹ Trotz studentischen Bemühens hätten die Kinder die Malereien als Schweinereien bezeichnet...«

Also politische und sexuelle Indoktrination und große Aufregung, obwohl Klaus Holzkamp zu diesem Versuch vernünftige Erklärungen gibt. Anfrage von Frau Dr. Besser im Abgeordnetenhaus, Schließung des Schülerladens durch den Jugendsenator und – das war das Ziel der Nofu – Teilung des Psychologischen Instituts durch das Kuratorium, denn es gab Spannungen zwischen Holzkamp mit seinen linken Neigungen und seinem Kollegen Jäger mit anderen politischen Ansichten, die Umgebung von Holzkamp ohne Rote Zellen, stattdessen mit DDR-Neigung, später ADS genannt, Arbeitsgemeinschaft von Demokraten und Sozialisten. Eine Niederlage, denn das war nicht unsere Absicht, die Universität als zweigeteilte, lechts und rinks. Als Nächstes sollte es das Otto-Suhr-Institut der Politologen sein, was wir verhindern konnten. Damit war diese Entwicklung gestoppt. Die Teilung des Psychologischen Instituts war das Thema für die Krise im Sommersemester. Im Winter dann die drei germanistischen Seminare und im Sommersemester 1971 waren Höhepunkte unter anderem die Besetzung des Meinecke-Instituts und der Fenstersturz Alexander Schwans. Roter Terror an der FU.

Das Meinecke-Institut für Geschichte, eine Hochburg der Nofu. Also FU-Dokumentation zum 14. Juni 1971:

»**Friedrich-Meinecke-Institut besetzt**
Zum ersten Mal seit Monaten kommt es wieder zu einer Besetzung eines FU-Gebäudes. Bei Auseinandersetzungen zwischen Teilnehmern eines Seminars und dem Seminarleiter werden im Friedrich-Meinecke-Institut Türen aufgebrochen, Akten und Stempel entwendet, rote Fahnen gehißt, rote Sterne an die Fenster gemalt und die Aufgänge mit Schriften wie ›Macht das Institut rot‹ versehen. Während Präsident Kreibich am Abend Schlichtungsversuche unternimmt, werden er und mehrere Hochschullehrer von ca. 200 Besetzern zur Unterzeichnung eines Kompromißprotokolls gezwungen (so *Der Abend* vom 15. Juni), wonach Scheine ohne Klausur ausgehändigt und zum Wintersemester vier den Roten Zellen genehme Tutoren eingestellt werden sollen. Eine Gruppe Passanten, die sich vor dem Institut versammelt hat, wird mit Farb- und Wurfgeschossen aus den Fenstern beworfen. Präsident Kreibich verzichtet wegen der emotionalisierten Situation auf den unmittelbaren Einsatz von Polizei. Anderntags wird er von allen Fraktionen im Abgeordnetenhaus scharf gerügt. Er betreibe eine falsche Koalitionspolitik und solle endlich Ordnungsmaßnahmen ergreifen. Auch Vizepräsident Wesel wird vorgeworfen, daß er die Besetzer nicht nachhaltig genug zum Verlassen der Räume aufgefordert und ein Aufbrechen der Diensträume nicht verhindert habe (weswegen der FB 13 gegen ihn eine Dienstaufsichtsbeschwerde vorbringen will).«

Kann mir mal jemand sagen, wie es möglich sein soll, 200 Linksradikale nachhaltig aufzufordern, das Haus zu verlassen? Ich musste sehen, dass dem Seminarleiter nichts passiert, und konnte in dem Gewimmel von Besatzungstruppen unmöglich verhindern, dass Türen aufgebrochen wurden, ohne die Polizei zu holen. Ein Polizeieinsatz hätte bedeutet, dass uns am nächsten Tag der Campus um die Ohren geflogen wäre. Abends wurde es bedrohlich. Drinnen ich, Kreibich draußen auf der Straße, denn vorsichtshalber hatten wir die Polizisten in die Nähe gebeten, ohne dass sie zu sehen waren. Er konnte sie sofort zum Einsatz bringen, wenn es nicht mehr anders ging. Wir verständigten uns über Boten. Handys gab es noch nicht. Ziemlich spät sehe ich, wie einige Revolutionäre in der Bibliothek Feuer legen, organisierte Wasser zum Löschen, und der rettende Engel hieß Ines Lehmann, früher SDS, sehr radikal, die sehr schnell und sehr laut in der Sprache der Revolution sprechen konnte, von mir genannt das Maschinengewehr Gottes. Ich fand sie im Getümmel, und sie hielt im Treppenhaus eine ihrer bekannten Ansprachen, dass dies nun zu weit geht mit der Revolution. Ich muss ihr für mein Leben dankbar sein, denn das war eine grausame Situation. Das Feuer wurde gelöscht. Die Revolutionäre verließen bald das Schlachtfeld nach diesem Schreck, den ihnen Ines Lehmann, das Maschinengewehr Gottes, bereitet hatte. Und wir brauchten die Polizei nicht zu holen und auch nicht die Feuerwehr. Schaden an den Büchern war noch nicht entstanden, die Krise gelöst.

Zehn Tage später das, was am nächsten Tag als Fenstersturz durch die Medien geht. Wieder die FU-Dokumentation:

»24. Juni 1971

Angriff auf Professor Schwan und Präsidialamtsvertreter am Otto-Suhr-Institut

Am Otto-Suhr-Institut gehen etwa 60 radikale Studenten gewalttätig gegen Prof. Dr. Alexander Schwan vor. Laut *Morgenpost* wollen sie mit ihm abrechnen, weil er wiederholt Kritik an den zunehmenden Linkstendenzen am OSI geübt hatte (Professor Schwan hatte ... in der Presse behauptet, die Anfangssemester würden nach Berlin strömen, weil sie gierig nach marxistischen Schulungskursen seien). Die Störer dringen in ein Seminar des Professors (über Theorie und Praxis der Demokratisierung als Aufgabe einer emanzipatorischen Politik-Wissenschaft) ein, beschimpfen ihn als Anführer einer antikommunistischen Hetzbande, bewerfen ihn und Übungsteilnehmer mit Eiern und diskutieren laut, ob sie den Professor zum Fenster hinauswerfen sollen. In einem sich anschließenden Handgemenge wird der persönliche Referent des Präsidenten eine Treppe hinuntergestoßen, Kanzler Hildebrandt wird getreten, und Prof. Dr. Bütow wird die Brille von der Nase geschlagen.«

Das war der Höhepunkt der Auseinandersetzungen am Otto-Suhr-Institut, die Aggressivität immer stärker geworden. Allerdings wurde nirgendwo in der Presse erwähnt, dass dieser Terrorakt im Erdgeschoss des Gebäudes stattfand, der Hörsaal zu ebener Erde und die Fensteröffnung etwa einen Meter über dem dichten grünen Rasen. Was nichts entschuldigt, aber hätte gesagt werden müssen, um einen falschen Eindruck zu vermeiden. Den man wohl nicht vermeiden wollte.

Im nächsten Wintersemester ist es ruhiger, aber im Sommer 1972 fängt es wieder an. Senator Stein hatte sich geweigert, einem Vorschlag des Fachbereichs Wirtschaftswissenschaften zu folgen und lehnte es ab, Ernest Mandel als Professor für Ökonomische Theorie der Sozialpolitik zu berufen. Ernest Mandel, geboren in Deutschland als Deutscher, ausgewandert nach Belgien mit den Eltern unter Adolf Hitler, von den Deutschen im Krieg in ein Konzentrationslager deportiert. Sein Buch *Marxistische Wirtschaftstheorie* war in viele Sprachen übersetzt und in der Bundesrepublik damals ein Bestseller.

Also lehnt Werner Stein den internationalen Fachmann ab wegen des Radikalenerlasses, einer gemeinsamen Erklärung von Bundeskanzler Willy Brandt mit den Ministerpräsidenten der Länder vom Januar 1972. Eine Einstellung in den öffentlichen Dienst ist nur möglich, wenn der Bewerber bereit ist, jederzeit einzutreten für die freiheitliche demokratische Grundordnung. Der Beginn der Berufsverbote. Mandel war Trotzkist, Präsident der 4. Internationale, »eine Organisation«, wie der Senator festgestellt hat, »mit eindeutig gegen die parlamentarische Demokratie und ihre freiheitliche Grundordnung gerichteten politischen Zielen«. Deshalb könne er nicht als Beamter eingestellt werden. Wenige Tage später folgte ein Einreiseverbot durch Innenminister Genscher. Also in Dahlem wieder Proteste, Vollversammlungen und Streiks, denn Mandel war ein Liebling der Linken. Viele hatten sein Buch gelesen. In Dahlem ist die Hölle los.

Das Einreiseverbot traf Mandel hart, denn er fuhr oft mit seiner Frau zu ihren Eltern in die Nähe von Stuttgart. Und es gab noch ein Problem. Seine Promotion in Berlin. Die Arbeit war abgegeben, sehr gut bewertet, aber es fehlte noch die mündliche Prüfung. Auch sie war gefährdet und die Promotion wichtig, weil er nur so wenigstens eine Dozentur an der Universität Brüssel bekommen konnte, wo er lebte. Also flog ich nach Brüssel, um mich bei ihm nach den Zielen der 4. Internationale zu erkundigen. Er lebte in einem der dort typischen kleinen Reihenhäuser, das er von seinen Eltern geerbt hatte. Ein kleines Arbeitszimmer und kaum Platz zum Sitzen. Überall Bücher und Zeitschriften. An der Wand schöne bunte Tierfotos, Hunde und Pferde. Sehr niedlich im Zentrum der 4. Internationale. Ich verspreche ihm, dass ihm auf Kosten der FU die Promotionskommission für die mündliche Prüfung nach Brüssel geschickt wird, falls alle Stricke reißen. Das haben die Kollegen vom OSI später auch gern getan. Abends gehen wir zum Essen über die Grande Place, die menschenleer ist und kein Auto weit und breit. Wir müssen noch über eine Straße zum Briefkasten. Ich war schon auf der anderen Seite. Der Revolutionär Mandel bleibt stehen, weil die Ampel auf Rot geschaltet ist. Ich staune und denke an Lenin und seinen Spruch über deutsche Revolutionäre, die eine Bahnsteigkarte kaufen, bevor sie den Bahnhof stürmen.

Das Ergebnis des intensiven gemeinsamen Studiums im Programm der 4. Internationale ergibt keinen Verstoß gegen die freiheitliche demokratische Grundordnung. Bestens vorbereitet fliege ich weiter nach Bonn zum Innenminister. Der war noch besser vorbereitet. Auch er hatte mit zwei juristischen Referenten über das Wochenende in diesem Programm gelesen und einen Hinweis gefunden auf das der 3. Internationalen, in dem zum gewaltsamen Sturz der internationalen Bourgeoisie aufgerufen wird. Ich gratuliere. Nichts zu machen. Die Promotionskommission fliegt nach

Brüssel. Ernest Mandel wird wenigstens ein deutscher Herr Doktor. Nachspiel in Berlin, FU-Dokumentation zum 12. Mai 1972:

> »**Kleine Anfrage über Reise Vizepräsident Wesels zu Mandel**
> Auf eine kleine Anfrage des CDU-Abgeordneten Claus-Jürgen Thies, ob Vizepräsident Wesel im März eine Reise nach Brüssel mit dem Zweck, Ernest Mandel das Grundgesetz auszulegen, als Dienstreise sich vom Staat habe finanzieren lassen, und ob nicht die Zusendung des neuen Kommentars zum Grundgesetz billiger gewesen wäre, antwortet der Berliner Senat, daß Vizepräsident Wesel eine Privatreise unternommen habe und auch der Ansicht sei, daß eine Zusendung des neuesten Kommentars zum Grundgesetz für ihn in der Tat billiger gewesen wäre. Er nehme jedoch für sich in Anspruch, daß ›niemand das so schön erklären kann wie er‹.«

Die Reise der Promotionskommission war eine dienstliche Entscheidung des Präsidialamts und des Fachbereichs. Da konnte die CDU nichts machen. Trotzdem gingen die Streiks und Störungen der Studenten erst mal weiter.

Im nächsten Winter fängt es an mit dem Löffler-Plan. Gerd Löffler, SPD, Schulsenator. Ihm untersteht das Wissenschaftliche Landesprüfungsamt, zuständig für das Staatsexamen der Lehrer. Deutsch, Englisch, Französisch, Geschichte, Mathematik und so weiter. Diese Lehrer studieren bei uns. Im mündlichen Examen zwei Prüfer, die sie frei wählen können, weil das Studium immer noch an individuellen Forschungsinteressen der Professoren orientiert ist. So ist es an allen Universitäten. Aber. Besonders in den geisteswissenschaftlichen Fächern der FU gibt es Professoren, die mag Gerd Löffler nicht. Linke Prüfer geben immer eine Eins, meint er. Wie die Nofu. Also der Löffler-Plan. Das Wissenschaftliche Landesprüfungsamt wird mit hoch bezahlten Prüfungsbeamten zu einer Gegenuniversität ausgebaut, und der Student kann im Examen nur noch einen seiner Lehrer frei wählen, der andere kommt vom Staat. Ein Verstoß gegen den Grundsatz, wer lehrt, der prüft. Bei den Juristen ist das seit Friedrich dem Großen so und hat das Unwesen von Repetitoren zur Folge. Das stört Gerd Löffler nicht, wohl aber die Studenten, die nun zwei Semester lang wieder auf die Barrikaden gehen.

Auch mir ging das zu weit mit der Gegenreformation. Denn das war nicht nur ein Angriff auf angeblich linke Professoren, sondern ein schwerer Eingriff des Staates in die Wissenschaft. Im Präsidialamt kämpfe ich ziemlich allein, viele Monate, berufe eine Expertenkommission mit renommierten Fachleuten wie Eberhard Lämmert, inzwischen in Heidelberg, und dem Pädagogen Hartmut von Hentig. Sie wenden sich vehement gegen den Plan. Ich rede mit SPD-Politikern und versuche, auf dem Campus die Studenten zu beruhigen, die das Wintersemester und das Sommersemester erheblich stören.

Dazwischen drei Wochen Ägypten, um Abstand zu gewinnen in einer anderen Welt. Und weiß nun, dass ich gehen muss, wenn ich diesen Kampf verliere. Es ergibt keinen Sinn, die Universität von einer Krise über die andere zu retten und ständig Niederlagen hinzunehmen. Am 28. Juni 1973 beschließt das Abgeordnetenhaus den Löffler-Plan als Änderung des Lehrerbildungsgesetzes. Ich schreibe einen Brief an den Vorsitzenden des Kuratoriums. Meinen Rücktritt.

Zwei Jahre zuvor hatte die Westdeutsche Rektorenkonferenz ihre Jahrestagung in München. Sie fand statt in der Residenz. Dort ist auch die Bibliothek des großen Wörterbuchs der Lateinischen Sprache, das immer noch nicht fertig ist, ein Teil noch in Zettelkästen, sodass man dort arbeiten muss, wenn man Wortforschung betreiben will. Mein alter Lehrer Wolfgang Kunkel arbeitete dort oft. Ich hatte ihn seit 1968 nicht mehr gesehen, ging also in der Pause eine Treppe runter, öffnete leise die Tür zur Bibliothek und tatsächlich, da saß ein einziges Männchen im großen Saal hinter einem Stapel Bücher. Er war's. Wir freuten uns beide, gingen zum Essen, im Lokal sieht er mich an mit seinen kleinen gütigen Augen und fragt: »Was machen Sie da eigentlich in Berlin?« Hatte meinetwegen schon viele Vorwürfe von seinen Kollegen bekommen.

Ich erklärte es ihm, etwa eine halbe Stunde. Dann hat er gesagt: »Sie werden es schon richtig machen.« Die Sünden waren vergeben, denn er war ein Liberaler und liebte alle seine Schüler. Damit war für ihn die Sache erledigt. Für mich zwei Jahre später. Ich ging, und die Nofu jubelte. Rolf Kreibich machte noch vier Jahre weiter, und die Universität wurde allmählich ruhiger.

Das letzte Parteiverfahren

Die Universität wurde ruhiger, aber nicht gleich. Nach meinem Rücktritt hatte ich im Winter 1973/74 Forschungsurlaub, saß zu Hause an meinem Schreibtisch und durfte mich wieder mit meiner Wissenschaft beschäftigen. Da rief Rolf Kreibich an. Es gab wieder Schwierigkeiten mit dem KSV. Der hatte eine Kampagne gegen einzelne Professoren gestartet, die in ihrer Sprache besonders reaktionär waren: »Löwenthal raus aus der FU!«, »Baring raus aus der FU!«, und gegen andere, die sich in der Nofu hervorgetan hatten. Sie wurden persönlich angegriffen und sogar zu Hause belästigt, weit über das bisher Übliche. Das war nicht nur für den Präsidenten eine schwierige Situation, auch für den SPD-Senat unter Klaus Schütz, der immer wieder verantwortlich gemacht wurde für den roten Terror an der FU. Kreibich konnte mit dem KSV nicht reden, wusste aber, dass ich in jener schönen Altbauwohnung in Charlottenburg noch klingeln durfte.

Also klingelte ich. Und vereinbarte mit der schönen jungen Frau und ihrem kultivierten – und ebenfalls sehr ansehnlichen – Freund, dass ich vor der versammelten Mannschaft über ihre Raus-aus-Kampagne reden würde, gemeinsam mit meinem Freund Wolf-Dieter Narr, dem Politologen am Otto-Suhr-Institut. Ich bereitete mich sorgfältig vor, entwarf mit sachverständiger Hilfe eine Rede über die Rolle des individuellen Terrors in der Arbeiterbewegung von der Zarenzeit bis zu Sachsen und Thüringen in der Weimarer Republik und dass dies nun wahrhaftig nicht mehr zeitgemäß sei, sondern hirnverbrannt. Zum ersten und letzten Mal habe ich eine Rede vorher meiner Sekretärin diktiert, damit ich es schriftlich hatte, denn ich rechnete mit Krawall. Wenn es Krawall gibt, kann man am Mikrofon standhaft bleiben und einfach weiterlesen.

Der KSV war wohl fast vollständig versammelt in einem Hörsaal des Henry-Ford-Baus. Ich hielt meine Rede. Die scharfen Gurken waren erstaunlicherweise mucksmäuschenstill, und ich endete mit der Drohung, dass, wenn der Unsinn dieser Kampagne nicht sofort aufhöre, ich meine Unterschrift von der Resolution gegen das Verbot der KPD zurückziehen würde. Die maoistische Partei war ihre Organisation, der KSV der dazugehörige Studentenverband. Die KPD hatte im April 1973 beim Staatsbesuch des südvietnamesischen Diktators Thieu als Protest gegen den immer noch nicht beendeten Vietnamkrieg das Bonner Rathaus besetzt. Seitdem gab es Überlegungen im Bonner Innenministerium, die Partei zu verbieten. Es wurde öffentlich darüber diskutiert. Ich hielt ein Verbot für überflüssig und gefährlich. Überflüssig, weil die KPD völlig bedeutungslos war. Gefährlich, weil das in den Universitäten wieder zu Krawallen und Solidarisierungen mit dem KSV führen würde.

Also, ich hielt meine Rede, schleuderte diese Drohung in den erstaunlich ruhigen Hörsaal, und am nächsten Tag war die Raus-aus-Kampagne beendet. Als ich ging, kam Martin Buchholz, damals beim linken Käseblatt *berliner Extra-dienst,* heute ein ziemlich bekannter Kabarettist, auf mich zu, lobte mich für meine lichtvollen Ausführungen und fragte, ob ich das für sie schreiben könnte. Ich drückte ihm das Manuskript in die Hand, erklärte ihm, warum es schon geschrieben war, und so erschien meine »Ansprache an den KSV« in diesem Blatt, das in der Dreiteilung der westlichen deutschen Linken einen festen Platz an der Seite der DDR hatte und den maoistischen K-Gruppen immer gern eins auswischte. War mir auch recht.

Zufrieden ging ich zurück an meinen Schreibtisch. Eigentlich, dachte ich, könnte sich mal einer bei mir bedanken. Nicht die Nofu, aber vielleicht Rolf Kreibich, Senator Stein oder sogar Klaus Schütz? Meldete sich aber keiner. Stattdessen kam was anderes, kurz nachdem der Artikel im *Extra-dienst* erschienen war. Ein Brief von Herrn Müller in der Müllerstraße. In der Müllerstraße im Wedding ist die Landesgeschäftsstelle der SPD, und Herr Müller war ihr Geschäftsführer. Landesgeschäftsführer der Berliner SPD. Mit uns beiden war es so ähnlich wie mit einem meiner Götter und seinem Vater. Der Fürst von Ligne, Charles de Ligne, belgischer Grande, 1735–1814, österreichischer Feldmarschall – aber nur nebenbei und ohne großen Erfolg – und »der fröhlichste Mann des Jahrhunderts« (Johann Wolfgang von Goethe) schreibt in seinen Memoiren: »Mein Vater konnte mich nicht leiden. Ich habe das nie verstanden, denn wir kannten uns kaum.« So war es mit mir und Herrn Müller. Wenn er einen Brief schrieb, ging es immer um ein Parteiverfahren mit dem Ziel, mich auszuschließen aus der SPD, in der ich als Student im Dezember 1959 nach dem Godesberger Programm und aus staatsbürgerlicher Verantwortung Mitglied geworden war.

Es war das letzte von insgesamt drei Parteiverfahren. Sie waren alle begründet mit einem so genannten Unvereinbarkeitsbeschluss vom November 1970, als sehr viele junge Linke aus APO und Studentenbewegung in die Partei geströmt waren und besonders Jungsozialisten – Jusos – dem Parteivorstand gefährlich wurden. Danach war die Mitgliedschaft in der SPD unvereinbar mit der Zusammenarbeit der Kommunisten. Das erste Verfahren kam 1971, als ich eine Resolution unterschrieben hatte, die von den Roten Zellen gegen das Verbot der drei Seminare verfasst war. Sie kamen in meine Vorlesung zur Rechtsgeschichte. Ich hatte mich öffentlich immer gegen das Verbot ausgesprochen. Sollte ich nun kneifen? Und meine Klingelmöglichkeiten in Charlottenburg aufs Spiel setzen? Außerdem waren sie für mich keine Kommunisten, sondern Studenten. Und ich sah mich nicht als Mitglied der SPD, sondern der Universität. Also habe ich unterschrieben, wurde von einer Berliner Schiedskommission ausgeschlossen, von einer anderen nicht. Herr Müller ging vor die Bundesschiedskommission in Bonn, die zu dem Ergebnis kam, ich dürfe Mitglied bleiben. Das zweite Parteiverfahren wieder wegen einer Unterschrift. Ich finde diesen Unterschriftensozialismus auch nicht gut, musste aber ab und zu dem KSV entgegenkommen, wenn es vertretbar war. Hier war es vertretbar. Es war eine Erklärung gegen das Verbot der KPD, das überflüssig und falsch gewesen wäre, wie beschrieben.

Das dritte und letzte Parteiverfahren nun wegen einer Rede. Aber wieso wegen dieser Rede? Herr Müller hatte sie gelesen, und der Parteivorstand war zu dem Ergebnis gekommen, ich hätte mit ihr »taktische Ratschläge an Kommunisten« gegeben. Ach du meine Nase, dachte ich, denn eigentlich hätte sich wirklich mal jemand bedanken können von den sozialdemokratischen Genossen. Aber nun ja. Jetzt war das eher komisch und nicht mehr schädlich wie vorher. Vorher, als Vizepräsident, war ich verantwortlich für die Universität, musste verhandeln mit Männern, die nicht nur Mitglieder der Landesregierung waren, sondern auch der SPD und unwillig gewesen sein würden bei Gesprächen mit einem, den man aus ihrer Partei ausgeschlossen hat. Jetzt war ich ein freier Mann in einem freien Land, wurde 1974 ausgeschlossen aus der Partei wegen der Ansprache an den KSV, bestätigt von der Bundesschiedskommission, habe das aber nicht übel genommen und mache immer noch mein Kreuzchen bei der SPD, wenn gewählt wird im Land oder im Bund. Es war damals wohl auch eher ein Problem des Zustands der Berliner Partei. Heute würden sie es vielleicht nicht mehr machen. Herr Müller ist nicht mehr in der Müllerstraße. Aber so waren die Zeiten damals, und vielleicht versteht man durch diese kleine Geschichte am Rande die wirklich Linksradikalen, denen zum Beispiel ganz andere Sachen passiert sind.

Berufsverbote

Am 28. Januar 1972 wurde auf einer Tagung der Ministerpräsidenten der Länder unter dem Vorsitz von Bundeskanzler Willy Brandt ein Beschluss mit folgendem Wortlaut gefasst:

> »Der Bundeskanzler und die Regierungschefs der Länder haben über die Mitgliedschaft von Beamten in extremen Organisationen Grundsätze verabschiedet. Nach den Beamtengesetzen von Bund und Ländern und den für Angestellte und Arbeiter entsprechend geltenden Bestimmungen sind die Angehörigen des öffentlichen Dienstes verpflichtet, sich zur freiheitlich-demokratischen Grundordnung im Sinne des Grundgesetzes positiv zu bekennen und für deren Erhaltung einzutreten. Verfassungsfeindliche Bestrebungen stellen eine Verletzung dieser Verpflichtung dar. Die Mitgliedschaft von Angehörigen des öffentlichen Dienstes in Parteien oder Organisationen, die die verfassungsmäßige Ordnung bekämpfen – wie auch die sonstige Förderung solcher Parteien und Organisationen – wird daher in der Regel zu einem Loyalitätskonflikt führen. Führt das zu einem Pflichtverstoß, so ist im Einzelfall zu entscheiden, welche Maßnahmen der Dienstherr ergreift. Die Einstellung in den öffentlichen Dienst setzt nach den genannten Bestimmungen voraus, daß der Bewerber die Gewähr dafür bietet, daß er jederzeit für die freiheitlich-demokratische Grundordnung im Sinne des Grundgesetzes eintritt. Bestehen hieran begründete Zweifel, so rechtfertigt dies in der Regel eine Ablehnung.«

Das war der Anfang der Berufsverbote, die das innenpolitische Klima der Siebzigerjahre in ähnlicher Weise vergiftet haben wie der Terrorismus der Stadtguerilla. Selbst über die Bezeichnung dieser Erklärung ist man bis heute nicht einig. Einige Vorsichtige bezeichnen sie als Extremistenbeschluss, die meisten nannten sie Radikalenerlass, und in der linken Szene sprach man von Berufsverboten, ein Wort, das offiziell verpönt war, als juristisch irreführend bezeichnet wurde – worüber man sich streiten kann – und dessen Gebrauch bisweilen sogar zur Androhung von Disziplinarmaßnahmen führte.

Im Grunde war es nur eine ausführliche Fassung dessen, was in den Beamtengesetzen des Bundes und der Länder ohnehin schon vorgeschrieben war, zum Beispiel in § 7 des Bundesbeamtengesetzes:

> »In das Beamtenverhältnis darf nur berufen werden, wer … die Gewähr dafür bietet, dass er jederzeit für die freiheitliche demokratische Grundordnung im Sinne des Grundgesetzes eintritt …«

Aber es ging doch sehr viel weiter. Für die Ablehnung konnte im Prinzip schon die Mitgliedschaft in einer Partei oder Organisation ausreichen, die nicht verboten war. Wo fing das an? Wo hörte das auf? Die Folgen waren verheerend. Nämlich die Mitwirkung des Verfassungsschutzes bei insgesamt etwa ein bis zwei Millionen Bewerbungen für den öffentlichen Dienst in den Siebzigerjahren, eine unerträgliche Gesinnungsschnüffelei und ein neues offizielles Wort, das im Grunde nichts anderes war als die Umgehung von Vorschriften der Verfassung und des Rechts von Parteien und Vereinigungen. Das Wort war »verfassungsfeindlich«. Es erscheint im dritten Satz des Beschlusses. Bisher gab es nur das Wort verfassungswidrig für Parteien, die nur vom Bundesverfassungsgericht verboten werden können nach Artikel 21 des Grundgesetzes. Jetzt gab es ohne Verbot »Verfassungsfeinde«.

Die neue Praxis bedeutete, dass bei der Einstellung im öffentlichen Dienst der Verfassungsschutz für jeden eine zentrale Rolle spielte. Die Einstellungsbehörden mussten diesen Geheimdienst fragen, ob er Informationen über politische Aktivitäten desjenigen hat, der sich beworben hat als Lehrer, Jurist, Arzt, Krankenschwester, Pfleger oder bei der Bahn oder Post, denn das Ganze galt nicht nur für Beamte, sondern auch für Angestellte. Von Anfang 1973 bis Mitte 1975 sind auf diese Weise allein über 450 000 Bewerber überprüft worden. Das bedeutete nicht nur zeitliche Verzögerungen, sondern verbreitete auch allgemein Angst. Wer wusste schon, mit wem er wo gesehen worden war?

Wenn der Verfassungsschutz so genannte »Erkenntnisse« vorlegte, kam es zu einer Anhörung des Kandidaten. Ein Verhör durch mehrere Mitarbeiter der Behörde, das oft einige Stunden dauerte. Dabei wurde die Beliebigkeit der Erkenntnisse des Verfassungsschutzes in grotesker Weise noch übertroffen durch die Fragen derjenigen, die diese Erkenntnisse in ein Kuddelmuddel ihrer eigenen politischen Vorstellungen übersetzten. Ein unwürdiges und erniedrigendes Verfahren. Selbst Herbert Wehner hatte kurz vor dem Beschluss des Bundeskanzlers und der Ministerpräsidenten in einem Zeitungsartikel vor – wörtlich – Gesinnungsschnüffelei gewarnt und geschrieben, er sehe keinen Sinn darin, die freiheitliche Grundordnung durch den ersten Schritt zu ihrer Beseitigung schützen zu wollen. Und Jahre später hat Willy Brandt selbst das Ganze als einen Fehler bezeichnet. Hier ein Beispiel für eine solche Anhörung aus einem Protokoll einer Bewerberin, die verdächtigt wurde, Mitglied in einer trotzkistischen Organisation zu sein:

»*Frage:* Handelt es sich bei Ihrer Wohnung um eine Wohngemeinschaft?
Antwort: Ich bin Untermieterin bei …
Frage: Haben Sie Kontakt zu den anderen Untermietern?
Antwort: Ich kenne die anderen Untermieter …
Frage: Führen Sie politische Gespräche mit diesen Leuten?
Antwort: Nein, ich bin selten zu Hause …
Frage: Kennen Sie eine Gruppe Internationaler Marxisten?

Antwort: Ja, ich habe schon mal Flugblätter gelesen. Sonst weiß ich nichts von dieser Gruppe.
Frage: Kennen Sie prominente Mitglieder dieser Gruppe?
Antwort: Ja, Ernest Mandel.
Frage: Woher kennen Sie den?
Antwort: Von einer Fernsehsendung.
Frage: So, diese Sendung haben Sie also gesehen.
Antwort: Ja, teilweise.
Frage: Wo, in Ihrer Wohnung?
Antwort: Nein, bei einem Kollegen von der Schule.
Frage: Haben die Leute in Ihrer Wohnung diese Sendung auch gesehen?
Antwort: Das weiß ich nicht.
Frage: Was halten Sie denn von Wohngemeinschaften überhaupt? Halten Sie Wohngemeinschaften für begrüßenswert?...«

Das früheste bekannte Dossier des Verfassungsschutzes mit Erkenntnissen dieser Art stammt aus Hamburg, wo die Berufsverbote mit einem Beschluss des Senats schon im November 1971 begannen. Zum Beispiel Bericht des Hamburger Landesamts für Verfassungsschutz vom 26. Januar 1972 über die Lehrerin Ilse Jacob, damals 29 Jahre alt:

»Betr.:	Stud. R.z.A. Jacob, Ilse geb. 9.11.1941 in Hamburg
Bezug:	Überprüfungsersuchen vom Amt für Schule vom 20.12.1971

Gegen die Berufung der Obengenannten in das Beamtenverhältnis auf Lebenszeit werden Bedenken erhoben. Dem Landesamt für Verfassungsschutz liegen über J. folgende Erkenntnisse vor:

7.–9.4.1961	J. nimmt als Delegierte am Bundeskongreß der VNN in Stuttgart teil.

1962	J. nimmt an den Weltjugendfestspielen in Helsinki teil.
Sommersemester 1963	J. ist erste Vorsitzende der SDS-Gruppe an der Universität Hamburg. SDS-Mitglied bis 1968.
22.10.–16.11.1963	J. nimmt an einer KP-Delegationsreise in die UdSSR teil.
November 1966	Teilnahme an einem KPD-Parteiarbeiterlehrgang in der DDR.
Juli 1968	Verfasserin eines Artikels in den Mitteilungen des Arbeitskreises Festival in der BRD »Festival extra« über die IX. Weltjugendfestspiele in Sofia.
März 1969	J. stimmt einer ADF-Erklärung gegen die Vorbeugehaft schriftlich zu. (Aktion Demokratischer Fortschritt – ADF war die kommunistische Wahlpartei für die Bundestagswahl 1969. Sie wurde eigens zu diesem Zweck gegründet und besteht heute nicht mehr.)
August 1969	J. ist Erstunterzeichner eines Aufrufes der Demokratischen Aktion für die Anti-NPD-Kundgebung.
Juli 1970	J. ist Unterzeichner eines Aufrufes des Arbeitsausschusses des Schwelmer Kreises (beim Schwelmer Kreis handelt es sich um eine kommunistische Hilfsorganisation, in der Lehrer zusammengeschlossen sind).
Dezember 1970	J. reist mit gebührenfreiem Einreisevisum nach Gera/DDR aus. (Das gebührenfreie Visum deutet darauf hin, daß eine Einladung von offizieller Seite aus der DDR vorlag).
Januar 1971	J. ist Mitglied des Einladerkreises der Aktionskonferenz zur Bildungspolitik. (Die

Konferenz war DKP/DFU initiiert und fand am 31. 1. 1971 statt).

1971 Mitglied der DKP und des Vorstandes der DKP-Betriebsgruppe Lehrer.

Die vorliegenden Erkenntnisse zeigen, daß J. sich über einen längeren Zeitraum aktiv im Rahmen kommunistischer Organisationen betätigt hat und noch betätigt. Es bestehen daher erhebliche Bedenken dagegen, daß sie die Gewähr dafür bietet, jederzeit für die freiheitlich demokratische Grundordnung im Sinne des Grundgesetzes einzutreten.

gez. Bein«

Stasi? Stasi. Vielleicht nicht direkt, aber sehr nah dran. Das ging so weit, dass die Mitarbeiter des Verfassungsschutzes sämtliche Kennzeichen von Autos notierten, die in der Umgebung von Veranstaltungen geparkt waren, in denen ihrer Meinung nach und in ihrer Sprache Verfassungsfeindliches stattfand.

Der Hamburger Senat wollte die Einstellung von Frau Jacob verweigern, wurde jedoch durch eine große Solidaritätsaktion von Eltern, Kollegen, Schülern und Teilen der SPD und Gewerkschaften umgestimmt, und Ilse Jacob ist zur Studienrätin ernannt worden.

Die Idee der Berufsverbote taucht zuerst auf in Berlin, ebenso das Wort verfassungsfeindlich. Schon im Juni 1970 hatte ein Professor der Ethnologie an der Freien Universität und Mitglied der Notgemeinschaft das Verbot der Roten Zellen mit der Begründung gefordert, sie seien »antidemokratisch und verfassungsfeindlich«. Im Bericht des Berliner Senats über die Roten Zellen vom Oktober 1970 wurden sie als verfassungswidrig bezeichnet. Es hätte aber keinen Sinn, sie zu verbieten. Und drei Tage später hat Senator Stein den Präsidenten der FU aufgefordert, bei Einstellungen sorgfältig zu prüfen, ob die Bewerber einer der Roten Zellen angehören, die bekanntlich verfassungswidrig seien, und schon »die Zugehörigkeit zu einer Roten Zelle muss als starkes Indiz dafür gewertet werden«, dass die Voraussetzungen des § 9 Landesbeamtengesetz nicht erfüllt seien. Der entspricht dem oben zitierten § 9 des Bundesbeamtengesetzes. Das Präsidialamt lehnte ab.

Das wichtigste juristische Problem steckte in diesem neuen Wort verfassungsfeindlich. Bisher gab es nur verfassungswidrig. Parteien und Vereinigungen, die verfassungswidrig sind, können verboten werden, Parteien vom Bundesverfassungsgericht, Vereinigungen vom Bundesinnenminister oder von den Innenministern der Länder. Artikel 21 Absatz 2 des Grundgesetzes:

> »Parteien, die nach ihren Zielen oder nach dem Verhalten ihrer Anhänger darauf ausgehen, die freiheitliche demokratische Grundordnung zu beeinträchtigen oder zu beseitigen oder den Bestand der Bundesrepublik Deutschland zu gefährden, sind verfassungswidrig. Über die Frage der Verfassungswidrigkeit entscheidet das Bundesverfassungsgericht.«

Die Verfassungswidrigkeit von Parteien ist erst erwiesen, wenn das Bundesverfassungsgericht ein solches Verbot ausgesprochen hat, die von anderen Vereinigungen, wenn Verwaltungsgerichte das Verbot eines Innenministers bestätigt haben. Vorher sind sie legal, keine Behörde darf sie als verfassungswidrig behindern. Besonders für Parteien ist das wichtig, die sich an Wahlen beteiligen. Deshalb auch dieses »Parteienprivileg« mit dem Bundesverfassungsgericht in Artikel 21 Absatz 2 des Grundgesetzes. Deshalb das Wort verfassungsfeindlich. Ein Trick. Man scheut sich, sie zu verbieten, will sie aber wie verfassungswidrige Organisationen behandeln, besonders ihre Mitglieder, kann sie aber nicht als verfassungswidrig bezeichnen und nennt sie einfach verfassungsfeindlich. Verfassungsfeinde bieten dann eben nicht die Gewähr, jederzeit für die freiheitliche Grundordnung einzutreten. Abrakadabra, dreimal schwarzer Kater. Die meisten Opfer von Berufsverboten – etwa 60 Prozent – waren Mitglieder der vom Bundesverfassungsgericht nicht verbotenen Partei DKP. Und die Behinderung einer Partei ist enorm, wenn man ihre Mitglieder mit Berufsverboten verfolgt, besonders wenn sie als Kandidaten bei Wahlen auftreten.

Deshalb begann sofort die juristische Diskussion. Einer der Ersten, die sich zu Wort meldeten, war Ulrich Preuß von der – linken – Universität Bremen. Die freiheitliche demokratische Grundordnung als Inbegriff der Legitimität politischer Ordnung werde als Waffe verwendet gegen die Legalität. Etwas kompliziert formuliert und schwer zu verstehen, wie damals oft bei ihm. Später ist es besser geworden. Aber er war intelligent und hatte völlig Recht. Sogar zwei ehemalige Richter des Bundesverfassungsgerichts meldeten sich zu Wort, Gregor Geller hielt den Radikalenerlass für äußerst fragwürdig, Herbert Scholtissek sogar für verfassungswidrig. Aber auch die andere Seite war nicht faul, die Professoren der Staatsrechtslehrervereinigung, die Ulrich Preuß nicht in ihren Verein aufgenommen hatten, weil er nicht in ihr politisches Konzept passte. Sie repräsentierten das, was man unter Juristen die herrschende Meinung nennt. Die immer die Meinung der Herrschenden ist. Seit 1974 lag in allen Behörden und bei allen Gerichten eine kleine blauweiße und sorgfältig ausgearbeitete Studie »Zur Verfassungstreue der Beamten«, die Klaus Stern von der Universität Köln geschrieben hatte, ein Repräsentant dieser herrschenden Meinung und nicht gerade ein Freund linker Studenten. Die ersten Gerichtsurteile ergingen. Mal so, mal so. Aber meistens so. Und alle warteten auf die Entscheidung des Bundesverfassungsgerichts. Sie kam im Mai 1975. Die Praxis der Berufsverbote wurde bestätigt. Auch das höchste Gericht übernahm das Abrakadabra des neuen Wortes verfassungsfeindlich:

> »Ein Stück des Verhaltens, das für die hier geforderte Beurteilung der Persönlichkeit des Bewerbers erheblich sein kann, kann auch der Beitritt oder die Zugehörigkeit zu einer politischen Partei sein, die verfassungsfeindliche Ziele verfolgt – unabhängig davon, ob ihre Verfassungswidrigkeit durch Urteil des Bundesverfassungsgerichts festgestellt ist oder nicht. Es wäre geradezu willkürlich, dieses Element der Beurteilung einer Persönlichkeit auszuscheiden, also den Dienstherrn zu zwingen, die *Verfassungstreue* eines Beamten zu bejahen, weil

eine Entscheidung des Bundesverfassungsgerichts über die *Verfassungswidrigkeit* einer Partei aussteht – eine Entscheidung übrigens, die von einem Antrag abhängt, der weithin im Ermessen der Antragsteller steht und schwerlich nur deshalb gestellt wird, um Amtsbewerber ablehnen oder gegen Beamte wegen Verletzung ihrer politischen Treuepflicht dienststrafrechtlich einschreiten zu können. Der Umstand, daß die dem Bundesverfassungsgericht vorbehaltene Entscheidung über die Verfassungswidrigkeit einer politischen Partei bisher nicht ergangen ist, hindert nicht, daß die Überzeugung gewonnen und vertreten werden darf, diese Partei verfolge verfassungsfeindliche Ziele und sei deshalb politisch zu bekämpfen.«

Nun ja. Die Hexenjagd ging weiter. Die Zahl der Ablehnungen war prozentual sehr gering, etwa 1500 bei ein bis zwei Millionen Überprüfungen. Entscheidend war die Abschreckungswirkung, die allgemein politisch disziplinierten und den Eintritt in linke Parteien und Organisationen verhindern sollte. Wahrscheinlich ist das in vielen Fällen gelungen. Aber es stand in keinem sinnvollen Verhältnis zu den verheerenden Folgen, nämlich der Staatsverdrossenheit bei einem großen Teil der jungen Generation. Das sahen schließlich auch die Herrschenden. Anfang 1979 sind von der Bundesrepublik unter Helmut Schmidt durch Innenminister Genscher die Grundsätze für das Verfahren entscheidend verändert worden, indem die Regelanfrage abgeschafft wurde. Seitdem sind Informationen vom Verfassungsschutz nicht mehr automatisch für jeden Bewerber angefordert worden, sondern nur, wenn der Behörde von vornherein Tatsachen bekannt waren, die zweifeln ließen. Und in den Achtzigerjahren spielten die Berufsverbote fast gar keine Rolle mehr.

Als alles längst vorbei war und fast vergessen, da kam – oh Wunder – doch noch eine Stimme von ganz oben. Der Europäische Gerichtshof für Menschenrechte in Straßburg, nicht zu verwechseln mit dem Europäischen Gerichtshof der EU in Luxemburg, eine Institution des Europarats, dessen Mitglieder sich durch völkerrechtliche Verträge verpflichtet haben, die Urteile zu befolgen. Am 26. September 1995 hat er entschieden, die Berufsverbote seien ein Verstoß gegen Menschenrechte gewesen, gegen das Recht auf Meinungsfreiheit und Organisationsfreiheit. Die Bundesrepublik ist verurteilt worden, verbunden mit einer Ohrfeige für das Bundesverfassungsgericht, das 20 Jahre zuvor das Gegenteil gesagt hatte.

Die Ohrfeige war allerdings in Watte verpackt. Im Prinzip wurde das Verfahren der Berufsverbote als ein möglicher Weg nicht in Frage gestellt, denn jeder Staat habe das Recht, von seinen Beamten die Treue zu grundlegenden Verfassungsgrundsätzen zu verlangen. Dann allerdings schon die erste einschränkende Bemerkung:

> »Dennoch ist die Absolutheit, mit der die deutschen Gerichte diese Pflicht auslegen, auffallend. Sie wird von jedem Beamten unabhängig von seiner Funktion und Stellung gleichermaßen verlangt. Sie impliziert, daß jeder Beamte unabhängig von seiner eigenen Meinung zu diesem Thema eindeutig alle Gruppen und Bewegungen ablehnen muß, die nach Ansicht der zuständigen Behörden verfassungsfeindlich sind. Sie läßt keinen Unterschied zwischen dem Dienst und dem Privatleben zu; die Beamten sind diese Pflicht in jedem Zusammenhang schuldig.
> Außerdem scheint kein anderer Mitgliedstaat des Europarates zur maßgeblichen Zeit eine ähnliche strenge Treuepflicht verlangt zu haben, wobei sogar innerhalb Deutschlands die Pflicht nicht im ganzen Land einheitlich ausgelegt und angewendet wurde; eine beträchtliche Anzahl von Ländern war nicht der Ansicht, daß die in Rede stehenden Aktivitäten nicht mit dieser Pflicht vereinbar sind.«

Und danach gleich der entscheidende Satz, mit dem im Ergebnis die gesamte Praxis der Berufsverbote für verfassungswidrig erklärt wird:

»Der Gerichtshof ist jedoch nicht aufgefordert, das System als solches zu bewerten. Er konzentriert sich dementsprechend auf die Entlassung von Frau Vogt.«

Dorothea Vogt war Studienrätin in der niedersächsischen Stadt Jever, lehrte Deutsch und Französisch. Der Radikalenerlass verhinderte nicht nur Einstellungen in den öffentlichen Dienst. Er forderte auch Entlassungen. Wegen ihrer Mitgliedschaft in der DKP begann 1981 ein Verfahren gegen sie. Da war sie 33 Jahre alt. Es endete 1987 mit ihrer Entlassung. Damals regierte noch die CDU-Regierung unter Ministerpräsident Albrecht. Frau Vogt klagte vor den Verwaltungsgerichten und verlor. Ihre Verfassungsbeschwerde wurde 1990 vom Bundesverfassungsgericht abgewiesen. Die Entlassung sei »noch gerechtfertigt«. Wenn man auf diese Weise den innerstaatlichen Rechtsweg erschöpft hat, wie das in der Sprache der Juristen heißt, also endgültig verloren, dann kann man Beschwerde einlegen beim Europäischen Menschengerichtshof. Das hat sie getan. Und acht Jahre nach ihrer Entlassung gewonnen. Von der SPD-Regierung unter Ministerpräsident Gerhard Schröder war sie – davon unabhängig – 1991 wieder eingestellt worden.

Das Straßburger Gericht konzentrierte sich also auf ihre Person, fragte, wo das Risiko für den Staat Bundesrepublik mit ihr als Lehrerin für Deutsch und Französisch und als Mitglied der DKP lag. Es lag darin, dass sie die Schüler während des Unterrichts im Sinne dieser Partei politisch beeinflusste. Das habe sie aber nicht getan. Im Gegenteil. Die Verwaltungsgerichte hätten ausdrücklich anerkannt, sie habe ihre Pflichten einwandfrei erfüllt, die Schüler nicht indoktriniert. Deshalb, so die Richter in Straßburg, sei ihre Entlassung nicht notwendig und ein Verstoß gegen Menschenrechte gewesen. Wenn man genau hinsieht, wird damit die gesamte Praxis der Berufsverbote verurteilt, die immer nur auf politische Aktivitäten außerhalb des Berufs abstellte, nicht auf mögliche Verletzung von Pflichten bei der Tätigkeit im Beruf. Aber nun ja. Die Berufsverbote jener Zeit sind Geschichte. Dorothea Vogt erhielt vom Land Niedersachsen eine Entschädigung in Höhe von 222 639

Mark für die Zeit nach ihrer Entlassung. Wenn Ähnliches wieder aktuell werden sollte, vielleicht für Mitglieder rechtsradikaler Organisationen, haben wir also Richtlinien aus Straßburg. Und das ist auch gut so. Wenn sie sich zum Beispiel als Lehrer einwandfrei verhalten, sollen sie in ihrer Freizeit machen, was sie wollen. Auch wenn es politischer Blödsinn ist. Vielleicht sogar noch blödsinniger als das mit der DKP.

Bundesverfassungsgericht und Hochschulreform

1961	Denkschrift der SDS *Hochschule in der Demokratie*
1966	Erste öffentliche Forderung nach Drittelparität bei Sit-in an der FU
1969	Berliner Universitätsgesetz
1971	Niedersächsisches Vorschaltgesetz
1973	Bundesverfassungsgericht zum nds. Vorschaltgesetz
1974	1. Novellierung des Berliner Universitätsgesetzes
1976	Hochschulrahmengesetz des Bundestages
1978	2. Novellierung des Berliner Universitätsgesetzes
1985	1. Novellierung des Hochschulrahmengesetzes
1986	3. Novellierung des Berliner Universitätsgesetzes
1988/89	Streik an der FU gegen Berliner Universitätsgesetz

Kurz war der Weg von der Idee einer demokratischen Hochschulreform bis zu ihrer Durchsetzung, unglaublich kurz. Acht Jahre von der Denkschrift der SDS über die erste öffentliche Forderung nach Drittelparität beim ersten Sit-in an der FU 1966 bis zum Erlass des Berliner Universitätsgesetzes 1969. Drittelparität ließ sich hier nur durchsetzen im Konzil, das den Präsidenten wählt. In den wichtigsten anderen Gremien – den Fachbereichsräten – war es der »Berliner Schlüssel« 7:4:3:1, der den Sinn hatte, dass keine Gruppe die anderen überstimmen dürfe. Das war der demokratische Teil der Reform, der technokratische das von den USA übernommene Departmentsystem mit Einheitsverwaltung als Ablösung der veralteten Trennung von akademischer und Wirtschaftsverwaltung. Auch das war schon vom SDS vorgeschlagen. Es ist das Ende der Ordinarienuniversität gewesen, die Humboldt in großartiger Weise für das 19. Jahrhundert konstruiert hatte, die aber nun nicht mehr im Einklang stand mit neuen Anforderungen der Gesellschaft an die Wissenschaft. Bis heute.

Das Leben der Professoren in »Einsamkeit und Freiheit« änderte sich, und die Studenten konnten auf eine Studienreform hoffen, an der sie mit ihren Interessen beteiligt werden. Prototyp und Vorreiter dieser Reform war die Freie Universität in Berlin, derjenigen Stadt, dessen Parlament das Gesetz unter dem Druck der Revolte beschlossen hatte. Die Bundesländer und ihre Universitäten folgten, sehr unterschiedlich von Land zu Land. Sehr ähnlich zum Beispiel war das niedersächsische Vorschaltgesetz, das 1971 erlassen wurde unter Peter von Oertzen, linksliberaler Sozialdemokrat und Kultusminister des Landes.

Aber leider, die Zeiten, sie waren doch nicht so. Stattdessen begann ein akademischer Bürgerkrieg, nicht nur in Berlin und an der Freien Universität, hier jedoch am heftigsten. Er wurde in unverantwortlicher Weise geführt von einem Teil der Professoren – die Berliner vereinigt in der Notgemeinschaft – und einem Teil der Studenten, hier besonders die Roten Zellen und später der KSV. Dieser akademische Bürgerkrieg diskreditierte die Reform und hat sie schließlich unmöglich gemacht. Der demokratische Teil wurde beseitigt, der technokratische blieb als Konstruktion bis heute bestehen, funktioniert aber nicht allein, bleibt ein Torso ohne Kopf und Idee mit einer wild gewordenen Verwaltung.

Der Kampf wurde geführt um die Zusammensetzung der Gremien, von denen Professoren die Mehrheit der Sitze wollten. Die haben sie schließlich bekommen. Ein langer Kampf, der in Berlin 17 Jahre dauerte, doppelt so lang wie jene acht von 1961 bis 1969. Dann endlich hatten sie es geschafft mit der dritten größeren Novellierung – Neufassung – des Gesetzes, die 1986 möglich gewesen ist, weil die CDU einige Zeit zuvor stärkste Partei im Lande geworden war. Der Kampf wurde politisch geführt, letztlich aber juristisch, nämlich immer mit dem Argument von Artikel 5 Absatz 3 des Grundgesetzes:

»Kunst und Wissenschaft, Forschung und Lehre sind frei.«

Alles sei verfassungswidrig. Professoren – nicht nur in Berlin – waren der Meinung, sie seien nicht mehr frei in Forschung und Lehre, wenn sie in den Gremien durch andere Mitglieder der Universität überstimmt werden könnten. Wissenschaft sei dadurch fremdbestimmt, unfrei. Was voraussetzt, dass Studenten und Assistenten nicht zur Wissenschaft gehören. In Berlin konnte dieser Rechtsstreit nur vor dem Verwaltungsgericht geführt werden wegen der besonderen politischen Situation der Stadt, die nicht Teil der Bundesrepublik gewesen ist. Der Zugang zum Bundesverfassungsgericht war für Berliner Landesrecht versperrt. Und vor dem Berliner Verwaltungsgericht und Oberverwaltungsgericht haben die Professoren den Streit verloren. Das Universitätsgesetz verstößt nicht gegen das Grundrecht der Freiheit von Wissenschaft, sagten die Richter. Studenten und Assistenten gehören dazu, oft auch andere Dienstkräfte. Also wurden niedersächsische Kollegen mit Verfassungsbeschwerden gegen das Vorschaltgesetz von 1971 nach Karlsruhe geschickt. Das Bundesverfassungsgericht entschied 1973, das Gesetz sei teilweise verfassungswidrig. Die demokratische Hochschulreform war damit gescheitert. Studenten und Assistenten würden zwar auch zur Wissenschaft gehören, all animals are equal, but some animals are more equal than others, nämlich die Professoren, weil »mit der Sache der Wissenschaft besonders eng verbunden«:

> »Diese Hochschullehrer prägen aufgrund ihrer Vorbildung, ihrer meist langjährigen Tätigkeit und Erfahrung in Forschung und Lehre in erster Linie die Hochschule als wissenschaftliche Einrichtung. Sie tragen kraft ihres Amtes und Auftrages erhöhte Verantwortung für die Funktionsfähigkeit und den wissenschaftlichen Rang der Universität; sie sind nach ihrem Status und ihrer Funktion zur Forschung und Lehre sowie deren Organisation oder Mitorganisation in ihrem Fachbereich verpflichtet und daher mit der Sache der Wissenschaft besonders eng verbunden. Nach der derzeitigen Struktur der Universität sind sie die Inhaber der Schlüsselfunktionen des wissenschaft-

> lichen Lebens. Infolge ihrer regelmäßigen längeren Zugehörigkeit zur Universität werden sie zudem durch langfristig wirkende Entscheidungen der Hochschulorgane stärker betroffen als die Gruppen der wissenschaftlichen Mitarbeiter und der Studenten.«

Karl Kraus hat mal über jemanden, den er nicht leiden konnte, gesagt: »Das Schärfste, was ich gegen ihn unternehmen kann, ich zitiere ihn.« So ist es. Deshalb, so das Bundesverfassungsgericht, müssen Professoren in denjenigen Gremien die Mehrheit haben, die unmittelbar über Forschung und Lehre entscheiden, nämlich im Akademischen Senat und im Fachbereichsrat, nicht im Konzil, das nur den Präsidenten wählt. Im Akademischen Senat hatten sie nach dem niedersächsischen Gesetz ohnehin die Mehrheit. Im Konzil nicht. Insoweit verfassungsgemäß. Aber der Fachbereichsrat. Dort hatten sie nur die Hälfte der Stimmen. Es müsste aber noch etwas mehr sein, nämlich 51 Prozent. Also verfassungswidrig.

Dazu in einem Minderheitenvotum die beiden Verfassungsrichter Helmut Simon und Waltraud Rupp von Brünneck über die Wissenschaftsfreiheit des Einzelnen:

> »Die Wissenschaftsfreiheit hat sich... in einem geistesgeschichtlichen Prozeß der Emanzipation von weltanschaulicher und auch staatlicher Bevormundung entwickelt; in historischer Sicht meint sie daher vor allem die geistige Freiheit der wissenschaftlichen Erkenntnisse und deren Verbreitung, also die Freiheit, über die Inhalte von Forschung und Lehre sowie die Kundbarmachung der Ergebnisse in autonomer Selbstbestimmung zu entscheiden. Dieser Bereich wissenschaftlicher Bestätigung ist zudem seiner Natur nach demokratischen Mehrheitsentscheidungen unzugänglich und kann daher als das Unabstimmbare bezeichnet werden. In Niedersachsen ist durch die Kompetenzvorschriften für die Organe der Hochschulselbstverwaltung dafür gesorgt, daß Eingriffe in diesen Kernbereich zu unterbleiben haben.«

Außerdem, meinen die beiden, unter Hinweis auf Kompetenzen der Verwaltung der Universitäten und Ministerien, die sie Wissensverwaltung nennen:

> »Was demgegenüber von den Beschwerdeführern angegriffen wird, sind formale Organisationsnormen für die personelle Zusammensetzung der Selbstverwaltungsorgane. Solche Normen sind ambivalent in dem Sinne, daß sie keineswegs notwendig zu Einwirkungen in den Kernbereich des Unabstimmbaren führen... Die Beschwerdeführer selbst haben dazu in der mündlichen Verhandlung nur Vermutungen geäußert, nicht aber durch nachprüfbare Beispiele belegen können, daß die Kollegialorgane allein schon wegen ihrer personellen Zusammensetzung zu grundrechtswidrigen Entscheidungen prädestiniert seien. Auch die Senatsmehrheit begnügt sich in diesem Zusammenhang mit der Erwägung, daß die Entscheidungen dieser Organe sich je nach deren Zuständigkeit auf den durch Art. 5 Abs. 3 GG geschützten Freiheitsraum auswirken können ... Die Kollegialorgane sind aber eben nur für solche Angelegenheiten zuständig, die gerade nicht zum Kernbereich des Unabstimmbaren gehören, sondern immer schon und notwendigerweise einer Fremdbestimmung durch die Wissensverwaltung unterlagen.«

Solche Minderheitsmeinungen werden zwar Teile des Urteils, sind aber rechtlich ohne Bedeutung. Bindend bleibt die Meinung der Mehrheit der Richter. Ein Trostpflaster für Verlierer, die dann immerhin unter Berufung auf solche Kapazitäten den anderen noch einmal ihre Meinung sagen können. Was hiermit geschehen ist.

Seitdem war die Gegenreformation auf dem Vormarsch, auch in Berlin, wo man zwar für das Universitätsgesetz an diese Entscheidung des Bundesverfassungsgerichts juristisch nicht gebunden war, und zwar aus mehreren Gründen, aber politisch und psychologisch. Ganz langsam tastete man sich vor, 1974 mit einer ersten Veränderung des Gesetzes, sehr vorsichtig, 1978 mit einer zweiten, die nun auch die Mehrheiten änderte zugunsten der Professoren im Senat und Fachbereichsrat, nachdem 1976 im Hochschulrahmengesetz der Bundestag mit der sozialliberalen Koalition die Grundsätze des Bundesverfassungsgerichts in Paragraphen umgesetzt hatte. Und schließlich – hurra! – der Schlussstrich 1986, die dritte umfangreiche Novellierung, in der sogar die Mehrheit der Professoren im Konzil festgeschrieben wurde, nachdem ein Jahr zuvor unter Helmut Kohl auch das Hochschulrahmengesetz novelliert worden war, nicht zum letzten Mal. 2002 nach Christus, unter Gerhard Schröder, kam die fünfte Novellierung, ebenfalls ohne Kopf und ohne Idee. Archaischer Torso, aber nicht Apollos, und er glühte auch nicht mehr wie ein Kandelaber. Im Gegenteil. Da war manche Stelle, die man lieber nicht sehen wollte, anders als Rainer Maria Rilke.

Dann wieder in Berlin. Freie Universität. Keiner hatte damit gerechnet. Wintersemester 1988/89. Aus heiterem Himmel der Streik einer erstaunlichen Mehrheit von Studenten gegen diese nicht erstaunlichen Mehrheiten der Professoren. Die Studenten von 1988 waren die Kinder der Studenten von 1968. Ein langer, intensiver, zum Teil sogar phantasievoller Streik. Ein ehemaliger Vizepräsident gießt mal hier ein wenig Öl ins Feuer und mal dort. Aber aussichtslos, denn an Urteilen des Bundesverfassungsgerichts kommt man schlecht vorbei. Und wer war auch dabei? Auf der anderen Seite? Die Nofu. Das Ergebnis war immerhin ein großzügig finanziertes Programm von selbstbestimmter Kleingruppenarbeit unter der Leitung von studentischen Tutoren. Das Tutorenprogramm. Es hielt sich einige Zeit, wurde allmählich abgebaut und schließlich beseitigt durch Umstände, die die Wissenschaft in ganz anderer Weise und nun wirklich geschädigt haben, nämlich durch immer unerträglichere finanzielle Kürzungen, besonders an der wegen ihrer angeblich revolutionären Vergangenheit ungeliebten Freien Universität, am Ende des Jahrhunderts und am Beginn des neuen.

Was bleibt? Der Torso. Die Ordinarienuniversität ist tot, auch wenn sich Fachbereiche wieder Fakultäten nennen, ihre Leiter als Dekane bezeichnet werden oder Professoren meinen, sie seien Ordinarien. Etikettenschwindel oder Selbsttäuschung? Das ist egal. Beides gibt es auch in der Wissenschaft. Wie überall. Humboldts Universität, die große Leistung des 19. Jahrhunderts, kann nicht mehr auferstehen. Immerhin ein kleiner Beitrag der Studentenrevolte. Der Torso wird jetzt Gruppenuniversität genannt. Die allgemeine Ratlosigkeit hat ja auch lustige Folgen. Niemand weiß genau, wie viele Novellierungen von Universitäts- und Hochschulrahmengesetzen es gewesen sind in den letzten Jahrzehnten seit 1969. Und dann die Neugründungen von Privatuniversitäten für so genannte Eliten auf der einen Seite und auf der anderen Pläne, die Ausbildung zu verlagern von Universitäten auf Fachhochschulen, weil das schneller geht. Irgendwann wird ein neuer Humboldt kommen oder eine neue Generation von Studenten, und sie werden eine neue und angemessene Lösung finden für die Universität des neuen Jahrhunderts, die in die gesellschaftliche Realität passt wie die »innere und äußere Organisation der höheren wissenschaftlichen Anstalten« in der Denkschrift Wilhelm von Humboldts aus dem Jahr 1810.

VIERTER TEIL

Auf dem Weg zu Rotgrün

1974–1998

1971–74	Frankfurter Häuserkampf
1972	Bundesverband Bürgerinitiativen Umweltschutz gegründet
	Baader, Ensslin, Meinhof, Meins, Raspe verhaftet
1974	Lex Stammheim
1975	Besetzung des Bauplatzes für das AKW Wyhl
1975–77	Stammheimer Prozess
1976	§§ 88a, 130a, 129a StGB
1977	Schwere Auseinandersetzungen mit Polizei um AKW Grohnde und Kalkar
	Bürgerinitiative Lüchow-Dannenberg gegründet gegen Atomlager Gorleben
	Buback, Ponto, Schleyer ermordet, Mescalero, deutscher Herbst
	Kontaktsperregesetz
1978	Russell-Tribunal zu Berufsverboten
1978/79	Prozesse gegen Herausgeber des Mescalero-Nachrufs
1979	NATO-Doppelbeschluss
1979–84	Hausbesetzungen in Berlin
1980	Die Grünen als Bundespartei gegründet
	Krefelder Appell gegen NATO-Doppelbeschluss
1981	300 000 gegen NATO-Doppelbeschluss
	Bürgerinitiative gegen WAA Wackersdorf gegründet
	§§ 88a, 130a StGB wieder aufgehoben
1982	400 000 in Bonn gegen NATO-Doppelbeschluss
1983	Prominentenblockade in Mutlangen, Beginn der Raketenstationierung
	Die Grünen im Bundestag
1985	Erste rotgrüne Koalition in Hessen
	§ 129a StGB verschärft, § 130a StGB wieder eingeführt
1989	Kronzeugenregelung (bis Ende 1999)
1990	Die Grünen im Westen scheitern bei Bundestagswahl an Fünfprozentklausel
1993	Bündnis 90/Die Grünen gegründet
1994	Die Grünen wieder im Bundestag
1998	Rotgrüne Bundesregierung

Frankfurter Häuserkampf

Auf dem Spielplan der APO standen viele Stücke. Am beliebtesten war natürlich das große Drama der Revolution. Aber es wurde nur einmal richtig gespielt und auch nur im Theater nebenan, beim Pariser Mai 68. In der APO begnügte man sich mit der Lektüre der zahlreich vorhandenen Drehbücher zu diesem Thema. Aber es gab noch viele andere Stücke. Am Anfang war es die Hochschulreform, dann Vietnam, Dritte Welt, Che Guevara, Justizkampagne, Weiberräte, Kinderläden, Schülerläden, antiautoritäre Erziehung, sexuelle Befreiung, Kommunen, Wohngemeinschaften, Randgruppen, Betriebsarbeit, Guerilleros. Als das Charakterstück »Demokratische Hochschulreform« durch das Bundesverfassungsgericht vom Spielplan abgesetzt wurde, erlebte im Gegensatz dazu ein eher populärer Schwank gerade seinen dramatischen Höhepunkt.

Am 28. März 1973 mittags um eins beginnt der »blutige Mittwoch« im Frankfurter Häuserkampf. Mehrere Hundertschaften der Polizei marschieren mit Wasserwerfern und Tränengas ins Westend, um das besetzte Haus Kettenhofweg 51 zu räumen, das abgerissen werden soll. Das schöne alte, stuckverzierte Gebäude aus der Jahrhundertwende wird verteidigt von mehreren Hundertschaften der Hausbesetzer und Sympathisanten mit Helmen, Tüchern vor dem Gesicht gegen Tränengas, Steine und andere Wurfgeschosse. Am Vormittag hatten sie Barrikaden gebaut und am Haus Lautsprecher angebracht, und mit »Street Fighting Man« der Rolling Stones die Straßenschlacht begleitet. Der Kampf tobt bis in die Abendstunden in der ganzen Umgebung und Mann gegen Mann im Haus. Als der Angriff des Rechtsstaats an diesem Tag zunächst erfolgreich zurückgeschlagen ist, sind 48 Polizisten verletzt und sehr viel mehr street fighting men und unbeteiligte Passanten. Der Bericht des Hessischen Rundfunks vom selben Abend:

»Von mehreren Seiten her bewegten sich Hunderte von Beamten, hinter Schildern und Visieren geschützt und unterstützt von Wasserwerfern und Tränengas, auf die Menschengruppen zu, die sie mit Steinen und anderen Wurfgeschossen bombardierten. Die Beamten feuerten die Wurfgeschosse umgehend zurück, rückten im Laufschritt weiter vor, und wer kein Fluchtloch mehr fand, wurde erbarmungslos zusammengeschlagen und auch getreten. Die sogenannte Front war zersplittert. Die Auseinandersetzungen wogten in den Seitenstraßen weiter. Wer immer sich dort noch aufhielt, egal ob Demonstrant, Bewohner oder Passant, mußte rennen, wollte er nicht von der Polizei überrannt werden. Nach einer halben Stunde war eigentlich alles vorbei, hätte alles vorbei sein sollen, denn die Demonstranten waren in alle Winde zerstreut. Doch die Polizei machte grüppchenweise weiter, demonstrierte ständig Stärke und provozierte ihrerseits Provokationen der Demonstranten, die dann natürlich sofort massiv geahndet wurden. Ein Kleinkrieg setzte ein, Greiftrupps nahmen ständig neue Demonstranten fest. Pressefotografen wurden massiv daran gehindert, diese, inklusive zahlreicher Entgleisungen, im Bild festzuhalten. Zweieinhalb Stunden dauerte das Ganze, bis sich die Demonstranten endlich zufriedengaben. Fazit der Bewohner, die alles mit angesehen hatten und sich jetzt langsam wieder in ihre gewohnten Straßen trauten, sie sagen: Die Jungs, und gemeint sind die jungen Besetzer des Kettenhofweges 51, sie haben ja wirklich recht, so geht es nicht weiter im Westend. Wie es dann wirklich weitergeht, das werden wir in den nächsten Tagen vielleicht erleben, denn das Wohnhaus Kettenhofweg 51 ist heute trotz des massiven Polizeieinsatzes überhaupt nicht angetastet worden.«

Eine Woche später kommt die Polizei nachts um vier, wieder mehrere Hundertschaften im Westend, große Teile des Viertels werden abgeriegelt, und das Haus steht unter Flutlicht. Aber es wird nicht mehr verteidigt. Möglicherweise hatten die Besetzer mit der zweiten Räumung erst später gerechnet. Der für die Räumung notwendige Gerichtsvollzieher fordert sie auf, die Tür zu öffnen, und zur Überraschung der Polizei kommt eine junge Frau auf den Balkon im ersten Stock und sagt: »Ob Sie es glauben oder nicht, wenn Sie darauf bestehen, werden wir herauskommen, freiwillig.« So geschah es. Gleich danach beginnt der Abriss. Der schöne Altbau wird später durch ein Bürogebäude ersetzt. Am nächsten Sonnabend jedenfalls – der übliche Tag für Demonstrationen der Hausbesetzer – versammeln sich 3000 Demonstranten zum Protest an der Hauptwache. Sie ziehen zum Nordend, an der Spitze 100 militante Anarcho-Spontis, schwarze Motorradhelme, Halstücher vor das Gesicht gebunden, schwarze Fahnen. In der Friedberger Landstraße kommt es zu einem Zwischenfall. Ein Kriminalbeamter will die Szene filmen, wird von einigen Militanten angegriffen, die seine Kamera und das Funkgerät zerstören und auf ihn einschlagen.

Pressefotografen und Kameraleute der ARD machen Aufnahmen, und die Prügelszene mit dem am Boden liegenden Polizisten wird abends in der »Tagesschau« gezeigt. 28 Jahre später stellt sich heraus, Außenminister Joschka Fischer war aktiv am Angriff beteiligt. »Ja, ich war militant«, sagt er in einem Interview mit der Zeitschrift *Stern.*

Hausbesetzungen sind keine Frankfurter Erfindung. In den Sechzigerjahren gab es die Squatter in London und die Kraaker in Amsterdam, junge Leute, die aus Wohnungsnot in leer stehende Häuser eindrangen und oft mehrmals das Quartier wechselten, wenn sie aus einem vertrieben wurden, ähnlich wie einige Obdachlose in Rom, über die 1970 ein Artikel in der unter Linken verbreiteten Zeitschrift *Konkret* erschien. Eine Anregung, die von Kölner Studenten aufgegriffen und ins Politische gewendet wurde, indem sie ein leer stehendes Bürogebäude besetzten zum gemeinsamen Wohnen mit

Jugendlichen, die aus einem geschlossenen Erziehungsheim entwichen waren. Die damals moderne Randgruppen-Theorie Herbert Marcuses. Die Studenten wollten damit auch protestieren gegen die unerträglichen Zustände in diesem Heim, ähnlich wie in Frankfurt mit den Staffelbergern kurz zuvor.

Auch die ersten drei Frankfurter Hausbesetzungen im Westend – Herbst 1970 – hatten einen ähnlichen Zweck, waren aber schon verbunden mit einem anderen Ziel, nämlich als Aktion gegen das kapitalistische Eigentum an Wohnungen. Das hat zu tun mit der besonderen Situation dieses Frankfurter Wohnviertels, in dem dann bald der Häuserkampf stattfand. Das Westend. Eine gut situierte Gegend mit vielen schönen Altbauten, meistens Mietshäuser. Das Viertel liegt am Rand der Innenstadt zwischen Oper und Universität. Diese Lage war gefährlich für die Mieter. Denn der Boom des Wirtschaftswunders hatte dazu geführt, dass Raum für Bürogebäude knapp geworden und der Ausweg einfach war. Die Innenstadt erweitern ins Westend, dort die alten Wohnhäuser kaufen, die viel billiger waren als in der City, die Häuser abreißen, also Wohnungen vernichten, und Hochhäuser bauen als Bürogebäude. Wohnungen als Spekulationsobjekt, Kapitalinteressen gegen die Interessen der Bewohner des schönsten Frankfurter Wohnviertels mit seiner guten Wohnsubstanz und der in Jahrzehnten gewachsenen Lebensqualität.

Wer versuchte, das durch Hausbesetzungen zu verhindern, dem waren viele Sympathien sicher, auch wenn er auf der linken Seite der Barrikade stand. Außerdem hatte er zwei Vorteile. Erstens eine Wohnung in der Nähe der Universität, und zweitens konnte er aufklären über eine der größten Schwächen des Kapitalismus. Til Schulz hat das beschrieben, Student der Politologie und einer der ersten Hausbesetzer im Westend:

> »Die politische Bedeutung der Hausbesetzungen liegt darin, daß diese den herkömmlichen Eigentumsbegriff radikal in Frage stellen. ›Wohnungen für die, die darin wohnen‹ ist eine Enteignungsparole, die klar macht, daß es sich nicht um

linkssozialdemokratische Kommunalisierungsbemühungen handelt, sondern um den Kampf gegen die kapitalistische Verfügungsgewalt über Eigentum ... In keinem Bereich des Alltagslebens ist die praktische Unmöglichkeit, Probleme systemimmanent zu lösen, so offensichtlich wie beim Wohnungsbau, der in kapitalistischen Händen, in der kapitalistischen Gesellschaft nicht mehr in der Lage ist, elementare Bedürfnisse zu befriedigen. Die bürgerliche Gesellschaft weiß sehr wohl über ihr Dilemma Bescheid – sonst würde sie Hausbesetzungen nicht mit solcher Elastizität und unverbindlicher Sympathie begegnen.«

Die Stadtverwaltung reagiert zunächst auch sehr flexibel, lässt die besetzten Häuser nicht räumen und versucht nur vorsichtig, weitere Besetzungen zu verhindern. Wartet ab. Aber Eigentümer und Spekulanten drängen. Schließlich die erste gewaltsame Räumung ein Jahr später. Grüneburgweg 113. Hausbesetzer und Sympathisanten wehren sich gegen den Polizeieinsatz. Der endet mit einer Straßenschlacht und vielen Verletzten, darunter 20 Polizisten. Die empörte Reaktion der Öffentlichkeit ist auf der Seite der Besetzer, der sozialdemokratische Oberbürgermeister ist entsetzt und erklärt, ihm sei die Gesundheit seiner Beamten und der Hausbesetzer zu schade, um sie aufs Spiel zu setzen für die Interessen von Hauseigentümern und Spekulanten, die ihre sozialen Verpflichtungen vernachlässigen, die nach dem Grundgesetz mit dem Eigentum verbunden sind. Trotzdem. Es ist der Beginn des zweieinhalbjährigen Häuserkampfes.

Denn bald darauf findet eine Demonstration »gegen Mietwucher und Bodenspekulation im Westend« statt, begleitet von viel Polizei mit Wasserwerfern. Sie beginnt bei der Oper, geht durch die Innenstadt und dann zur Universität über die Bockenheimer Landstraße, die große Durchgangsstraße im Westend. Hier kommt die große Stunde des Revolutionären Kampfes – RK – mit Daniel Cohn-Bendit und Joschka Fischer. Bei Opel sind sie rausgeflogen mit ihrer Betriebsarbeit. Nun bietet sich ein neues Thema an, in ihrer eigenen Sprache, sie gehen über von der Produktionssphäre zur Reproduktionssphäre des Kapitals. In der Produktionssphäre produzieren Menschen für das Kapital, zum Beispiel Autos. In der Reproduktionssphäre erholen sie sich, stellen ihre Produktionskraft wieder her. Wo erholt man sich? Zu Hause, in der Wohnung. Zum Beispiel im Westend. An diesem Sonnabend hat der RK heimlich das Haus in der Bockenheimer Landstraße 111 besetzt. Die Demonstration kommt vorbei, die Rollläden gehen hoch, rote Fahnen werden aus den Fenstern gehängt, und kämpferische Klänge kommen aus den Lautsprechern, die dort befestigt sind. Die Menge ist begeistert, großer Beifall. Sie setzen sich vor dem Haus auf die Straße und feiern ein Fest bis zum nächsten Morgen. Das war die Antwort auf die brutale Räumung im Grüneburgweg 113. Die Polizei zieht sich zurück in Seitenstraßen. Die Bockenheimer Landstraße 111 wird das Zentrum der Hausbesetzer.

Das war im Herbst 1971. Weitere Häuser werden besetzt. Die Stadt hält sich zurück. Aber Eigentümer und Spekulanten drängen, besonders vor Gerichten, die sich unterschiedlich verhalten. Dann, eineinhalb Jahre später, die Stadt kann nicht mehr anders, gibt es ein Gerichtsurteil: Räumung des Kettenhofwegs 51 im März 1973. Der blutige Mittwoch. Wieder geht es ein Jahr hin und her. Noch ein paar Häuser werden besetzt. Die Stadt wartet ab. Eigentümer und Spekulanten drängen. Wieder ein Gerichtsurteil. Wieder eine Räumung. Diesmal ist es der Wohnblock Schumannstraße/Bockenheimer Landstraße. Schöne, gut erhaltene Altbauten. Ein Grundstück, auf dem heute ein 28-stöckiges Hochhaus steht. Nicht gerade ein ästhetisches Vergnügen wie die alten Bauten. Monatelang hatten sich die Besetzer vorbereitet. Eine große Veranstaltung – »Räumungsnacht – alles kracht« – mit 3000 Teilnehmern, und zum Schluss gibt es Sergio Leones Western *Spiel mir das Lied vom Tod*. Vier Monate später werden die Besetzer von der Polizei geschickt überrumpelt. 21. Februar 1974, nachts kurz nach vier, zwei Stunden vorher ein Scheinangriff, scheinbar zurückgeschlagen. Alle waren nach Hause gegangen und die in den besetzten Häusern letztlich wehrlos. Ihr Widerstand wird gebrochen. Die Abrissbirne kommt sofort. Die drei Häuser werden zertrümmert.

Zwei Tage danach noch einmal eine Straßenschlacht als Protest, bei der die Polizei mit unbarmherziger Brutalität gegen Demonstranten vorgegangen ist, die schon festgenommen waren. Sie stürmt das Studentenhaus. Das Polizeipräsidium ist mit Festgenommenen überfüllt. Was dort passiert, spottet jeder Beschreibung, wird zunächst nicht geglaubt, aber auf einem »Foltertribunal« im März letztlich bestätigt. Dort Joschka Fischer als Sprecher für den »Häuserrat«:

> »Santiago in Frankfurt, das ist absurd, aber die Bullen, und das ist ein Faktum … die Bullen haben für sich subjektiv und in ihrer Verhörpraxis Santiago auf die Tagesordnung gesetzt.«

Das war natürlich übertrieben, weit überzogen, das Vorgehen der Frankfurter Polizei zu vergleichen mit den Verbrechen von Pinochets Faschisten in Chile. Aber es gibt einen Eindruck vom Verhalten beider Seiten, der Polizei und der Hausbesetzer, die beide nicht zimperlich waren. Diese Eskalation im Frühjahr 1971 war das Ende des Frankfurter Häuserkampfes, letztlich wohl deshalb, weil das Ganze nun auch den Spekulanten zu heiß wurde und sie lieber in der City mit immer höheren Wolkenkratzern nach oben gingen als in die Breite des Wespennestes nebenan im Westend. Außerdem fand man noch ein Ausweichquartier im Süden an der Strecke zum Flughafen. Das Ergebnis für die Hausbesetzer war positiv. Viele Häuser konnten gerettet werden. Ohne sie mit ihrer aggressiven Gegenwehr würde das Westend seinen traditionellen Charakter nicht behalten haben, auch wenn jetzt hier und da moderne Monstren aus Stein und dunklem Glas die Idylle stören. Knut Müller, der Polizeipräsident von damals, war später Anwalt in dem Viertel. Dort erklärt der ehemalige Kommandeur der Räumungstrupps einem Besucher 25 Jahre später:

»Schaut mal hier, habe ich zu meinen Kollegen gesagt, da drüben hat der Cohn-Bendit gewohnt. Dem und seinen Sympathisanten verdankt ihr, daß eure Villa jetzt so schön restauriert ist und daß das Westend nicht ganz vor die Hunde gegangen ist. Die Hausbesetzungen haben das Westend gerettet. Nichts anderes hätte dazu beigetragen.«

Bürgerinitiativen

Am Anfang des Frankfurter Häuserkampfes stand eine Bürgerinitiative. Probebohrungen finden statt in einem kleinen Park des Westends. Ein Hochhaus soll gebaut werden. Einer sieht das, erkundigt sich, erfährt den Grund und mobilisiert die Umgebung. 1969 wird die »Arbeitsgemeinschaft Westend« gegründet, macht eine Demonstration mit schwarzen Fahnen und einigen hundert Teilnehmern, bleibt aber letztlich wirkungslos. Erst die Militanz des Revolutionären Kampfs mit Cohn-Bendit und Fischer bringt den Erfolg. Die Arbeitsgemeinschaft Westend beteiligt sich an den großen Demonstrationen, bleibt aber immer friedlich, wie es sich gehört für anständige Bürger, zu denen viele Hauseigentümer gehören und sogar ein Stadtrat der FDP.

Allerdings stehen auch sie in der Tradition der APO, ob sie wollen oder nicht. Haben nämlich von den Studenten gelernt, dass man auf die Straßen gehen und die Medien mobilisieren muss, wenn man was erreichen will gegen die Mächtigen. Die Leute aus dem Westend sind auch nicht die Einzigen. Als bürgerliche Fortsetzung der Studentenrevolte entstehen überall solche Gruppen, 1968 noch im Schoß der APO, nennen sich seit 1969 Bürgerinitiativen, wenn sie betonen wollen, sie seien anständige Bürger und nicht rebellierende linke Studenten, und die Bewegung erreicht ihren Höhepunkt in den Siebzigerjahren. Bald erscheinen Berichte und Bücher über ihr Engagement und ihre Erfolge, und sie werden entdeckt von der Wissenschaft als neue soziale Bewegung, wie man das nennt in der Soziologie, damit allerdings doch wieder in einen Topf geworfen mit der Studentenrevolte. Die gehört wissenschaftlich unter denselben Oberbegriff. Das Standardwerk über die Anständigen: Peter Cornelius Mayer-Tasch, *Die Bürgerinitiativbewegung. Der aktive Bürger als rechts- und politikwisschenschaftliches Problem,* 1976, mit vielen Neuauflagen.

Im Lauf der Zeit werden die Bürger der Initiativen energischer als die Arbeitsgemeinschaft Westend. Auch das haben sie von der APO gelernt. Ab und zu muss man Regeln verletzen, wenn man gehört werden und Erfolg haben will, gelernt von Studenten, die sich dann auch gern bei ihnen einmischen, besonders die K-Gruppen, selten zur Freude der Bürger, denn die haben was gegen Kommunisten und wollen nicht mit ihnen in einen Topf geworfen werden.

Beherrschendes Thema seit Mitte der Siebzigerjahre ist die Kernenergie. Es lässt sich auch ein genaues Datum nennen: der 23. Februar 1975. Da wird der Bauplatz für das Atomkraftwerk Wyhl besetzt, energisch, weltweit das Symbol des Widerstandes von Bürgern gegen Atomenergie. 1980 sind es schon 300 000, die sich in Bürgerinitiativen der Bundesrepublik engagieren, mehr als es Mitglieder gibt in politischen Parteien. Dann geht es schon bald wieder bergab.

Eine der ersten Initiativen war 1968 das »Aktionskomitee Kind im Krankenhaus«. Sie kam aus dem Frankfurter Weiberrat. Mütter durften damals ihre Kinder im Krankenhaus nur zweimal die Woche besuchen und das auch nur für kurze Zeit. Anders ist es nur gewesen, wenn die Kleinen in einer Privatstation untergebracht waren, die privat bezahlt wurde. Wenn kleinen Kindern längere Zeit die Geborgenheit genommen wird in der engen Beziehung besonders zur Mutter, schädigt das ihr seelisches Gleichgewicht und hat Folgen, die lange nachwirken können. Ein Bericht in einer Frankfurter Zeitung hatte das an einem Beispiel gezeigt. Die Frauen des Weiberrats organisierten Veranstaltungen mit Müttern von Kindern in Krankenhäusern, diskutierten mit Ärzten und Krankenschwestern, mobilisierten Presse und Fernsehen und erreichten schließlich, dass in einigen Frankfurter Kliniken auch in normalen Kinderstationen die Tore weit geöffnet wurden. Heute ist das allgemein üblich, damals war es ein großer Erfolg und durchaus nicht selbstverständlich, denn es widersprach dem herkömmlichen Ordnungsdenken des Krankenhauspersonals, das sich in seiner Arbeit dadurch gestört sah.

Ein Jahr später die Berliner »Elterninitiative Spielgelände Heinzegraben« im Märkischen Viertel, einer kinderfeindlichen Betonlandschaft. Hier mischen sich linke Studenten, Architekten und Sozialarbeiter ein, die mit bürgerlichen Eltern einen Abenteuerspielplatz fordern statt der offiziell geplanten trostlosen Fläche mit einem Stahl-Klettergerüst und Eternitwürfeln, dazu einige Blumenbeete mit kleinen grünen Schildern »Betreten verboten«. Man musste sich durchsetzen gegen die Baugesellschaft und das Bezirksamt. Sie haben es auch erreicht, allerdings mit jenen typischen Vorbehalten untereinander, die später immer wieder eine große Rolle spielen. Vorbehalte bürgerlicher Bürger gegen Linke, in denen sie Kommunisten sehen, die ihnen unheimlich sind, deren energischer Elan für sie aber wichtig ist. Im Märkischen Viertel haben sich die bürgerlichen Eltern von den Linken bald getrennt, aber immer erklärt, dass sie ohne die Zusammenarbeit mit ihnen die Probleme nicht richtig erkannt und ihr Ziel nicht erreicht hätten.

Seit 1972 spielt die Ökologie eine entscheidende Rolle. Es ist die Zeit, in der Willy Brandt sein neues Umweltrecht durchsetzt, nachdem er schon im Wahlkampf 1961 den blauen Himmel über der Ruhr versprochen hatte. 1972 veröffentlicht der Club of Rome die »Grenzen des Wachstums«. Im nächsten Jahr kam der Ölpreisschock mit autofreien Sonntagen, und 1975 beschreibt Herbert Gruhl den »Wettlauf zum Abgrund« in seinem Buch *Ein Planet wird geplündert.* Ein großer Erfolg. So entstehen Bürgerinitiativen gegen Straßenlärm, Fluglärm, Autobahnen, gegen die Startbahn West am Frankfurter Flughafen und Ähnliches.

Dann kommt Wyhl, 1975. Ende Februar wird der Bauplatz für das Atomkraftwerk besetzt, acht Monate lang. Ein Signal für die Kämpfe von Bürgerinitiativen in den nächsten Jahren, weltweit beachtet und in der Bundesrepublik der Beginn einer außerparlamentarischen Opposition, die sehr viel größer wurde als die der

Studenten. Die waren allerdings auch schnell dabei, besonders die K-Gruppen, die endlich eine Chance sahen, dem Volke mit einer richtigen Revolution zu dienen. Damit kamen sie aber nicht gut an. Das Volk wollte keine Revolution. Es wollte nur keine Atomkraftwerke. Das Volk, das waren hier die Weinbauern der Gemeinden im Kaiserstuhl, die sich auflehnten gegen die Landesregierung in Stuttgart und gegen das Badenwerk, eine Elektrizitätsgesellschaft, die das Kernkraftwerk bauen wollte.

Das hatte auch mit dem Ölpreisschock von 1973 zu tun. Damals hatte die Organisation der Erdöl exportierenden Länder – OPEC – innerhalb kurzer Zeit ihre Preise um das Vierfache erhöht. Öl als Waffe gegen die USA und westliche Länder, die Israel unterstützten beim Jom-Kippur-Krieg gegen die Palästinenser und die arabischen Nachbarländer. Deshalb beschloss die Regierung Helmut Schmidt, den Bau von Atomkraftwerken zu intensivieren. Kernenergie als Ausgleich für Öl, das zu teuer geworden war und die Volkswirtschaft in Gefahr brachte. Wyhl war der Anfang des aktiven Widerstands.

Eigentlich sollte das Kraftwerk bei Breisach gebaut werden, einer kleinen Stadt am Rhein im Süden des Kaiserstuhls. Aber der Widerstand dort wurde zu groß. Deshalb Wyhl, ein kleines Dorf am Rhein im Norden des Kaiserstuhls. Den Rhein braucht man für den Abfluss von heißem Kühlwasser. Was nicht besonders gut ist für die Natur. Wyhl schien günstig, verhältnismäßig arm im Vergleich mit den reichen Kaiserstühler Weinbaugemeinden, wenig Landwirtschaft, viele Pendler, die auswärts arbeiten mussten. Der Bürgermeister und viele andere hoffen auf Arbeitsplätze und hohe Steuereinnahmen. Mit knapper Mehrheit beschließen die Einwohner in einer Abstimmung, dem Badenwerk einen Bauplatz im Wald am Rhein zu verkaufen.

Eine Minderheit in Wyhl protestiert, besonders aber die umliegenden Gemeinden. In Weisweil fängt es an, dort gibt es Rheinfischer, unter ihnen ein kräftiger Rauschebart mit großer Autorität. Der ist sogar Mitglied der DKP. Sie machen eine Fischerdemonstration auf dem Altrhein. Die Bürgerinitiative Weisweil erweitert sich zur Bürgerinitiative Weisweil/Wyhl, neue Bürgerinitiativen entstehen, auch im Elsass auf der anderen Seite des Rheins, und schließlich sind es 21. Sie gründen ein »Internationales Komitee«. Demonstrationen finden statt, Unterschriftenaktionen, Protestversammlungen, ein Sternmarsch auf den Wyhler Bauplatz, Straßensperren. Die Landesregierung erteilt die erste Teilerrichtungsgenehmigung. Der Bauplatz wird mit einem Zaun und von mehreren hundert Polizisten gesichert. Die Abholzung beginnt. Vier Gemeinden gehen vor das Verwaltungsgericht Freiburg und beantragen den vorläufigen Stopp der Arbeiten. Bevor das Gericht tatsächlich so entscheidet, findet am 23. Februar 1975 in der Nähe des Platzes eine Kundgebung mit 28000 Teilnehmern statt. Die Menge stürmt den Bauplatz, die Polizei weicht zurück, und der Platz wird besetzt. Eine Stimmung gemischt aus Bauernaufstand und Dorffest. Barrikaden werden gebaut, Wachen eingeteilt, und wenn die Polizei wieder angreifen sollte, würden die Kirchenglocken läuten, um die Bevölkerung zu Hilfe zu rufen. Die Polizei kommt nicht. Der Platz bleibt besetzt bis Anfang November.

Der Platz ist eine Lichtung im Wald von 100 Metern Durchmesser. Blockhütten, eine Küche, Toiletten und ein großes Rundhaus für 500 Personen werden gebaut. Das machen die Handwerker aus der Umgebung. Von Anfang an sind auch die Linken dabei, Studenten, Journalisten, Lehrer. Wortführer sind die Maoisten, KPD und KBW. Am aktivsten sind »die Kommunisten«, die KPD, »die Kommunisten«, die nach der Besetzung angereist sind und eine verheerende Rolle spielen. Sie hätten die konservativen Kaiserstühler fast vergrault. Es drohte ein Debakel. Mit großer Not retten gemäßigte Linke – Spontis – die Situation, die »Gewaltfreie Aktion Freiburg«, die »Langhaarigen«, die ständig in der Zwickmühle sind zwischen den anständigen Bürgern und wild gewordenen Maoisten, die sich als Platzhirsche fühlen. Die Platzbesetzer, das sind im Grund nicht die Kaiserstühler. Die schlafen nachts lieber zu Hause. Nachts sind da die Kommunisten, die Langhaarigen, die Arbeitslosen. Am Tage kochen Frauen aus der Umgebung, und am Tage kommen auch die bürgerlichen Bürger. Die Linken entfremden sich immer mehr von der Bevölkerung, sind aber tatsächlich diejenigen, die letztlich – mit Unterstützung der Bürger – den Erfolg gebracht haben, weil sie die Kraft hatten, Tag und Nacht durchzuhalten.

Der vorläufige Baustopp, den das Verwaltungsgericht Freiburg angeordnet hatte, wird vom Verwaltungsgerichtshof in Mannheim wieder aufgehoben. Der Platz bleibt besetzt. Ebenso geht es mit der ersten Teilerrichtungsgenehmigung. Freiburg sagt, sie sei rechtswidrig. Mannheim hebt das Urteil auf und erklärt sie für rechtmäßig. Bevor Mannheim entscheidet, einigen sich die Bürgerinitiativen mit der Regierung. Der Platz wird geräumt, aber es wird nicht gebaut. Schließlich wird 1978 Ministerpräsident Filbinger durch Lothar Späth abgelöst, und der verkündet das Aus für das Atomkraftwerk in Wyhl. Begründung? Mangelnder Bedarf. Winzer und Linke haben gesiegt über die Atomlobby.

Als der Bauplatz in Wyhl besetzt wurde, hatten sich schon Bürgerinitiativen gebildet gegen die Atomkraftwerke in Brokdorf an der Elbe und Kalkar am Niederrhein, bald danach gegen das in Grohnde an der Weser südlich von Hameln. In Brokdorf war es die 1974 gegründete Bürgerinitiative Umweltschutz Unterelbe, in der der KBNord eine sehr aktive Rolle spielte. Als sie 1976 versuchten, den Bauplatz zu besetzen nach dem Vorbild von Wyhl, ist das durch eine harte Abwehr der Polizei misslungen. Auch eine Riesendemonstration 1981 von 100 000 in der Wilster Marsch mit Kämpfen am Bauzaun konnte den Bau nicht verhindern. Noch aggressiver war der Widerstand gegen das AKW Grohnde, ebenfalls unter starker Beteiligung von K-Gruppen, wo 1977 der Durchbruch am Bauzaun nach schweren Kämpfen mit der Polizei gescheitert ist. Auch Grohnde ist gebaut worden, im Gegensatz zu Kalkar, wo K-Gruppen bei den Protesten keine Rolle spielten.

Auch hier fanden große Demonstrationen statt, auch hier spielten Verfahren vor den Verwaltungsgerichten bis zum Bundesverfassungsgericht eine große Rolle. Kalkar ist letztlich daran gescheitert, dass eine neue Technik eingesetzt werden sollte, ein so genannter schneller Brüter, bei dem noch mehr radioaktives Material erzeugt als verbraucht wird, darunter das hochgiftige Plutonium, das quer durch die Bundesrepublik zu einer Wiederaufbereitungsanlage im bayerischen Wackersdorf, in der Oberpfalz bei Schwandorf, transportiert werden sollte. Der Widerstand in der Bevölkerung dort – eine Bürgerinitiative ohne K-Gruppen gegen die WAA in Schwandorf – wurde immer heftiger, auch in Auseinandersetzungen mit der Polizei.

Schließlich sind beide Vorhaben – Kalkar und Wackersdorf – von den Landesregierungen in Düsseldorf und München aufgegeben worden aus politischen Gründen – Widerstand der Bevölkerung, organisiert von Bürgerinitiativen –, aber auch aufgrund von wirtschaftlichen und sicherheitstechnischen Bedenken. Ganz allgemein hatte sich in der Bundesrepublik die Meinung über Atomenergie Mitte der Siebzigerjahre geändert, nicht zuletzt nach den Protesten in Wyhl, über die in den Medien sehr intensiv berichtet wurde, auch über die Argumente der Gegner der Kernenergie, und weil jetzt deutlich wurde, dass die Entsorgung des radioaktiven Abfalls nicht gesichert ist. Das wurde auch von den Politikern allmählich verstanden. Willy Brandt 1977:

> »Es setzt sich die Erkenntnis durch, daß eine breite Anwendung der Kernenergie ernstzunehmende Risiken mit sich bringt und daß es Bereiche gibt, in denen die Grenzen zwischen militärischen und friedlichen Anwendungen fließend sind. Auch den Befürwortern der Kernenergie gilt sie heute eher als notwendiges Übel denn als die herbeigesehnte Lösung aller Energieprobleme. Es ist das unbestreitbare Verdienst von Bürgerinitiativen, durch hartnäckige Proteste die Probleme der Kernenergie ins öffentliche Bewußtsein gerückt zu haben.«

Die Entsorgung ist noch immer nicht endgültig geregelt. Ein Endlager war geplant im niedersächsischen Gorleben, gegen das die Bürgerinitiative Lüchow-Dannenberg seit 1977 kämpft, auch in Auseinandersetzungen mit der Polizei, ohne K-Gruppen und bisher mit nur mäßigem Erfolg. Seit 1983 wird der unterirdische Salzstock dort als Zwischenlager genutzt für schwach radioaktive Abfälle, seit 1995 auch für hoch radioaktive, die mit grotesk hohem Einsatz von der Polizei in so genannten Castor-Behältern dorthin transportiert werden. Castor? Lustig ausgesucht, der Name. Einer der beiden Brüder, die in der griechischen Mythologie eine Rolle als Dioskuren spielen, Söhne Gottes, also Zeus, die geholfen haben, den kalydonischen Eber zu töten, der die Landschaft um die Stadt Kalydon im Süden des griechischen Festlandes verwüstete. Er soll Borsten wie Spieße gehabt haben und Zähne wie Elefanten. Benjamin Hederich, 1770, Kurzfassung von Ovids Metamorphosen:

> »Dabey ließ es einen so erhitzten Dampf aus dem Rachen gehen, daß alles verdarb, was davon berühret wurde, wobey es denn an sich die Felder, Weinberge und Oelgärten verwüstete, auch das Vieh, welches ihm in den Weg kam, umbrachte, hingegen nach Hirten und Hunden nicht fragete, wohl aber alle, die auf dem Lande waren, zwang, sich in die Stadt Kalydon zu flüchten.«

Stammheim, Deutscher Herbst und Staatsräson

Anfang Oktober 1977 war ein Mann seit vier Wochen in der Hand seiner Entführer, inzwischen im dritten Versteck: Hanns-Martin Schleyer. Direktor bei Daimler-Benz in Stuttgart und Präsident der Bundesvereinigung Deutscher Arbeitgeberverbände in Köln. Die Entführer: Mitglieder der Roten Armee Fraktion, an der Spitze Brigitte Mohnhaupt und Peter Jürgen Boock. Ihr Ziel: Mit der Entführung wollten sie die Freilassung von zehn Gefangenen erzwingen, unter ihnen Andreas Baader und Gudrun Ensslin, die die RAF gegründet hatten und in Stuttgart-Stammheim im Gefängnis waren. Zuerst war Hanns-Martin Schleyer in einem Hochhaus in Erfstadt-Liblar versteckt, zwischen Köln und Bonn, dann in einem Reihenhaus in Den Haag und schließlich, drittes Versteck, in einem Penthouse hoch über den Dächern von Brüssel. Ständig bewacht von Mitgliedern dieser RAF hatte er noch zwei quälende Wochen vor sich, bis sie ihn ermordeten. Diese 44 Tage seiner Entführung, vom 5. September 1977 bis zum 18. Oktober, sie waren jener Deutsche Herbst, eines der am meisten bedrückenden Kapitel der Geschichte der Bundesrepublik.

Für die Rote Armee Fraktion war es die große Konfrontation mit dem Staat, die die Bundesrepublik aus den Angeln heben sollte. Aber auch im Bonner Kanzleramt sah man das so, wo Helmut Schmidt mit einem großen Krisenstab tagte, bis zum Ende, also bis zur Befreiung einer dann auch noch entführten Lufthansa-Maschine auf dem Flughafen von Mogadischu in Somalia, dem Tod der Gefangenen in Stammheim und der Ermordung Hanns-Martin Schleyers. Die Bundesrepublik, meinte man, konnte wieder aufatmen. Auf dem Kölner Flughafen empfing Innenminister

Maihofer die GSG 9, die Helden von Mogadischu, eine Spezialtruppe des Bundesgrenzschutzes, die 86 Geiseln und die Besatzung der Lufthansa-Maschine befreit hatten. Der Staat hatte sich behauptet gegen eine Gruppe von politischen Verbrechern. Dem Empfang in Köln folgte ein Begräbnis in Stuttgart, bei dem Helmut Schmidt neben der Witwe Hanns-Martin Schleyers sitzen musste. Und hier lag das Problem, hier liegt es noch heute. Hatte der Staat wirklich gewonnen?

Die Rote Armee Fraktion, das war damals schon die so genannte zweite Generation. Die erste saß im Gefängnis, war verurteilt, zum Beispiel Andreas Baader, Gudrun Ensslin und Jan Carl Raspe in Stammheim zu lebenslanger Freiheitsstrafe wegen der Morde in der »Mai-Offensive« 1972. Die zweite Generation, das waren etwa 50 junge Leute und um sie ein Feld von einigen tausend Sympathisanten und Helfern.

Stammheim, ein Stadtteil im Stuttgarter Norden kurz hinter Zuffenhausen. Dort steht ein Gefängnis, das für diese Gefangenen im siebten Stock ausgebaut wurde. Daneben war ein Gerichtsgebäude für den Prozess gegen sie errichtet worden. Kosten: 12 Millionen Mark. Man wollte den gefährlichen Transport in das Gerichtsgebäude der Innenstadt vermeiden, weil man Befreiungsaktionen befürchtete. Dieses neue Gerichtsgebäude in Stammheim war ein Betonbunker ohne Fenster. Überall herrschte Festungsatmosphäre. Spanische Reiter um das Gelände, über dem Hof ein Stahlnetz gegen Hubschrauber. Hunderte von Bewaffneten im, um und auf dem Gebäude, und der ganze Prozess ein Monstrum in der Rechtsgeschichte der Bundesrepublik. Sondergesetze wurden vom Bundestag erlassen, bevor er 1975 begann, unter dem Vorsitz eines Richters, der nur durch Manipulation unter Verstoß gegen das Grundgesetz auf diesen Posten gekommen war. Die Verteidigung wurde in unerträglicher Weise behindert, vertrauliche Gespräche der Gefangenen und ihrer Verteidiger mit Tonbandaufnahmen rechtswidrig abgehört. Der Vorsitzende Richter ging schließlich sogar über zu einer direkten rechtswidrigen Aktion gegen einen der Verteidiger, Otto Schily. Er musste deswegen aus dem Prozess ausscheiden und die letzten Monate die Prozessführung seinem Vertreter überlassen. Das Urteil kam nach zwei Jahren im April 1977.

Ohne Zweifel, die Angeklagten benahmen sich zum Teil wie Rasende, in einer fürchterlich beleidigenden Sprache auch gegenüber dem Gericht, das sie immer wieder provozierten. Aber, und das ist entscheidend, ihr Verhalten entschuldigt nicht, dass die Richter sich provozieren ließen und die Atmosphäre im Gericht einen polizeistaatlichen Charakter bekam, der im Grunde nur bestätigte, was diese Angeklagten von diesem Staat und dieser Justiz immer behauptet hatten. Auch das muss man wissen, wenn man beurteilen will, was dann, fünf Monate nach dem Prozess, im Deutschen Herbst geschah.

Der Befehl zur Geiselnahme und zur Befreiung der Gefangenen in Stammheim kam von ihnen selbst. Trotz der Sicherheit des Hochsicherheitstrakts, trotz der Durchsuchung von Besuchern und Verteidigern. Andreas Baader war immer noch der Chef der RAF. Die Gefangenen der ersten Generation waren die Helden für die zweite Generation draußen, und die Befehle wurden ausgeführt. Das furchtbare Jahr 1977. Zuerst ist Generalbundesanwalt Siegfried Buback in Karlsruhe ermordet worden, kurz vor dem Urteil in Stammheim. Die Rache für den Prozess. Mit ihm starben sein Fahrer und ein Sicherheitsbeamter. Schon hier sind Mohnhaupt und Boock die Anführer. Dann folgen, nach dem Muster der Lorenz-Entführung zwei Jahre zuvor, die Geiselnahmen mit dem Ziel der Befreiung der Gefangenen. Die erste misslingt. Jürgen Ponto, Chef der Dresdner Bank, wird dabei in seinem Haus nahe Frankfurt erschossen. Das war im Juli. Die zweite ist gelungen. Opfer ist Hanns-Martin Schleyer auf dem Weg nach Hause in Köln, am 5. September abends um halb sechs. Sein Fahrer und vier polizeiliche Begleiter sind tot.

Am nächsten Morgen wird das Ultimatum der RAF in den Briefkasten eines Pfarrers in Mainz geworfen. Freilassung der Gefangenen in Stammheim und Ausreise in ein Land ihrer Wahl innerhalb von 24 Stunden im Austausch gegen Schleyer.

Was macht eine Regierung? Ganz einfach: Sie versucht, das Leben der Geisel zu retten. Wie macht man das? Nun, auch die Antwort auf diese Frage ist einfach. Keinesfalls in der Weise, dass man sofort auf die Bedingungen der Geiselnehmer eingeht. Das wäre völlig falsch. Erstens würde es in unverantwortlicher Weise zu neuen Geiselnahmen ermuntern und zweitens auch in der Öffentlichkeit auf Unverständnis stoßen, wenn man nicht auch gleichzeitig die zweite staatliche Aufgabe wahrnimmt, nämlich die Straftäter zu fassen. Also Zeit gewinnen, verhandeln und versuchen, die Täter zu fassen, ohne das Leben der Geisel zu gefährden. Das sind die beiden Aufgaben des Staates in solchen Fällen. Dafür braucht man Zeit. Also muss man verhandeln und in dieser Zeit versuchen, das Versteck zu finden. Beides hat die Regierung Schmidt getan.

Das wurde ihr durch zwei Umstände erleichtert. Erstens hatten die Entführer in ihrem Ultimatum einen Mittelsmann genannt, einen Anwalt in Genf, und sie hatten kein bestimmtes Land genannt, in das die Gefangenen gebracht werden sollten. Das musste erst einmal geklärt werden. Zweitens hatte die Bundesregierung in den letzten Jahren gegen die Bedrohung durch die RAF das Bundeskriminalamt in Wiesbaden mit Millionen ausgerüstet, die verwendet wurden, um ein umfassendes Computersystem aufzubauen, in dem alle Nachrichten über die RAF und ihre Helfer und Unterstützer gespeichert waren. Horst Herold heißt der Mann, der es aufgebaut hat. Er war ein manischer Arbeiter, hatte ein unendliches Wissen über die RAF, kannte die Leute, die da draußen als zweite Generation lebten, und zwar nicht nur die Namen, sondern auch ihre Gewohnheiten, ihre Schwächen, ihre Stärken, ihre Taktik. Er wurde gerufen und konnte dem Bundeskanzler auch sofort sagen, wo Schleyer gefangen gehalten wurde: in irgendeinem Hochhaus mit Tiefgarage in der Nähe von Köln auf der linken Seite des Rheins. Das stimmte, wie sich später herausstellte. Und es schien nicht sehr schwierig zu sein, über bestimmte andere Daten herauszufinden, wo genau. Man nennt so etwas Rasterfahndung. Mit einer Spezialtruppe konnte man dann auch – unter gewissen Risiken – die Geisel befreien.

Aber der Plan ging nicht auf. Man konnte die Entführer zwar hinhalten, aber durch eine Riesenpanne bei der Fahndung wurde der gut programmierte Computer nicht richtig informiert. Ein Polizist hatte die Wohnung in Erfstadt-Liblar in einem solchen Hochhaus entdeckt und nach Bonn als verdächtig gemeldet. Das Raster stimmte, und die Wohnung war gespeichert in Herolds Computer. Nur die Meldung kam dort nicht an, ging unter im Durcheinander der Kompetenzen im Bonner Krisenstab.

Und es kam noch etwas anderes hinzu, nämlich die von Anfang an feststehende Überzeugung fast aller Politiker im Krisenstab, diesmal dürfe man auf keinen Fall nachgeben. Es war allgemeine Übereinstimmung, dass nicht ausgetauscht wird, dass die Gefangenen der RAF nicht freigelassen werden, um das Leben der Geisel zu retten. Helmut Schmidt und andere, die damals im Krisenstab waren, haben es gesagt. Man hat fieberhaft nach dem Versteck gesucht, um Hanns-Martin Schleyer zu retten. Aber wenn man ihn nicht finden würde, dann sollte sein Leben geopfert werden. Darüber bestand im Krisenstab Einigkeit. Helmut Schmidt hatte ihn gebildet aus Vertretern aller Parteien, auch aus CDU und CSU, also mit Helmut Kohl und Franz Josef Strauß. Er wollte die Verantwortung nicht allein tragen. Notfalls musste das Leben der Geisel geopfert werden. Es gab manche Gründe dafür. Es gab Gründe dagegen. Vorher aber noch ein kurzer Abriss, was im Einzelnen geschah.

Die Entführer wussten, dass Horst Herold ihnen auf den Fersen war. Sie wussten auch, dass die andere Seite Zeit gewinnen wollte und sie selbst einige Fehler gemacht hatten, die eine schnelle Freilassung verhinderten. Sie wussten, länger als ein oder zwei Wochen durften sie nicht im Hochhaus in Erfstadt-Liblar bleiben. Also brachten sie ihre Geisel am elften Tag nach Holland in das Reihenhaus in Den Haag. Einen von ihnen entdeckte die niederländische Polizei in der Nähe, als er ein gemietetes Auto zurückbringen wollte. Er erschießt einen der Polizisten, wird aber festgenommen. Nun wissen sie, auch hier ist man ihnen auf der Spur, und sie bringen ihre Geisel nach Brüssel in das dritte Versteck. Zwei oder drei von ihnen fliegen dann nach Bagdad, angeblich zur Erholung, wie sie heute sagen, wahrscheinlich aber, um dort bei der Volksfront für die Befreiung Palästinas Unterstützung zu holen. Jedenfalls machen die Palästinenser ein Hilfsangebot, das sie annehmen: die Entführung der Lufthansa-Maschine, durch die der Druck auf die Regierung in Bonn ins fast Unerträgliche gesteigert wird.

Das passiert am 13. Oktober, fünfeinhalb Wochen nach Schleyers Entführung. Sie soll mit 86 Urlaubern von Mallorca nach Frankfurt fliegen. Ein schwer bewaffnetes Palästinenserkommando zwingt die Besatzung zuerst nach Rom, dann nach Zypern, Bahrein, Dubai, Aden und schließlich, nach qualvollen vier Tagen, nach Mogadischu, der Hauptstadt Somalias. In Aden hatten sie schon den Flugkapitän erschossen. Auch die Palästinenser fordern die Freilassung der Gefangenen in Stammheim. Sonderminister Wischnewski fliegt ständig hinterher, gefolgt von der Sondereinheit des Bundesgrenzschutzes – »GSG 9« –, die die Maschine am 18. Oktober stürmt, die Entführer bis auf eine Frau erschießt und alle Passagiere und den Rest der Besatzung lebend befreit. Großes Aufatmen in Bonn. Das war nach unserer Zeit um Mitternacht. Um 0.30 Uhr melden es die Radiostationen.

Dann, am Morgen um 7.41 Uhr im Stammheimer Gefängnis, als das Frühstück gebracht wurde, fand man drei Tote und eine schwer verletzte Gefangene der RAF. Tot waren Gudrun Ensslin, Andreas Baader und Jan Carl Raspe. Sie hatten sich selbst getötet. Und am nächsten Tag, dem 19. Oktober, ein Anruf der RAF bei der Deutschen Presseagentur in Stuttgart. Man kann den ermordeten Hanns-Martin Schleyer im Kofferraum eines Autos in Mühlhausen im Elsass abholen. Das war's. Schluss. Aus.

Wenn später darüber diskutiert wird, überwiegt immer die Zustimmung. Die Beteiligten von damals sind fast alle zufrieden. Es war ein Sieg über die RAF und der Anfang von ihrem Ende. Das ist in gewisser Weise auch richtig. Nur dass es bis zum Ende noch einmal 15 bis 20 Jahre dauerte und noch mancher Unschuldige sein Leben lassen musste. Und ihr Ende auch zu einem guten Teil eher dem Zusammenbruch des Ostblocks zu verdanken ist als jenem Sieg damals.

Und so bleiben kritische Fragen. Ist es richtig, wenn ein Staat auf Terrorismus mit derselben Härte reagiert, die von den Terroristen ausgeht? War es richtig, das Leben Hanns-Martin Schleyers zu opfern? War es richtig, auch das Leben der 86 Passagiere der Lufthansa-Maschine und das ihrer Besatzung zu gefährden? Denn auch hier hatte man Opfer in Kauf genommen. Helmut Schmidt hat gesagt, falls sehr viele Menschen in Mogadischu getötet worden wären, und er meinte damit Passagiere und Besatzung, dann wäre er am nächsten Tag als Kanzler zurückgetreten. Nun war es gut gegangen. Er konnte aufatmen und nicht nur er. Aber es hätte auch anders kommen können. Das hat man bewusst in Kauf genommen. War das richtig? Der Erfolg allein kann doch nicht das einzige Argument bleiben. Und es kommen noch Fragen hinzu.

Die Regierung hatte nicht nur Verantwortung gegenüber Schleyer und denen im Flugzeug, sondern auch für die Gefangenen in Stammheim. Sie benahmen sich zwar wie Berserker, waren aber in staatlicher Obhut. Sie hatten mit Selbstmord gedroht für den Fall des Scheiterns der Befreiungsaktion. Ein Vertreter des Bundeskriminalamtes, der im Auftrag des Krisenstabs mit ihnen die Verzögerungsgespräche führte, hatte das schriftlich nicht nur einmal berichtet. Die Berichte lagen dem Krisenstab vor. Niemand ist auf den Gedanken gekommen, Vorsorge zu treffen. Als die ersten Nachrichten über den Erfolg in Mogadischu über das Radio kamen, hat niemand versucht, die Gefangenen oben im siebten Stock in Stammheim davor zu bewahren, sich zu töten. Der Krisenstab nicht, der BKA-Beamte nicht und auch nicht die Gefängnisleitung. Man ließ sie allein. Als morgens das Frühstück gebracht wurde, hatten sie sich umgebracht. Man hat auch ihren Tod in Kauf genommen, nicht nur den von Hanns-Martin Schleyer.

Wäre es nicht richtig gewesen, sich jetzt ganz schnell mit ihnen in Verbindung zu setzen, um beides zu verhüten, statt nur den Triumph von Mogadischu zu feiern? Jetzt hätte man vielleicht erst recht mit ihnen reden können. Denn es war klar, wenn man jetzt nichts tat, sehr schnell, war Hanns-Martin Schleyer ein toter Mann. Das wussten alle. Sie taten nichts. Und es kam wie erwartet. Darf ein Staat das? Ja, er darf. Diese Antwort hat das Bundesverfassungsgericht zwei Tage zuvor gegeben, nach langer Verhandlung in den Nachtstunden am Morgen des 16. Oktober. Die Familie Schleyer wollte mit einer einstweiligen Anordnung die Freilassung der Gefangenen erreichen. Und das Gericht wies sie ab. Sagte, der Staat habe nicht nur eine Schutzpflicht gegenüber Hanns-Martin Schleyer, sondern auch gegenüber der Allgemeinheit. Er könne die Gefangenen freilassen. Aber er müsse nicht. Es sei eine Frage der Abwägung.

Der Krisenstab hätte die Gefangenen freilassen und das Leben Schleyers retten können, wie bei Peter Lorenz zwei Jahre zuvor. Warum hat man es nicht getan? Zwei Gründe waren ausschlaggebend. Man darf nicht immer wieder erpressbar werden. Das bedroht die staatliche Ordnung, und die Bedrohung durch den Terrorismus wird dadurch immer stärker. Und zweitens: Die freigelassenen Gefangenen werden wieder Unschuldige ermorden. Das ist bis heute unverändert das Argument Helmut Schmidts. Wenn wir sie freilassen, fließt wieder neues Blut. Das ist heute allgemein anerkannt. Aber ist es wirklich richtig? Nein. Erstens: Die Gefangenen in Stammheim haben bei ihren Gesprächen mit jenem Beamten des Bundeskriminalamtes ausdrücklich das Angebot gemacht, sie würden sich ins Ausland zurückziehen und auch von dort nicht mehr an Aktionen der RAF mitwirken. Bei politischen Überzeugungstätern wie ihnen kann man sich auf solche Zusagen verlassen, anders als bei normalen Kriminellen. Zweitens: Die RAF hatte ohnehin ein genügend großes Gewaltreservoir in der Sympathisantenszene, das durch den Tod der Gefangenen in Stammheim noch ungeheuer gestärkt wurde, aus Empörung über ihre angebliche Ermordung durch irgendwelche staatlichen Stellen.

Es ist wieder neues Blut geflossen. Sehr viel. Noch 14 Jahre lang. Diese Rechnung stimmt also in keiner Weise. Bleibt, letztlich, der eigentliche Grund: Ihre Freilassung wäre für den Staat eine Niederlage gewesen, mögliche weitere Erpressungen nicht ausgeschlossen. Also die übliche harte Reaktion des Staates, die schon zur Entstehung dieser Organisation geführt hatte. Dieselben Überreaktionen wie am Anfang. Aber was würde ein Nachgeben bedeutet haben? Die Bundesrepublik ist eine gefestigte Demokratie. Sie ist zwar wehrhaft, wie sich aus vielen Vorschriften des Grundgesetzes ergibt. Anders ausgedrückt: Keine Freiheit für die Feinde der Freiheit. Aber das war hier doch gar nicht das Problem. Es ging um Menschenleben. Die Demokratie war in sich gefestigt und nicht bedroht. Viel gefährlicher für die Freiheit der Bundesrepublik war es, die Bedeutung von Terrorismus zu übertreiben. Heinrich Böll hat sehr früh einmal ironisch angemerkt: Sechs gegen 60 Millionen, das ist tatsächlich eine äußerst bedrohliche Situation für die Bundesrepublik Deutschland. Mit anderen Worten, viel gefährlicher als der Terrorismus selbst ist es, seine Bedrohung zu übertreiben. Das führt einmal dazu, dass damit Schleusen geöffnet werden für immer neue Sondergesetze, die die Freiheit der Bürger einschränken. Wie noch beschrieben wird. Und es führt zweitens dazu, dass die Repräsentanten des Staates letztlich genauso reagieren wie die Terroristen selbst: dramatisch, hektisch, aggressiv, unerbittlich, selbstgerecht. Dieselbe Überreaktion wie zu Anfang, als der Terrorismus entstand.

Würde die Bundesrepublik – ihre staatliche Ordnung, ihr frei gewähltes Parlament, die frei gewählte Regierung, die unabhängige Justiz –, würde sie nicht mehr existieren, wenn man Schleyer gerettet und die Gefangenen freigelassen hätte? Die Frage stellen heißt sie verneinen. Würde es mehr Tote gegeben haben, als dann tatsächlich noch in den nächsten 14 Jahren zu beklagen waren? Auch diese Frage darf man mit einem Nein beantworten. Also was dann? Wofür ist Hanns-Martin Schleyer geopfert worden? Die Antwort ist leider eindeutig: für die Staatsräson, ein imaginäres Gebilde aus längst vergangenen Zeiten, das einer freiheitlichen Demokratie und Bürgern mit aufrechtem Gang fremd sein sollte. Das Ansehen und die unbedingte Macht des Staates. Das ist Niccolò Machiavelli, 16. Jahrhundert, absolutistischer Staat. Helmut Schmidt will das nicht wahrhaben. Er verweist auf die Abwägung mit den neuen Toten. Man darf ihm glauben, dass er es so gesehen hat. Und seine Abwägung war zulässig. Wie ihm das Bundesverfassungsgericht bestätigt hat. Aber letztlich?

Letztlich war sie falsch. Mindestens im Unterbewusstsein des Krisenstabes überwog die Staatsräson.

Sie hat große Ähnlichkeit mit jenen staatlichen Überreaktionen, die am Anfang des Terrorismus stehen. Über die Gründe seiner Entstehung ist in letzter Zeit viel geschrieben worden. Es gibt verschiedene Meinungen. In einem sind sich aber fast alle einig: Dieser Terrorismus kam aus der Studentenbewegung der Sechzigerjahre, die in Berlin begonnen hat wie auch die RAF. Dann allerdings gehen die Meinungen auseinander. Die einen sind der Auffassung, dass diese studentische Protestbewegung etwas Böses war. Also ist die RAF nur ihre Steigerung. Die anderen meinen, die Studentenbewegung sei etwas Gutes gewesen, und stehen vor der Schwierigkeit, zu erklären, wie etwas Böses aus etwas Gutem entstehen kann. Die Ersten haben es leicht. Aus Bösem entsteht wieder Böses. Die anderen haben es schwer.

Die richtige Erklärung, glaube ich, hat Fritz Sack gegeben, Professor der Soziologie in Hannover. Es ist die umfangreichste und sorgfältigste Analyse, gemeinsam geschrieben mit dem Frankfurter Soziologen und Kriminologen Heinz Steinert im Auftrag des damaligen Innenministers Werner Maihofer, der die Helden von Mogadischu in Köln empfangen hatte. 1978, ein Jahr später, hat er sie in Auftrag gegeben. 1984 ist sie nach Zögern der Regierung Kohl in einer Reihe *Analysen zum Terrorismus* erschienen. Die Studentenbewegung sei im Grunde etwas Positives gewesen, ihre Radikalisierung und der Terrorismus aber das Ergebnis von staatlichen Überreaktionen. Polizei, Verwaltung, Regierung und Justiz hätten unangemessen hart auf die Aktionen der Studenten reagiert. Dadurch sei ein Teil von ihnen in den Terrorismus gedrängt worden. Diese Überreaktionen sind im Wesentlichen schon beschrieben worden. Zu ihnen gehört auch die Erschießung Benno Ohnesorgs am 2. Juni 1967.

Darauf bezieht sich Fritz Sack und verweist auf amerikanische Forschungen, die ergeben haben, dass systematisches Auftreten von übermäßiger und ungesetzlicher Gewalt der Polizei bei politischen Konfrontationen zu Aufruhr führen kann. Der Aufruhr, das war hier die Entstehung mehrerer gewalttätiger Untergrundorganisationen in Berlin und anderswo, deren aggressivste die Rote Armee Fraktion gewesen ist. So weit Fritz Sack. Diese Erklärung entschuldigt nicht die individuelle Entscheidung für Gewalt und Mord. Tausende haben das ebenso erlebt und sich anders entschieden. Sie ist eine – zutreffende – allgemeine Theorie über die Entstehung dieser politisch motivierten Kriminalität.

Auch nach der Bildung der RAF hat sich die Spirale der Konfrontation fortgesetzt. Dass die Polizei zurückschoss, das war nun nicht nur notwendig, sondern auch völlig gerechtfertigt. Aber nachdem die erste Generation der RAF 1972 verhaftet worden war, übernahm die Justiz die Funktion, übermäßig hart zu reagieren. Wieder kam es zu einer gegenseitigen Eskalation, wie vorher mit der Polizei. Diese Gefangenen waren in der Tat keine normalen Kriminellen, ihr Verhalten unerträglich. Aber auch gegenüber solchen Tätern muss der Staat souverän bleiben und Ruhe bewahren. Das ist nicht geschehen. Die Haftbedingungen waren zum Teil quälend, in Hochsicherheitstrakten, extra für sie gebaut und mit dem Kampfbegriff der Isolationsfolter nicht völlig unzutreffend bezeichnet, schließlich der Stammheimer Prozess mit seiner juristischen Monstrosität. Das alles sind Überreaktionen gewesen, die dann schließlich in jener Staatsräson gipfelten, die ebenso überflüssig war und der nicht nur das Leben Hanns-Martin Schleyers geopfert worden ist. Gnadenlos sind sie beide gewesen. Die RAF und der Krisenstab.

Mescalero

Bald nach der Ermordung des Generalbundesanwalts Buback und kurz vor der Urteilsverkündung in Stammheim erscheint am 25. April 1977 ein Artikel in der Studentenzeitung des Göttinger AStA, eine linksradikale Mücke, die schnell ein bundesdeutscher Elefant geworden ist. Die Zeitschrift des AStA heißt *Göttinger Nachrichten*. Der Artikel hat die Überschrift »Nachruf auf Buback«.

> »Meine unmittelbare Reaktion, meine Betroffenheit nach dem Abschuß von Buback ist schnell geschildert: Ich konnte und wollte (und will) eine klammheimliche Freude nicht verhehlen. Ich habe diesen Typ oft hetzen hören, ich weiß, daß er bei der Verfolgung, Kriminalisierung, Folterung von Linken eine herausragende Rolle spielte. Wer sich in den letzten Tagen nur einmal sein Konterfei angesehen hat, der kann erkennen, welche Züge dieser Rechtsstaat trägt, den er in so hervorragender Weise verkörperte. Und der kennt dann auch schon ein paar Züge von Gesichtern jener aufrechten Demokraten, die jetzt wie ein Mann empört und betroffen aufschreien. Ehrlich, ich bedaure es ein wenig, daß wir dieses Gesicht nun nicht mehr in das kleine rot-schwarze Verbrecheralbum aufnehmen können, das wir nach der Revolution herausgeben werden, um der meistgesuchten und meistgehaßten Vertreter der alten Welt habhaft zu werden und sie zur öffentlichen Vernehmung vorzuführen. Ihn nun nicht mehr – enfant perdu«,

schreibt das Enfant terrible am Anfang, die »klammheimliche Freude« wird zum Skandal, nachdem der Ring Christlich Demokratischer Studenten – RCDS – in Göttingen Strafanzeige erstattet und diesen Text an die Öffentlichkeit gebracht hat. Aber eben nur diesen Text. Denn der Artikel ist noch lange nicht zu Ende. Sein unbekannter Verfasser denkt nach. Richtig freuen kann er sich doch nicht. Alles starrt auf Stammheim. Immer mehr entsteht der Eindruck »Linke sind Killer«. Also?

> »Diese Überlegungen alleine haben ausgereicht, ein inneres Händereiben zu stoppen. Aber es kommt noch doller. Ich habe auch über eine Zeit hinweg (wie so viele von uns) die Aktionen der bewaffneten Kämpfer goutiert; ich, der ich als Zivilist noch nie eine Knarre in der Hand hatte, eine Bombe habe hochgehen lassen. Ich habe mich schon ein bißchen dran aufgegeilt, wenn mal wieder was hochging und die ganze kapitalistische Schickeria samt ihren Schergen in Aufruhr versetzt war. Sachen, die ich im Tagtraum auch mal gern tun tät, aber wo ich mich nicht getraut habe sie zu tun.«

Das unbekannte Enfant terrible denkt weiter nach, stellt sich vor, er wäre selbst bei der RAF, wie sein tägliches Leben aussähe, und dann:

> »Ich frage mich, wie ich – abgeschnitten von alltäglichen persönlichen und politischen Zusammenhängen – mit meinen Leuten die Entscheidung über solch eine Aktion fällen könnte. Wie ich mich monatelang darauf vorbereiten müßte, daß Buback weg muß, wie mein ganzes Denken von Logistik und Ballistik bestimmt wird. Wie ich mir sicher sein kann, daß dieser und kein anderer sterben muß, wie ich in Kauf nehme, daß auch ein anderer dabei draufgeht, ein dritter vielleicht querschnittsgelähmt sein wird etc.
> Ich müßte völlig umdenken: Ich denke immer noch, daß die Entscheidung zu töten oder zu killen bei der herrschenden Macht liegt, bei Richtern, Bullen, Werkschützern, Militärs, AKW-Betreibern. Daß ich dafür extra ausgebildet

sein müßte; kaltblütig wie Al Capone, schnell, brutal, berechnend.
Wie soll ich mich entscheiden, daß Buback wichtig ist, nicht für mich und meine Leute, sondern auch für die anderen Leute. Daß er wichtiger ist, als der Richter X am Gefängnis Y oder einer seiner Wärter. Oder daß der Verkäufer in der Ecke, der dauernd ›Kopf ab‹ brüllt, eine geringere ›Schuld‹ trägt als Buback. Nur, weil er weniger ›Verantwortung‹ hat?
Warum diese Politik der Persönlichkeiten? Könnten wir nicht mal zusammen eine Köchin entführen und sehen, wie sie dann reagieren, die aufrechten Demokraten?
Sollten wir uns nicht überhaupt mehr auf die Köchinnen konzentrieren?«

Die klammheimliche Freude war also nur der Einstieg zu Überlegungen, die in die andere Richtung gehen. Und die Sprache derjenigen, die er überzeugen will. Das Ergebnis schließlich ist eindeutig. Die Ermordung Bubacks ist politisch und moralisch nicht zu rechtfertigen, die klammheimliche Freude ist klamm. Klamm heißt unbehaglich, bedenklich. Ob ein Minus oder Plus uns verblieben zeigt der Schluss:

»Unser Zweck, eine Gesellschaft ohne Terror und Gewalt (wenn auch nicht ohne Aggression und Militanz), eine Gesellschaft ohne Zwangsarbeit (wenn auch nicht ohne Plackerei), eine Gesellschaft ohne Justiz, Knast und Anstalten (wenn auch nicht ohne Regeln und Vorschriften oder besser: Empfehlungen) dieser Zweck heiligt eben nicht jedes Mittel, sondern nur manches. Unser Weg zum Sozialismus (wegen mir: Anarchie) kann nicht mit Leichen gepflastert werden... Um der Machtfrage willen (o Gott!), dürfen Linke keine Killer sein, keine Brutalos, keine Vergewaltiger, aber sicher auch keine Heiligen, keine Unschuldslämmer. Einen Begriff und eine Praxis zu entfalten von Gewalt/Militanz, die fröhlich sind und den Segen der beteiligten Massen haben, das ist (zum praktischen Ende gewendet) unsere Tagesaufgabe. Damit die Linken, die so handeln, nicht die gleichen Killervisagen wie die Bubacks kriegen.

Ein bißchen klobig, wie? Aber ehrlich gemeint...

Ein Göttinger Mescalero«

Mescalero? Ein Student hat es geschrieben, der sich als Indianer bezeichnet. Eine Rothaut. Ein Roter. Die Mescaleros waren ein Stamm der Apachen im Süden von New Mexico. Ob der Göttinger gewusst hat, was über sie in der Encyclopaedia Britannica gesagt wird?

»Anders als andere Stämme der Apachen, besonders die Chiricahua, sind die Mescaleros nicht berüchtigt wegen kriegerischer Angriffe auf die Weißen. Im Gegenteil, Häuptlinge wie Santana von den Sierra Blanca Mescaleros haben beständig für den Frieden gearbeitet.«

Möglicherweise. Denn als im Februar 2001 endlich, nach 24 Jahren, herauskam, wer es war, stellt sich heraus, der junge Mann war damals 29 Jahre alt, heißt Klaus Hülbrock und studierte Germanistik und Ethnologie. War Mitglied der Bewegung undogmatischer Frühling, eine Gruppe gewaltfreier Spontis. Seine Sprache ist zum Teil klobig, zum Teil geschmacklos, »Abschuss von Buback« und »Killervisage« über einen Mann, der gerade ermordet worden war? Eine entsetzliche Sprache. Aber das Gesamtergebnis ist eindeutig. Dieser Artikel ist eine klare Absage an die Morde der Roten Armee Fraktion. Und was passiert?

Ein Aufschrei der Empörung. Von der Politik bis in die liberale Presse. Der Artikel in der *Frankfurter Rundschau* hat die Überschrift »Blanker Faschismus«. Für *DIE ZEIT* ist das »brauner Jargon«. Warum? Weil sie nur die Zitate des RCDS gelesen, sich nicht den ganzen Text besorgt haben und allgemein in dieser Zeit eine sterile Aufgeregtheit herrscht bei zunehmendem Widerstand gegen Berufsverbote und Kernkraftwerke und über den Terror der

RAF. Im Herbst wird es noch schlimmer. In den zwei Monaten nach dem Artikel des Mescalero erscheinen 60 Beiträge in den überregionalen Tageszeitungen *Frankfurter Allgemeine Zeitung*, *Frankfurter Rundschau*, *Süddeutsche Zeitung*, *Die Welt*. Zwei Beispiele. Die *Süddeutsche Zeitung* am 6. Mai 1977:

> »Wer nach Beispielen sucht, wie der Nährboden des Terrorismus beschaffen ist, braucht nicht weit zu gehen. Die Zeiten sind vorbei, da man die Sympathisanten vorwiegend im Halbdunkel oder in den Schlupfwinkeln des Untergrundes vermutete. In diesen Tagen offenbart sie sich mit einer Schamlosigkeit, die kaum zu überbieten ist ...«,

nämlich an den Universitäten. Ebenso *Die Welt* am nächsten Tag:

> »Dennoch bleibt zu fragen, wann eine grundsätzliche Konsequenz im universitären Bereich gezogen wird. Wer Terroristen unterstützt, gehört an keine deutsche Hochschule.«

Ende Mai eine Polizeiaktion in Göttingen auf der Suche nach dem Autor und seinen Hintermännern. 17 Wohngemeinschaften werden durchsucht, die Räume des AStA, ein Buchladen und das Büro einer K-Gruppe, die nun wirklich nicht in Frage kommt als Urheber oder Sympathisant des Mescalero. Aber es geht noch weiter, wird noch schlimmer. Weil sie nicht mehr ertragen können, dass immer nur das vom RCDS Zitierte gelesen wird und nicht der ganze Text, veröffentlichen 44 Professoren und vier Anwälte den ganzen Artikel noch einmal, als Dokumentation mit einem Vorwort. Ende Juni. Und jetzt geht es erst recht los. Keiner liest den ganzen Text, alle haben wieder nur die Zitate des RCDS im Kopf, Bundesjustizminister Hans-Jochen Vogel stellt einen Strafantrag gegen die 48, die Staatsanwaltschaften erheben Anklage, der niedersächsische Kultusminister leitet Disziplinarverfahren ein gegen 13 Professoren in seinem Land, und der CDU-Vorsitzende in Niedersachsen – Hasselmann heißt er – erklärt:

»Man muß vielmehr alle disziplinarischen und politischen Mittel ausloten, um solchen Leuten ihr Handwerk zu legen. Es geht nicht an, daß Universitäten Stätten sind, an denen terroristischer Nachwuchs ungestört und von staatlicher Einflußnahme ungetrübt gehegt und gepflegt wird. Was diese Hochschullehrer jetzt als angeblich wertneutrale Dokumentation verbreiten, ist eine eindeutige Parteinahme für den verbrecherischen Terrorismus, dessen Folgen sich im Mord an dem Bankier erneut gezeigt haben.«

Die Professoren und Anwälte werden angeklagt wegen Volksverhetzung, Verunglimpfung der Bundesrepublik, Beleidigung von Bundesanwälten und Mitarbeitern des Verfassungsschutzes und wegen Verunglimpfung des Andenkens eines Verstorbenen, nämlich Siegfried Bubacks. Sie hätten sich mit der Dokumentation den Text des Mescalero zu Eigen gemacht.

Nun kommen deutsche Richter, und allmählich beruhigt sich das Land. Die Anklagen in Bielefeld, Bremen und Hamburg werden von vorneherein abgelehnt. Die Hauptverhandlung wird dort nicht eröffnet, wohl aber in Berlin und Oldenburg. Die beiden Prozesse finden 1978 und 1979 statt. Sie enden mit Freispruch. Damit schien das Problem Mescalero erledigt, denn der Autor selbst konnte nicht mehr gefunden werden.

Aber nein. Auf dem Friedhof und Gebeinfeld hört man manchmal I-A-Schreien. Wenn dem Esel sonst nichts einfällt, fällt ihm Mescalero ein. Ein Sonntagabend im Januar 2001, Abteil erster Klasse eines ICE von Göttingen nach Berlin.

Bundesumweltminister Jürgen Trittin ist beschäftigt mit dem Studium von Akten. Ein älterer Herr kommt zu ihm. Michael Buback, Sohn des ermordeten Generalbundesanwalts. Er ist jetzt Professor in Göttingen, auf dem Weg zur Talkshow von Sabine Christiansen und fragt den Minister, ob er sich denn inzwischen distanziert habe vom Nachruf des Mescalero. Trittin war damals Mitglied des Kommunistischen Bundes – KBNord – in Göttingen. Er sieht den Mann und fragt nur: »Haben Sie ihn denn ganz gelesen?« Der geht empört zurück zu seiner Frau und weiß jetzt, wie er diese Frage beantwortet. Nämlich mit den alten Vorwürfen vor einem Millionenpublikum am selben Abend bei Frau Christiansen.

Trittin konnte ruhig bleiben, denn sein Kanzler kannte das Problem sehr genau als Verteidiger eines der angeklagten Professoren in Oldenburg. Aber die Presse durfte einige Tage wieder unruhig sein. Und so erschien auch endlich der unbekannte Autor jenes Textes, der die Bundesrepublik erschüttert hatte 24 Jahre zuvor. Der Mescalero! Das war jetzt möglich. Nach 20 Jahren verjährt selbst ein Totschlag.

Klaus Hülbrock, inzwischen 54 Jahre alt und etwas füllig, präsentiert von der *taz – die tageszeitung* – auf der ersten Seite Anfang Februar, »Der Mescalero spricht«. Er ist inzwischen Lehrer in der Lutherstadt Wittenberg, unterrichtet Deutsch für Ausländer und will sich von Trittin »nicht diese Geschichte interpretieren lassen«, denn der war in einer K-Gruppe, was für einen richtigen Sponti von der Bewegung undogmatischer Frühling genauso unerträglich ist wie damals für die liberale Presse sein Artikel. Über seine Sprache im Nachruf ärgert er sich heute selbst. »Killervisage« und das andere. Wenn er heute in den Spiegel sieht, sagt er sich: »Hast doch selbst eine Visage.« Braucht aber sonst nichts zurückzunehmen. Es geht ihm gut. Er hätte auch gern so viel politischen Einfluss wie Trittin. Das schmerzt. Aber er hatte nie vor, Karriere zu machen. »Ich bleibe ein Indianer.« Und so war auch das geklärt. Aber das Ende der Fahnenstange noch nicht erreicht. Wieder einen Monat später liest man in einer Veröffentlichung der Adenauer-Stiftung »Zur APO und ihren Folgen«:

> »In Teilen der linksextremen Szene wurden diese Terrorakte nicht etwa verurteilt, sondern mit jener ›klammheimlichen Freude‹ begleitet, die nach dem Mord an Generalbundesanwalt Buback und der ihn begleitenden Polizisten 1977 ein Göttinger Student unter dem Namen ›Mescalero‹ in der Zeitung des Allgemeinen Studentenausschusses (AStA) der Göttinger Universität veröffentlichte.«

Die Gefahr geht von den Menschen aus

Die Geschichte des politischen Strafrechts der Bundesrepublik geht auf und ab. Gesetze werden verschärft unter Adenauer in den Fünfzigerjahren aus Angst vor Kommunisten, die im eigenen Land wegen der Nachbarschaft der DDR im Osten besonders bedrohlich wirken. Mit wachsendem Wohlstand im Wirtschaftswunder wächst das Bonner Selbstbewusstsein, die KPD ist verboten seit 1956, die Gesetze werden teilweise entschärft in den Sechzigerjahren, 1970 wird unter Willy Brandt sogar das Demonstrationsrecht liberalisiert und eine Amnestie erlassen, um die plötzlich entstandene neue Linke zurückzuholen in die SPD. Das nützt nicht viel. Der größere Teil der APO lässt sich nicht integrieren, und die Folge sind Gesetzesverschärfungen von den frühen Siebzigerjahren bis in die Achtziger. »Die Gefahr geht von den… Menschen aus«, hieß es schon im ersten Regierungsentwurf Adenauers für Gesetze gegen Kommunisten.

Die neue Verschärfung beginnt 1974 mit der *»lex Stammheim«* zur Vorbereitung des Prozesses gegen Baader, Ensslin, Meinhof, Meins und Raspe. Die Strafprozessordnung wird geändert, die Zahl der einem Angeklagten zustehenden Verteidiger beschränkt und zudem verboten, dass ein Anwalt gleichzeitig mehrere Angeklagte vertritt. Was die Koordinierung der Verteidigung außerordentlich erschwert. Schließlich, noch heikler, kann der Prozess auch dann geführt werden, wenn die Angeklagten nicht anwesend sind. Das widerspricht den Grundregeln des Strafprozesses. Eine Vorschrift dieser Art – mit gewissen Unterschieden – war im Dritten Reich erlassen und nach dem Krieg als »Nazirecht« aufgehoben worden.

Hinter dieser völlig ungewöhnlichen Vorschrift – § 231a der

Strafprozessordnung – steht eine überflüssige Quälerei der Angeklagten, die schon 1972 nach ihrer Verhaftung beginnt. Bei Ulrike Meinhof hatte man ein Schreiben gefunden, das von Gudrun Ensslin stammte, die zuvor festgenommen worden war und diesen Brief aus dem Gefängnis herausgeschmuggelt hatte. Zwei Seiten Schreibmaschine mit genauen Anweisungen für die Weiterarbeit der Gruppe. Ein so genannter Kassiber. Das Wort stammt aus dem Jiddischen. Kessaw ist das Geschriebene, ging über in die Gaunersprache und dann in den normalen deutschen Wortschatz. Dieser Kassiber hatte zwei Folgen.

Erstens eine unerträgliche Verschärfung der Haftbedingungen aller RAF-Gefangenen, die völlig isoliert wurden von der Außenwelt und den anderen Gefangenen in »toten Trakten«, um Ähnliches für die Zukunft zu vermeiden. Was überflüssig war, denn es gelang ihnen trotzdem immer wieder, sich zu verständigen. Die Zellen nebenan, darunter und darüber wurden geräumt. Hofgang allein. Sie sahen nichts von anderen und hörten nichts von ihnen. In der Sprache der Psychiatrie nennt man das sensorische Deprivation, die schwere psychische und physische Schäden verursacht, von den Gefangenen als Isolationsfolter bezeichnet. Was machen sie? Hungerstreik als Protest, genannt HS. Dazu Fritz Teufel von der Konkurrenzorganisation 2. Juni, die sich teilweise solidarisch erklärte mit der RAF: »HS ist nicht meine Sache. Für HS braucht man Mut. Meine Sache ist der Übermut.«

Tatsächlich konnte man sterben beim Hungerstreik wie Holger Meins im rheinland-pfälzischen Gefängnis Wittlich am 9. November 1974 vor dem Beginn des Prozesses in Stammheim. Andere waren so geschwächt, dass sie zu den Prozessen nicht kommen konnten, was man in der *lex Stammheim* vorausgesehen hatte und deshalb bestimmte, dass auch ohne sie verhandelt werden könne. Der Bundesgerichtshof segnete es ab. Otto Schily, Verteidiger in Stammheim, beschrieb das später bei einer Anhörung so:

> »Der Gedankengang dieser Bundesgerichtsentscheidung ist der folgende: Die Angeklagten haben isolierenden Haftbe-

dingungen unterlegen. Die Folgen dieser isolierenden Haftbedingungen waren Gesundheitsschädigungen, deren Ausmaß so weit ging, daß die Angeklagten für ein Verfahren dieser Größenordnung als verhandlungsunfähig anzusehen waren. Und der Bundesgerichtshof hat gesagt, sie haben das auch verschuldet, denn diese isolierenden Haftbedingungen mußten angeordnet werden, weil sie die Aktivitäten ihrer kriminellen Vereinigung in der Haft fortgesetzt haben. Das war der entscheidende Gesichtspunkt. Und nun muß man wissen, daß genau das, Fortsetzung der kriminellen Vereinigung in der Haft, einer der Anklagepunkte gegen die Angeklagten in Stammheim war. So daß man den Rechtssatz, den der Bundesgerichtshof zu dieser Entscheidung entwickelt hat, vielleicht in der folgenden Weise formulieren kann: Wer verdächtig ist, in der Haft eine kriminelle Vereinigung fortzusetzen, und wer sogar so weit verdächtig ist, daß gegen ihn Anklage erhoben werden kann, gegen den dürfen isolierende Haftbedingungen angewendet werden; ein solcher Angeklagter darf dann durch isolierende Haftbedingungen verhandlungsfähig gemacht werden. Das ist genau der Rechtssatz, und den kann man beliebig ausweiten. Man kann natürlich genauso gut sagen, jemand, der des Mordes verdächtig ist, ist eine besonders gefährliche Person, deshalb müssen wir ihn isolierenden Haftbedingungen aussetzen, deshalb dürfen wir ihn verhandlungsunfähig machen, und dann dürfen wir in seiner Abwesenheit über diesen Verdacht des Mordes gegen ihn verhandeln.«

Die zweite Folge dieses Kassiberfundes von 1972 betraf Otto Schily selbst, nämlich als Verteidiger von Gudrun Ensslin. Er war der Einzige, der sie im Essener Gefängnis besucht hatte, bevor der Kassiber bei Ulrike Meinhof entdeckt wurde. Wer war es, der ihn rausgeschmuggelt hatte? Der Anwalt. Das war die Logik von Bundesanwaltschaft und Bundesgerichtshof, die ihn deshalb von der Verteidigung seiner Mandantin ausgeschlossen haben. Nicht unbedingt überzeugend, wenn man bedenkt, dass auch Gefängnispersonal sich nicht immer gesetzestreu verhält, wie die Erfahrung zeigt. Ein halbes Jahr später hat das Bundesverfassungsgericht diese Entscheidung aufgehoben, und Rechtsanwalt Schily konnte in Stuttgart-Stammheim verteidigen.

Nachdem der Prozess begonnen hatte, wurden 1976 neue Gesetze erlassen, das Gesetz zum Schutze des Gemeinschaftsfriedens und ein Antiterrorismusgesetz. Das zweite brachte den § 129a in das Strafgesetzbuch, über die Bildung und Unterstützung terroristischer Vereinigungen. Die Anklage war automatisch verbunden mit Untersuchungshaft. Wer also nur »RAF« an eine Autobahnbrücke in schönen großen weißen Buchstaben malte, konnte sofort verhaftet werden ohne Flucht- oder Verdunkelungsgefahr, und es drohte eine Freiheitsstrafe bis zu fünf Jahren. Ebenso grotesk das Gesetz zum Schutze des Gemeinschaftsfriedens mit den neuen §§ 88a und 130a, verfassungsfeindliche Befürwortung von Gewalttaten und Anleitung zu Straftaten. Sie richteten sich gegen linksradikale Schriften, Zeitschriften, Drucker und Buchläden, Vorschriften, die in Jargon und Gründlichkeit in Europa ohne Vorbild waren mit Ausnahme eines von der griechischen Militärjunta 1969 diktierten Pressegesetzes und eines noch unter Franco 1975 erlassenen spanischen Ausnahmegesetzes. Fünf Jahre später, kurz vor dem Ende der sozialliberalen Koalition, sind die beiden Vorschriften wieder aufgehoben worden mit der Begründung, sie seien überflüssig.

Dann kamen der Deutsche Herbst 1977 und das schnellste Gesetz in der bundesdeutschen Rechtsgeschichte, nach der Entführung Hanns-Martin Schleyers erlassen, innerhalb von drei Tagen beschlossen von Bundestag und Bundesrat, unterzeichnet vom Bundespräsidenten und veröffentlicht im Gesetzblatt. Normalerweise dauert so etwas ein Jahr. Das Kontaktsperregesetz, das auch nichts geholfen hat. Danach können auf Anordnung einer Landes- oder der Bundesregierung Gefangene auf unbestimmte Zeit von der Außenwelt vollständig isoliert werden, wenn sie angeklagt oder verurteilt sind wegen terroristischer Aktionen und ein anderer – »ein Dritter« – sich in unmittelbarer Gefahr befindet. Ein

Zusammenhang mit den Personen der betroffenen Gefangenen braucht nicht zu existieren. Seit 1978 ist eine Trennscheibe vorgeschrieben bei Gesprächen zwischen Verteidigern und Angeklagten, die des Terrorismus verdächtigt werden. Anwalt und Mandant sitzen in einer Sprechzelle des Gefängnisses, getrennt durch eine Wand mit einer panzerglasdicken Plexiglasscheibe, praktisch in zwei Räumen. Sie sprechen miteinander über Mikrofon und können nur Papier austauschen durch einen dünnen Spalt in der Scheibe. Eine normale Verteidigung mit normalen Gesprächen ist so nicht mehr möglich.

1982 kommt die Regierung Kohl: 1985 wird der Landfriedensbruch wieder verschärft, so genannte Vermummung und »passive Bewaffnung« können zu einer Freiheitsstrafe führen, 1989 geändert zu einer bloßen Ordnungswidrigkeit mit Geldbußen. 1986 ermordet die RAF den Siemensdirektor Beckurts und den Ministerialdirektor im Auswärtigen Amt von Braunmühl. Es gab keine Fahndungserfolge. Stattdessen, wie der Abgeordnete Seiter für die CDU im Bundestag erklärte, im November, mit Blick auf die Wahl im Januar: »Der rechtstreuen Bevölkerung muss Gewissheit gegeben werden, dass der Rechtsstaat nicht tatenlos bleibt.« Also machte man ein Gesetz. Man machte es in großer Eile, gegen Bedenken von Sachverständigen, mit Sondersitzungen von Rechtsausschuss und Innenausschuss, sodass es noch vor Weihnachten von Bundestag und Bundesrat beschlossen werden konnte.

Im Mittelpunkt sollte eigentlich die Kronzeugenregelung stehen, Straffreiheit für Terroristen, die gegen ihre eigenen Leute aussagen. Aber solch ein Gesetz scheint nicht so einfach zu sein. So etwas war schon einmal gescheitert, 1975, in der Terroristengesetzgebung der Sozialliberalen. Und es scheiterte nun wieder, als auf dem Parteitag der FDP Ende November in Mainz die »Basis« ihre Parteispitze zurückpfiff, die in der ersten Erregung über die Ermordung von Braunmühls schon zugestimmt hatte. Übrig blieben eine »lex Wackersdorf«, eine »lex taz« und eine Erweiterung von Kompetenzen für den Generalbundesanwalt. Das war also das Ergebnis des Todes von Beckurts und von Braunmühls, dass nun militante Teile der Anti-Atom-Bewegung und eine linke Tageszeitung strafrechtlich leichter verfolgt werden konnten.

Lex Wackersdorf. Damit ist die Neufassung des § 129a des Strafgesetzbuches gemeint, in dem die Bildung und Unterstützung von terroristischen Vereinigungen unter Strafe gestellt ist. Er ist in doppelter Weise ausgeweitet worden. Zum einen wurde das Strafmaß erhöht und zum anderen der Anwendungsbereich ausgedehnt. Die Mindeststrafe wurde von einem halben Jahr auf ein Jahr erhöht und die Höchststrafe von fünf auf zehn Jahre. Damit wurde das Ganze aus einem so genannten Vergehen zu einem Verbrechen. Das ist deswegen außerordentlich bedenklich, weil es ein Vorbereitungsdelikt ist. Bestraft wird nicht eine konkrete Tat, also ein Mord oder Sprengstoffanschlag, sondern die bloße Verabredung dazu. Die CDU wollte es als Verbrechen schon 1976, beim ersten Erlass des § 129a. Und die Gründe nannte damals, ganz freimütig, der Präsident des Bayrischen Verfassungsgerichtshofes bei seiner Anhörung vor dem Rechtsausschuss des Bundestages: Bestimmte Verbrechen – also Tötung oder Raub – kann man Terroristen selten nachweisen. Da sind die Gerichte meistens in Beweisnot. Deshalb muss der Strafrahmen des § 129a für die bloße Vorbereitungshandlung so hoch sein, dass man sie ebenso bestrafen kann, wie wenn man ihnen die Tat nachweisen könnte. Das ging dann den Sozialliberalen doch zu weit. Und nun hat man das nachgeholt. Polemisch gesagt: Die Verurteilung wegen eines Verbrechens ist bei Terroristen jetzt möglich, auch wenn man es ihnen nicht beweisen kann.

Aber wieso lex Wackersdorf? Nun, dieses Gesetz gilt jetzt nicht mehr nur für Terroristen, also nur für die RAF oder revolutionäre Zellen. Man hat die Strommasten, Polizeiwagen und Oberleitungen der Eisenbahn gleich mit dazugenommen. Die werden bekanntlich nicht von Terroristen zerstört, sondern von Teilen der Anti-Atom-Bewegung, die man militante Anarchisten oder Autonome nennt. Zuletzt in Wackersdorf. Sie begehen nicht schwerste Straftaten wie die RAF, sondern überwiegend Sachbeschädigungen. Das reicht jetzt für eine Höchststrafe von zehn Jahren. Der Rechtsstaat blieb nicht tatenlos.

Lex taz. Das ist die Wiedereinführung des alten § 130a des Strafgesetzbuches. Nach § 129a kommt also wieder § 130a: Anleitung zu Straftaten. Das war das unselige Gesetz zum Schutz des Gemeinschaftsfriedens vom April 1976, zusammen mit dem § 88a, verfassungsfeindliche Befürwortung von Straftaten, mit den alten Problemen, dass nämlich dadurch die Freiheit der Meinung gefährdet wird, die Freiheit der Presse, der Kunst und der Literatur. Es wurde wieder abgeschafft, fünf Jahre später, 1981. Und jetzt, noch einmal fünf Jahre später, ist der eine wieder da. Und zwar verschärft. Es geht um Schriftliches, wie so oft im politischen Strafrecht. Es geht um Bücher, Broschüren, Zeitschriften. Wenn in ihnen Anleitungen gegeben werden für Straftaten, dann macht man sich strafbar.

Es gibt zwar längst schon einen § 111 des Strafgesetzbuches, nach dem man bestraft wird, wenn man durch Verbreiten von Schriften zu Straftaten auffordert. Aber das müssen einzelne, bestimmte Straftaten sein. Nun will man es wieder ganz allgemein, und die Verschärfung gegenüber 1976 liegt darin, dass die Schriften gar nicht mehr dazu »bestimmt« sein müssen, solche Anleitungen zu geben. Es genügt schon, wenn sie dazu auch nur »geeignet« sind. Also kann sich ein Buchhändler schon strafbar machen, wenn er ein Chemiebuch verkauft, in dem etwa jene Vorgänge erläutert werden, die im Bekennerschreiben von Revolutionären Zellen zu Hamburger Brandsätzen im Dezember 1986 geschildert wurden. Unkraut-Ex und Puderzucker und der Säurezünder. Nachzulesen in der *taz* vom 2. Januar 1987.

Natürlich macht sich der Buchhändler nur strafbar, wenn er das Chemiebuch verkauft, »um die Bereitschaft anderer zu fördern oder zu wecken, eine solche Tat zu begehen«. Also nicht ein konservativer Buchhändler, der es einem Bundeswehroffizier in die Hand gibt. Wohl aber ein linker Buchhändler, wenn der Käufer verdächtig aussieht, »mit Nickelbrille, Parka und wildem Haar« (Abg. De With, SPD, im Bundestag am 5. Dezember 1986). Es kommt nicht auf die Tat als solche an – Verkauf des Buches –, sondern auf die Gesinnung des Täters dabei. Und da liegt eben das Problem. Man nennt so etwas Gesinnungsstrafrecht, das es an sich nicht geben darf. Die Konservativen geben das auch offen zu. Im Bericht des Rechtsausschusses des Bundestages vom 3. Dezember 1986 sagen sie, bei der Feststellung, ob der Buchhändler diese Absicht gehabt habe, »wird es auf eine Würdigung aller Umstände der Tat ankommen«.

Im Grunde zielt das Gesetz aber gar nicht so sehr auf Buchhändler. Es zielt auf die *taz*. Es geht in erster Linie um die Strommasten. Den Ausschlag gegeben hatte ein Interview der *taz* mit militanten Autonomen, die ausführlich schilderten, wie sie beim Absägen vorgehen. Und so kam es dann auch. Am 1. Januar 1987 ist das Gesetz in Kraft getreten. Am 2. Januar erschien in der *taz* wieder etwas Ähnliches, nämlich jener Bekennerbrief zu den Hamburger Brandanschlägen. In ihm wurde genau angegeben, was man falsch gemacht hatte, nämlich die Säurezünder nicht frei gehängt, sondern direkt auf das Kaliumchlorat gesetzt. Und am 3. Januar konnte man der Tagespresse entnehmen, gegen die *taz* werde nach § 130a ermittelt. Weil die *taz* natürlich andere zum Nachahmen ermuntern wollte. Wie denn sonst? Wir haben ja schließlich kein Gesinnungsstrafrecht. Und der Rechtsstaat bleibt nicht tatenlos.

1989 letzte Neuerung in dieser Reihe der Gefahr, die noch von den Menschen ausgeht. Nun kommt sie doch noch, die Kronzeugenregelung in Verfahren gegen Terrorismus. Sie kommt und bleibt problematisch. Weil der Kronzeuge belohnt wird. Er hat mitgemacht, bleibt aber straffrei und muss dafür anständig was liefern. Das wird vorher mit der Bundesanwaltschaft ausgehandelt und ist nicht selten mehr als das, was die anderen wirklich getan haben, die verurteilt werden sollen. Also heikel. Also erst mal ausprobieren und befristen bis Ende 1992, dann noch einmal verlängern bis Ende 1999. Und dann war Schluss mit der Kronzeugenregelung, mit dem Terrorismus und mit neuen Gesetzen gegen die neue Linke, die es kaum noch gab, zehn Jahre nach dem Fall der Mauer und im Zeitalter der Globalisierung. Wirklich Schluss? Terrorismus? Kronzeugen?

Russell-Tribunal

Geschichte wird von den Siegern geschrieben. Verloren haben wir damals nicht, sogar ein wenig Erfolg gehabt mit dem Russell-Tribunal 1978/79. Aber zu den Siegern gehörten wir auch nicht, die Geschichte schreiben. Kaum jemand weiß heute was darüber. In der Geschichte der Bundesrepublik kommt es nicht vor. Russell-Tribunal? Immerhin eine kleine Notiz im Großen Brockhaus:

> »**Russell-Tribunal**, nach dem engl. Philosophen B. A.W. RUSSELL benannte Jury, die auf privater Basis (Veranstalter: Russell-Friedensinstitut) Menschenrechtsverletzungen ins öffentl. Bewußtsein heben wollte, dabei aber in der Auswahl der Juroren und Verhandlungsgegenstände international umstritten blieb. Das 1. R.-T. (1967; Stockholm und Roskilde) verhandelte über Kriegsverbrechen der US-Truppen in Vietnam, das 2. R.-T. (1973–76; Rom und Brüssel) über Menschenrechtsverletzungen in Lateinamerika (bes. in Chile), das 3. R.-T. (1978/79; Frankfurt am Main und Köln) u.a. über Berufsverbote in der Bundesrepublik Dtl., das 4. R.-T. (1980; Rotterdam) über die Verfolgung der Indianer in Amerika.«

Eine schwierige Zeit war das damals für die zerfaserte Linke in der Nachfolge der APO. Nicht nur der Wahnsinn der Roten Armee Fraktion vergiftete die Atmosphäre 1977 mit solchen Aufgeregtheiten wie um den Nachruf des Mescalero. Dann noch die Berufsverbote. Sie bedrückten Tausende mit Existenzangst. Das ließ niemanden kalt, der damals in diesem Milieu lebte. Auch mich nicht. Die schwierigen Zeiten der Freien Universität 1969 bis 1973 konnte ich mühelos überstehen. Politik ist Politik, und Privatleben ist Privatleben. Das Milieu akzeptierte diese Trennung nicht und machte mir den Vorwurf, ich würde mich spielerisch verhalten. Das verstand ich politisch, es beeinflusste aber nicht meine private Gemütslage. Das war jetzt anders in diesem schrecklichen Jahr 1977. Heilfroh war ich und atmete auf, wenn ich mal rauskam aus der Bundesrepublik, in die Niederlande zu den Bildern in Amsterdam oder zu meinem Sohn, der in London zur Schule ging. Aufatmen für einige Tage in normaler Liberalität. Das war die Zeit, als viele darüber nachdachten, wie man Hilfe von außen holen könnte. Einige hatten dieselbe Idee: Ein Russell-Tribunal über die Berufsverbote, um über das westliche Ausland Einfluss auf die Politik zu Hause zu nehmen. Das sozialistische Büro in Offenbach nahm den Kontakt auf zur Russell Peace Foundation in Nottingham, Mittelengland. Die undogmatische Linke der Bundesrepublik versuchte einen Befreiungsschlag.

Chris Farley, einer der beiden Direktoren der Stiftung in Nottingham, war bereit. Er hatte die Zustimmung der Witwe des großen alten Bertrand Russell. Der andere Direktor war eher zurückhaltend, hatte Bedenken, weil die Stiftung kurz zuvor in Rom über die Verbrechen der Junta in Chile verhandelt hatte. Und nun über die Bundesrepublik als Fortsetzung? Keiner von uns wollte diesen Vergleich. Aber es lag nahe, dass er gegen uns gewendet würde. Chris Farley, Lady Russell und wir nahmen es in Kauf. Die Verhandlung im eigenen Land sollte zeigen, dass wir diese Parallele nun wirklich nicht meinten. Über die Verbrechen der Junta Pinochets würde ein Tribunal in Chile unmöglich gewesen sein. Das hatte in Rom stattgefunden. In beiden Fällen ging es um Verletzung von Menschenrechten. Aber über Berufsverbote sollte verhandelt werden im eigenen Land, in Frankfurt. Das sollte möglich sein, war möglich und machte den Unterschied. Trotzdem gab es böses Blut auf der anderen Seite. Das nahmen wir mit einem gewissen Trotz in Kauf.

Die andere Seite. Das war zum Beispiel – leider – der Vater der Berufsverbote, Willy Brandt, als er noch nicht erkannt hatte, dass sie ein Fehler gewesen sind. Nachdem der Plan bekannt wurde, stellte er im Oktober 1977 fest, das sei ein Missbrauch des Namens Bertrand Russells, den man in Ehren halten sollte. Worauf Lady Russell erwiderte: »Herr Brandt hat die politische Arbeit meines Mannes nie unterstützt und ihn ja auch gar nicht gekannt.« Er würde mit diesem Plan einverstanden gewesen sein. Wovon wir ausgegangen waren nach allem, was wir über ihn wussten.

Nachdem die Stiftung in Nottingham zugestimmt hatte, begann die Arbeit. Sie bestimmten die Mitglieder der Jury, wie immer »international umstritten«, als Vorsitzenden Vladimir Dedijer, ein Zweimetermann aus Jugoslawien, der als Oberst der Partisanenarmee Titos gegen die Deutschen gekämpft hatte, Herausgeber der Parteizeitung *Borba* und Botschafter bei der UNO gewesen war, 1954 von Tito in Ungnade entlassen, weil er sich auf die Seite von Milovan Djilas gestellt und dessen Kritik an der Parteibürokratie übernommen hatte, und Mitglied im Präsidium des ersten und zweiten Tribunals. Dann Johan Galtung aus Norwegen, Günther Anders und Robert Jungk aus Österreich, Agnes Heller aus Australien, der Eurokommunist Lucio Lombardo-Radice aus Italien und 25 andere ausländische Mitglieder der Jury, daneben aus der Bundesrepublik Ingeborg Drewitz, Helmut Gollwitzer, Wolf-Dieter Narr, Martin Niemöller, Uwe Wesel. The German Beirat.

In der Bundesrepublik bildeten sich, nicht nur in den Universitätsstädten, schnell unzählige Unterstützergruppen, viele Studenten, undogmatische Linke, Spontis. Die Vorbereitungen liefen in Berlin mit einem kleinen – freiwilligen – Sekretariat und den vier Berliner Jurymitgliedern Drewitz, Gollwitzer, Narr, Wesel. Viele von uns und andere tingelten durch die Bundesrepublik zu Veranstaltungen, die die Unterstützergruppen organisierten. Dort informierten wir über das kommende Tribunal und – nicht unwichtig – reichten zum Schluss den Klingelbeutel herum. So kamen über 100 000 Mark zusammen, die wir brauchten für Reisekosten und Unterbringung der Jury, Miete am Tagungsort in Frankfurt und Aufwand im Berliner Sekretariat.

Die allgemeine Vorbereitung lag im Wesentlichen bei Wolf-Dieter Narr, die juristische bei mir. Wichtigste Aufgabe war die Auswahl derjenigen, die der Jury vorgestellt werden sollten als Betroffene von Berufsverboten. Verschiedene Berufe, verschiedener politischer Hintergrund, verschiedene Bundesländer. Unbeschreiblich das Verhalten der DKP, der DDR-Marxisten. Sie stellten die meisten Opfer der Berufsverbote, über 60 Prozent, wollten aber ihren Mitgliedern auf keinen Fall erlauben, bei uns vor der Jury aufzutreten. Warum? Zwei Gründe. Erstens machen solche Marxisten gern Aktionsbündnisse, aber nur wenn sie die Mehrheit haben. Gab es bei uns nicht. Zweitens fürchteten sie ein Nachfolge-Russell-Tribunal zur DDR. Wolf-Dieter Narr und ich fuhren sogar in ihre Parteizentrale in Düsseldorf. Nichts zu machen. Trotzdem ist es gelungen, eine Frau zu überzeugen, nach Frankfurt zu kommen und vor der Jury zu berichten, wie es ihr mit dem Berufsverbot ergangen ist wegen ihrer Mitgliedschaft in dieser Partei. Sie hat es gewagt, einen guten Eindruck gemacht, und hinterher soll es ein Parteiausschlussverfahren gegeben haben.

Wir einigten uns auf zwölf Betroffene, einschließlich jener Lehrerin, die Mitglied in der DKP war. Der Jury sollte zunächst von einem Anwalt die Vorgeschichte ausführlich berichtet werden, das Verfahren beim Berufsverbot, die Anhörung, die Begründung des Verbots, und dann sollten Fragen gestellt werden an den Juristen und die oder den Betroffenen. Dazwischen allgemeine Berichte über historische Entwicklung, juristische Gründe dafür und dagegen. Die Praxis der Anhörungen und psychologische Auswirkungen der Berufsverbote. Räume wurden gefunden in Frankfurt, ein Bürgerzentrum des Stadtteils Harheim mit einem großen Saal und Nebenräumen. Mitte März 1978 waren wir so weit.

Kurz vor Beginn kam Vladimir Dedijer nach Berlin, der Vorsitzende der Jury, ein wundervoller Mann. Wolf-Dieter Narr und ich holten ihn am Flughafen ab, fuhren in sein Hotel und setzten uns zu einer Vorbesprechung zusammen. »I need a hammer.« So fing er an. Narr und ich sahen uns an. Verstanden zuerst gar nichts, dachten dann nach und waren beeindruckt. Natürlich. Solch ein Vorsitzender braucht einen Hammer für die Sitzungsleitung. Es fiel ihm auch nicht ein, Deutsch zu reden, obwohl er es konnte. Er war sehr fair, sehr diplomatisch. Aber ein Partisanenoberst, der gegen Hitler gekämpft hat, spricht wohl nicht mehr Deutsch. Wir erklärten ihm, er solle sich darauf einstellen, dass die Presse der Bundesrepublik nicht sehr freundlich reagieren würde auf das Tribunal. Wir hofften auf die ausländischen Medien und ihre Rückwirkung nach Bonn. Vlado: »You know, the worst that can happen to us is when they ignore us.« Und so war auch das geklärt.

Sie haben uns nicht ignoriert. Im Gegenteil. Selbst die Resonanz in den Medien der Bundesrepublik war erstaunlich. Zum ersten Mal wurden ihnen ganz normale junge Leute vorgeführt, die aus politischen Gründen ihren Beruf nicht ausüben durften, für den sie jahrelang ausgebildet worden waren. Schon der erste Fall brachte den Durchbruch: Maria Leiterer aus Augsburg.

Eine freundliche junge Frau, nicht sehr groß, herzlich, offen und gescheit, 26 Jahre alt, geboren im Allgäu, Studium in Regensburg, erstes Staatsexamen mit 23 Jahren, Referendarin im Schuldienst in einem kleinen Ort am nördlichen Rand von Augsburg, beliebt bei Schülern und Lehrern, macht drei Jahre später das zweite Staatsexamen und bewirbt sich als Lehrerin im bayerischen Schuldienst. Sie wird zu einer Anhörung gebeten. Es liegen Erkenntnisse des Verfassungsschutzes vor. Welche wird nicht gesagt. Sie kommen zur Sprache bei der Anhörung. Erstens ist sie an der pädagogischen Hochschule in Regensburg Mitglied einer »Demokratischen Front« gewesen. Die war ein breites Bündnis linker Studenten gegen eine ziemlich starke konservative Gruppe und reichte vom eher sozialdemokratischen SHB bis zu einer sehr kleinen bayerischen Splittergruppe von Maoisten. Außerdem hatte sie, zweitens, nach ihrem Staatsexamen im Augsburger Komitee gegen Berufsverbote mitgearbeitet und die »Augsburger Erklärung gegen Berufsverbote« unterzeichnet.

Die Anhörung dauerte drei Stunden. Vier Vertreter der Augsburger Behörde, Frau Leiterer und ihr Anwalt. Dazu der Bericht vor der Jury in Frankfurt:

»Hinsichtlich der Kandidatur für die ›Demokratische Front‹ in den Jahren 1972 und 1973 an der Universität Regensburg erklärte die Betroffene: Die ›Demokratische Front‹ habe sich für die Verbesserung der Studienbedingungen an der Pädagogischen Hochschule und für demokratische Rechte eingesetzt. Die Ziele der ›Demokratischen Front‹ hätten sich weitgehend mit denen der Gewerkschaft Erziehung und Wissenschaft gedeckt... Auf die ausdrückliche Frage, ob eine Mitarbeit in einer Organisation auch dann für möglich gehalten werde, wenn dort Kommunisten tätig seien, erklärte die Betroffene, daß auch in den Gewerkschaften Kommunisten mitarbeiteten. Einen maßgeblichen Einfluß des Kommunistischen Hochschulbundes oder anderer kommunistischer Organisationen auf das Programm und die Arbeit der ›Demokratischen Front‹ habe die Betroffene nicht feststellen können. Als die Betroffene auf ein Zitat aus der Wahlplattform der ›Demokratischen Front‹, welches sich gegen den ›Vormarsch der Reaktion‹ richtete, angesprochen wurde, erklärte sie, daß sie es für reaktionär halte, sich hier rechtfertigen zu müssen. Dies habe es vor einigen Jahren noch nicht gegeben, und sie halte es für bedrohlich, hier sitzen zu müssen, nachdem sie sich keiner verfassungsfeindlichen Aktivitäten bewußt sei... Aus der Augsburger Erklärung gegen Berufsverbote wurde folgendes Zitat verlesen:
›Da bereits jeder, der seine verfassungsmäßig garantierten Rechte wahrnimmt und aktiv für Mitbestimmung, Frieden und sozialen Fortschritt eintritt, befürchten muß, in die Verdachtszone der Verfassungsfeindlichkeit zu geraten, entsteht eine allgemeine Atmosphäre der Angst und Einschüchterung... Entgegen allen Beteuerungen, die Berufsverbote richteten sich auch gegen Faschisten und neofaschistische Kräfte, beweist die tatsächliche Praxis das Gegenteil. Bis in die obersten Stellen von Verwaltung und Justiz sitzen diese fest im Sattel.‹
Auf die Feststellung der Anhörungskommission, daß dieses einen schweren Vorwurf gegenüber dem Dienstherrn darstelle,

erklärte die Betroffene, daß sie die Äußerung für richtig halte und den Nachweis dieser Behauptung auch führen könne. Dementsprechend halte sie auch die Augsburger Dokumentation gegen die Berufsverbote für richtig, wobei sie an der Abfassung der Dokumentation selbst nicht mitgewirkt habe.«

Nach einigem Hin und Her wurde ihre Einstellung abgelehnt. Sie sei charakterlich für den Beruf des Lehrers nicht geeignet. Außerdem gäbe es Zweifel an ihrer Treue zur Verfassung. Die charakterliche Eignung sei deshalb nicht gegeben, weil sie sich von der Augsburger Erklärung gegen Berufsverbote nicht distanziert habe und dadurch das Vertrauensverhältnis zum Dienstherrn durch geradezu verleumderische Angriffe untergraben habe. Wer sich für Verfassungsfeinde einsetze und die Abschaffung von »Berufsverboten« fördere, verlange, dass dieser Staat zerstört werde und könne nicht erwarten, dass der Dienstherr ihm ein besonderes Vertrauen entgegenbringe.

Das Verfahren vor den Gerichten war noch nicht beendet. Frau Leiterer lebte davon, dass sie einer Kollegin den Haushalt führte und ihr Kind versorgte. In der Diskussion mit ihr fragte der englische Dramatiker Howard Brenton:

»Brenton: Würde ich jetzt richtig zusammenfassen, wenn ich sagen würde, daß wenn Sie sich gegen Berufsverbote stellen, dann bekommen Sie eins. Ist das richtig so?
Leiterer: Ich weiß nicht, wie es prinzipiell sein wird, aber in meinem Fall war's so.
Brenton: Ich bin etwas versucht, jetzt zu sagen: Wenn man gegen die Todesstrafe ist, wird man dann aufgehängt …?«

Am Ende stellte Lucio Lombardo-Radice auch noch eine Frage an die Öffentlichkeit:

»Und meine zweite Frage ist, wenn möglich auch an die Bundesregierung, und auch an die Kollegen deutschen Journalisten: Was heute gesagt wurde, ist es wahr oder falsch? Bitte schön antworten Sie morgen in den Zeitungen, im Fernsehen!«

Der Saal war überfüllt, nicht nur mit normalem Publikum, auch viele Journalisten mit Mikrofonen, Kameras und Scheinwerfern. Sie haben geantwortet am nächsten Tag in langen Zeitungs- und Rundfunkberichten und im Fernsehen und haben gesagt, es sei wahr. Sie reagierten ganz anders, als wir gedacht hatten. Die inländischen Medien brachten viele und erstaunlich viele positive Berichte. Maria Leiterer hatte großen Eindruck gemacht. Die Reaktion der ausländischen Medien war enttäuschend knapp. Auch in den nächsten Tagen blieb die Berichterstattung so, und in der Öffentlichkeit machte sich das Gefühl breit, es sei was faul im Staate Bundesrepublik. Das Tribunal war ein Erfolg. Zum Schluss sang Vlado mit mehreren hundert die Internationale.

Ein Jahr später war die Regelanfrage beim Verfassungsschutz in den sozialdemokratisch regierten Ländern abgeschafft. Die anderen brauchten etwas länger. Nicht mehr jeder wurde automatisch überprüft, der Verfassungsschutz nur noch eingeschaltet in einigen Sonderfällen. Das war praktisch das Ende der Berufsverbote.

Im Hintergrund der fünf Tage in Harheim hatte es gekracht. Immer wieder kamen radikalisierte Familienangehörige von Gefangenen der RAF – Mütter, Väter, Geschwister – und versuchten durchzusetzen, dass nicht Berufsverbote behandelt werden, sondern die Haftbedingungen und die Behinderungen der Verteidiger. »The family«, wie der New Yorker Anwalt Taikeff sie nicht ohne Sympathie nannte. Auch andere innerhalb der Jury waren beeindruckt und wollten nachgeben. Wir einigten uns auf einen Kompromiss. Jetzt die Berufsverbote hier in Harheim und Anfang nächsten Jahres eine zweite Sitzung der Jury zu dem anderen Thema. Die fand statt an sechs Tagen in Köln, blieb eher abstrakt, keine Maria Leiterer, war weniger eindrucksvoll und hatte kaum Erfolg.

Die neue Friedensbewegung

Die alte Friedensbewegung, das war die Bewegung »Ohne mich« und »Kampf gegen den Atomtod«. »Ohne mich«, Anfang der Fünfzigerjahre, richtete sich gegen den Aufbau der Bundeswehr, den Adenauer seit 1950 plante. Die Bewegung begann im August 1950 mit dem Rücktritt von Bundesinnenminister Gustav Heinemann. Ihr Wortführer war Martin Niemöller, Kirchenpräsident in Hessen. Sie bewegte sich im normalen Rahmen von Protesten, Veranstaltungen und Schriften, versuchte es auch mit Volksabstimmungen, die das Grundgesetz nicht zulässt, und endet 1953 mit einer neuen Bestimmung im Grundgesetz, die den Aufbau der Bundeswehr ermöglichte.

Der Kampf gegen den Atomtod war heftiger, von der Mitte der Fünfzigerjahre bis in die Sechziger, teilweise sogar erfolgreich. 1954 wurde bekannt, Atomwaffen der US-Streitkräfte seien in der Bundesrepublik gelagert – erstens –, und zweitens hatte Adenauer 1958 im Bundestag einen Beschluss über die atomare Aufrüstung der Bundeswehr durchgesetzt. Wieder protestieren Heinemann und Niemöller und andere große Namen, sehr viel mehr und größere Demonstrationen finden statt, und SPD und Gewerkschaften stehen geschlossen auf ihrer Seite, anders als bei »Ohne mich«. Umfragen ergeben einen erstaunlich starken Widerstand der Bevölkerung: 85 Prozent sind gegen die atomare Aufrüstung der Bundeswehr. Deshalb gibt Adenauer diesen Plan 1959 auf. Aber die amerikanischen Atomsprengköpfe bleiben auf deutschem Boden. 1961 entsteht dagegen die Ostermarschbewegung nach englischem Vorbild, wird immer größer, aber die Ostpolitik entschärft den Ost-West-Konflikt, und der Kampf schläft ein am Ende der Sechzigerjahre. Die APO ist jetzt dran, hat aber andere Themen: Vietnam, Notstandsgesetze und die Revolution im Allgemeinen. US-Atomwaffen auf deutschem Boden werden vergessen.

Zehn Jahre später entsteht die neue Friedensbewegung aus der APO. Die größte Massenbewegung in der Geschichte der Bundesrepublik. »Bürger lasst das Glotzen sein. Kommt herunter, reiht euch ein!« Dieser Ruf aus der Zeit der Vietnam-Demonstrationen wurde jetzt gehört. Es entsteht eine außerparlamentarische Opposition von Millionen Bürgern, die in ziemlich großer Zahl sogar die Mechanik der begrenzten Regelverletzung übernehmen nach dem Vorbild ökologischer Bürgerinitiativen und der Atomkraftgegner, nach dem Vorbild der Studentenrevolte. Die Friedensbewegung wurde eines der wichtigen Themen der allgemeinen Politik in der ersten Hälfte der Achtzigerjahre. Es ist die Zeit von Helmut Schmidt – bis 1982 – und Helmut Kohl. In Moskau regiert der Hardliner Leonid Breschnew und andere Gerontokraten, in Washington – seit 1981 – Ronald Reagan, auch eine harte Nuss. Der Einmarsch sowjetischer Truppen in Afghanistan, Bemerkungen Reagans über einen atomaren Erstschlag und sein »Star-Wars-Projekt« bringen den Ost-West-Konflikt wieder auf den Höhepunkt.

Die Friedensbewegung entsteht am 12. Dezember 1979 mit dem NATO-Doppelbeschluss, eine Idee Helmut Schmidts. Ein militärisches Sicherheitsrisiko – eine Lücke – hatte er entdeckt im Gleichgewicht des atomaren Schreckens zwischen Ost und West, nachdem Breschnew – völlig überflüssig – die auf Westeuropa gerichteten Atomraketen der Sowjetunion modernisiert hatte. Die neuen hießen SS 20, waren besser als die alten. Das wollte Helmut Schmidt nun auch. Die USA gingen auf den Vorschlag ein, hatten ebenfalls bessere Raketen entwickelt. Die hießen Pershing II und Cruisemissiles. Der Doppelbeschluss hieß Doppelbeschluss, weil er aus zwei Teilen bestand. Erstens: Wir verhandeln jetzt drei Jahre mit der Sowjetunion. Sie sollen ihre SS 20 abbauen und wieder die alten nehmen. Zweitens: Wenn das nicht gelingt, stationieren wir Pershing II und Cruisemissiles in der Bundesrepublik.

Die Bundeswehr hat 1979 sieben Divisionen Landtruppen. Jede

steht unter dem Befehl eines Generalmajors. Einer von ihnen ist Generalmajor Gert Bastian. Er wird zum Auslöser der Friedensbewegung, indem er wenige Tage nach dem Doppelbeschluss öffentlich erklärt, dieser Plan sei überflüssig und militärisch sinnlos, weil das atomare Vernichtungspotenzial auf beiden Seiten ohnehin weit überzogen sei, sodass seine Erhöhung auf der einen Seite für die andere nicht mehr zu einer größeren Bedrohung werden könnte. Einzige Folge der Stationierung neuer Raketen in der Bundesrepublik sei die Zunahme von Spannung und der Gefahr eines Atomkriegs. Gert Bastians Kompetenz als aktiver hoher Offizier war außerordentlich wichtig. Er brach das Informationsmonopol der Regierung und ihrer Militärexperten, ist dann auch ein Jahr später in den vorzeitigen Ruhestand gegangen, mehr oder weniger unter Druck.

Das Thema Atomwaffen war in der Bundesrepublik seit dem Kampf gegen den Atomtod vergessen. Obwohl hier etwa schon zur Zeit der Studentenrevolte 7000 amerikanische Atombomben lagerten. So genannte Sprengköpfe, wie sie beruhigend genannt wurden. Nun war es plötzlich wieder da, und es begann ein ganz anderer Widerstand als in den Fünfziger- und Sechzigerjahren, mit viel mehr Menschen, höherem persönlichem Einsatz und nicht wie damals mobilisiert von oben durch die SPD als Wahltaktik gegen die CDU, sondern entstanden von unten auf dem von Bürgerinitiativen bereiteten Boden. Ökologische und Anti-Atomkraft-Bürgerinitiativen gingen über in die Friedensbewegung mit großem Zustrom von außen. Dazu kamen zum Beispiel kirchliche Gruppen – die evangelische Aktion Sühnezeichen und die katholische Pax Christi –, viele kleine örtliche Initiativen und die GRÜNEN als Partei. Auch thematisch war diese Aktion für den Frieden als »Überlebensbewegung« die logische Fortsetzung dieser Bürgerinitiativen, die eine »Lebensbewegung« gewesen sind.

Nach dem NATO-Doppelbeschluss 1979 kommt 1980 der Krefelder Appell gegen die Nachrüstung, der von fast einer Million unterschrieben wird, von der Regierung Helmut Schmidts als kommunistisch beeinflusst bezeichnet, was nicht ganz falsch war, aber doch irreführend. Die Tagung in Krefeld war tatsächlich organisiert von einem Komitee für Frieden, Abrüstung und Zusammenarbeit (KOFAZ), das zur DKP gehörte und letztlich von der DDR finanziert wurde. Aber die Resonanz ging meilenweit hinaus über die DKP. Schon viele der Erstunterzeichner in Krefeld hatten überhaupt nichts mit ihr zu tun, wie Helmut Gollwitzer oder Martin Niemöller. Damit begann die Appellationsphase der Friedensbewegung, seit dem Hamburger evangelischen Kirchentag 1981 die Demonstrationsphase mit großen Kirchentagsdemonstrationen. Die zweite Phase hatte ihre Höhepunkte mit großen Kundgebungen in Bonn 1981 und 1982, an denen 300 000 und 400 000 teilnahmen. Dritte Phase, 1983, ist die Prominentenblockade in Mutlangen, die zum Symbol des aktiven Widerstands wird. Gert Bastian, Heinrich Böll, Helmut Gollwitzer, Walter Jens, Petra Kelly – Martin Niemöller war nun über 90 und zu alt – und viele andere setzten sich auf die Straße vor einem amerikanischen Raketendepot in der Nähe dieses kleinen Ortes bei Schwäbisch Gmünd und blockierten den Zugang für Militärfahrzeuge kurz vor dem Beschluss des Bundestages, dass die neuen Raketen aufgestellt werden dürfen. Die Genfer Verhandlung über Mittelstreckenraketen mit den Sowjets waren gescheitert. Die SS 20 blieben.

Nicht nur Sitzblockaden finden statt und nicht nur in Mutlangen. Menschenketten um Militäranlagen, Sternmärsche, Friedensgottesdienste vor Raketendepots und so genannte Die-ins, bei denen Demonstranten auf verkehrsreichen Straßen sich hinlegen und tot stellen, um zu zeigen, wie es nach der Explosion einer Atombombe aussieht. Sitzblockaden aber hatten die größte öffentliche Aufmerksamkeit und die heftigsten juristischen Reaktionen zur Folge. Ende 1983 waren die ersten neun Pershing II in Mutlangen gefechtsbereit aufgestellt. Es kamen noch 99 andere und 96 Cruisemissiles – Marschflugkörper – hier und an anderen Orten der Bundesrepublik. Eine halbe Million Menschen ist deshalb bei den Ostermärschen 1984 auf den Beinen gewesen. Die Sitzblockaden fanden bis 1987 statt. Dann kam das Ende der Friedensbewegung. Aber immerhin, Millionen hatten sich engagiert, Tausende, auch Ältere, hatten Verurteilungen in Kauf genommen.

Die Auseinandersetzungen gingen weiter in Strafprozessen wegen der Sitzblockaden. Seit einem Urteil des Bundesgerichtshofes von 1969 waren sie strafbar als Nötigung nach § 240 des Strafgesetzbuches:

> »Wer einen Menschen rechtswidrig mit Gewalt oder durch Drohung mit einem empfindlichen Übel zu einer Handlung, Duldung oder Unterlassung nötigt, wird mit Freiheitsstrafe bis zu drei Jahren oder mit Geldstrafe bestraft.
> Rechtswidrig ist die Tat, wenn die Anwendung der Gewalt oder die Androhung des Übels zu dem angestrebten Zweck als verwerflich anzusehen ist.«

Bis Anfang 1986 sind fast 10 000 Urteile und Strafbefehle ergangen nach dieser Vorschrift, etwa 800 allein beim Amtsgericht Schwäbisch Gmünd, das zuständig ist für den Tatort Mutlangen. Denn wer sich friedlich auf die Straße setzt und andere zum Anhalten zwingt, zum Beispiel Militärfahrzeuge, die zu ihren Raketen wollen, der handelt »mit Gewalt«, sagte der Bundesgerichtshof damals in dieser Entscheidung, die Laepple-Urteil genannt wird nach dem Hauptverantwortlichen der Studenten, die sich in Köln auf die Straßenbahnschienen gesetzt hatten und meinten, das sei friedlich gewesen und nicht Gewalt. Doch, sagte der Bundesgerichtshof:

> »Dieser Bewertung steht nicht entgegen, daß die Studenten die Straßenbahn nicht durch unmittelbaren Einsatz körperlicher Kräfte aufhielten, sondern nur mit geringem körperlichen Kraftaufwand, einen *psychisch* determinierten Prozeß in Lauf setzten. Entscheidend ist hierbei, welches *Gewicht* der von ihnen ausgeübten psychischen Einwirkung zukam. ... Stellt sich ein *Mensch* der Bahn auf den Schienen entgegen, so liegt darin die Ausübung eines Zwanges, der für den Fahrer sogar unwiderstehlich ist; denn er *muß* halten, weil er sonst einen Totschlag beginge. Durch den gleichzeitigen massierten Einsatz vieler Personen auf dem Gleiskörper wird die

> Zwangswirkung noch gesteigert. Es ist nicht einzusehen, daß die weitere Begehungsform des § 240 StGB, nämlich Nötigung durch Drohung mit einem empfindlichen Übel, dieser Betrachtung im Wege stünde, weil sie ausschließlich auf psychische Einwirkungen abstellt; das könnte höchstens dazu führen, das geschilderte Verhalten auch unter diesem rechtlichen Gesichtspunkt als strafbar zu beurteilen.«

Und verwerflich sei es auch. Denn wer gewalttätig ist, handelt verwerflich. Der juristische Kampf um die Sitzblockaden der Friedensbewegung dauerte noch lange. Einige Gerichte sprachen frei. Sitzblockaden gegen Atomraketen seien vielleicht Gewalt, aber nicht verwerflich. In der nächsten Instanz wurden diese Freisprüche meistens aufgehoben. Einige der Verurteilten gingen mit Verfassungsbeschwerden nach Karlsruhe, und das Bundesverfassungsgericht entschied 1986, sie seien zu Recht verurteilt worden. 1995 änderten die Richter ihre Meinung. Immer noch ging es um Sitzblockaden, diesmal 1983 vor einem Munitionslager mit Atomraketen in Münsingen zwischen Tübingen und Ulm. Jetzt sagte das Bundesverfassungsgericht endlich, es sei keine Gewalt, wenn man sich friedlich auf die Straße setzt. Allenfalls ein Verstoß gegen die Straßenverkehrsordnung. Und so hatte die Friedensbewegung am Ende doch noch einen Erfolg, zwar nicht gegen Atomraketen, aber gegen Juristen, die sich über diese Entscheidung zu Tode ärgerten, zum Beispiel jener Richter am Amtsgericht Schwäbisch Gmünd, der besonders eifrig im Verurteilen von Demonstranten gewesen ist.

Hausbesetzer in Berlin

Am Freitag, dem 12. Dezember 1980, warnten die Außenminister der NATO auf ihrer Herbsttagung in Brüssel die Sowjetunion vor einer Intervention in Polen. Dort wurde nämlich die Solidarność immer stärker und gefährlicher. Die DDR drohte für den Fall von Sanktionen durch die NATO mit Folgen für den Grundlagenvertrag und das Transitabkommen. In Bonn wählte der SPD-Vorstand Peter Glotz zum neuen Geschäftsführer, und im Berliner Abgeordnetenhaus wurde für das nächste Haushaltsjahr ein 18-Milliarden-Etat verabschiedet, gegen die Stimmen der CDU, die unter anderem besonders Bausenator Ristock ein Scheitern seiner Politik vorwarf. Die Büroräume und die Wohnung des Architekten Garski wurden durchsucht, von sechs Staatsanwälten, sechs Wirtschaftsreferenten und 17 Kriminalbeamten. Man beschlagnahmte 100 Aktenordner. Für die Staatsanwaltschaft ergab sich aus ihnen kein ausreichender Tatverdacht wegen Korruption, der eine Anklage oder Verhaftung rechtfertigte. Stattdessen wurden am Abend und in der folgenden Nacht in West-Berlin andere Personen festgenommen, mehr als bei Garski sichergestellte Aktenordner, nämlich 109, ebenfalls im Zusammenhang mit architektonischen Problemen, und zwar in Kreuzberg.

Seit über einem Jahr wurden dort leer stehende Häuser besetzt. Im Dezember waren es etwa 20. Obwohl in Berlin viele tausend Menschen eine Wohnung suchen und nicht finden, gibt es dort min destens 800 Häuser mit über 10 000 leer stehenden Wohnungen. Sie liegen hauptsächlich in den Bezirken Kreuzberg, Neukölln und Schöneberg. Dass dies ein politischer Skandal ist, der den vom Architekten Garski verursachten noch weit übertrifft, weiß man seit dem Freitag, an dem die Polizei nachmittags um 17 Uhr ein besetztes Haus in der Admiralstraße räumte und die Besetzung eines anderen – Fraenkelufer 48 – verhinderte.

Danach kam es zu einer Straßenschlacht. Es kämpften auf der einen Seite 400 Personen aus der Hausbesetzerszene, die die Polizeiaktion als Verstoß gegen die soziale Gerechtigkeit empfanden, was sie ja auch war, und auf der anderen 300 Polizisten, die die Aktionen der Hausbesetzer als rechtswidrig ansahen. Womit sie auch wieder Recht hatten. Denn es wurden nicht nur viele Pflastersteine gegen die Polizei geworfen, sondern auch Barrikaden aus Sperrmüll und umgeworfenen Bauwagen errichtet, Schaufensterscheiben eingeworfen und die Läden dann – meistens von anderen – geplündert. Sogar ein Funkwagen der Polizei wurde umgeschmissen und ein Beamter, der drinsaß, verletzt.

Die Schlacht fand im Gebiet um das Cottbusser Tor und den Oranienplatz statt. Sie dauerte bis Sonnabendmorgen um halb fünf. Dann waren etwa 270 Personen verletzt, nämlich etwa 70 Polizisten und 200 ihrer Gegner. Außerdem waren jene 109 Personen festgenommen worden, unter ihnen allerdings keine Polizisten, obwohl auch sie in großer Zahl rechtswidrige Handlungen begangen hatten, in erster Linie vorsätzliche Körperverletzung, zum Teil sogar schwere, indem sie auf ihre Gegner einschlugen, die sich gar nicht wehrten. Der Polizeipräsident sprach von einem »Riesenchaos«. Der Berliner *Tagesspiegel* verglich das Ganze mit der Schlacht am Tegeler Weg im November 1968.

Von den 109 Festgenommenen wurden die meisten am nächsten Tag wieder freigelassen. Aber immerhin ergingen 28 Haftbefehle. 18 Personen blieben in Haft, zehn erhielten Haftverschonung. Am Sonntagabend gab es aus Protest gegen die Inhaftierung der 18 Krawalle am Kurfürstendamm. Die Demonstranten zählten im Chor bis drei und riefen dann gemeinsam: »Lasst die Leute frei!« Das blieb lange ihr beliebtester Schlachtruf. Sie verteilten Flugblätter mit der Forderung nach Freilassung. Wenn sie nicht erfolgen sollte, hieß es, »tragen Innensenator Ulrich und Polizeipräsident Hübner dafür die Verantwortung, dass in Berlin Weihnachten nicht nur die Weihnachtsbäume brennen«. Am Montagabend gab es die dritte große Straßenschlacht. Über Weihnachten blieben noch fünf in Haft, und tatsächlich, am zweiten Weihnachtsfeiertag brannte abends in Dahlem das schöne, im ländlichen Stil gehaltene und mit Stroh gedeckte Eingangsgebäude zu einem U-Bahnhof.

Mitte Januar trat wegen des Garski-Skandals der Berliner Senat unter Dietrich Stobbe (SPD) zurück, und am 23. Januar 1981 wurde ein neuer gewählt, mit Hans-Jochen Vogel (SPD) als Regierendem Bürgermeister. Am selben Tag, es war übrigens wieder ein Freitag, begann im Amtsgericht Moabit der erste Prozess gegen einen derjenigen, die in der Nacht vom 12. zum 13. Dezember festgenommen worden waren. Damit war am ersten Tag des Amtsbeginns das wichtigste Thema der nächsten Monate im Duett von Senat und Justiz angestimmt. Der Senat nannte es die »Berliner Linie«.

Seit der Straßenschlacht im Dezember wusste man plötzlich von einer bisher weitgehend unbemerkten sozialen Ungerechtigkeit. Man wusste wieder von Wohnungsnot, wie viele Menschen Wohnungen suchen, wie viele ihre »entmieteten« Wohnungen verlassen mussten, wie viele Wohnungen leer standen und aus welchen Gründen, dass nämlich meistens nicht sinnvolle Renovierungen vorgenommen werden sollten, sondern häufig nur Geldspekulanten auf Kosten von vielen tausend sozial Schwachen ihre Geschäfte machen wollten. Seitdem wird dieser soziale Missstand nicht nur in Berlin diskutiert. Das war das Verdienst der 400 Gegner der Polizei in dieser Nacht. Hunderttausende von ehrbaren Berliner Bürgern, die sich über die Gewalttaten aufregten, haben davon profitiert, als die Parteien das wahr machten, was sie im folgenden Wahlkampf versprochen hatten. Wegen der nun erkannten Wohnungsnot wurde nämlich angekündigt, die Mietpreisbindung für Altbauten, die in Berlin 1983 aufgehoben werden sollte, werde auch darüber hinaus weiterhin bestehen bleiben. Und auch über das Leerstehen von Häusern dachte man seitdem nach.

Der neue Senat erklärte, er habe Verständnis für den moralischen Protest der Hausbesetzer. In der Vergangenheit seien in der Wohnungspolitik tatsächlich Fehler gemacht worden, nicht nur durch Spekulation, sondern durch eine insgesamt falsche Wohnungsbaupolitik mit Abriss und Neubau. Man wollte mit den Hausbesetzern ins Gespräch kommen. Mindestens ein Viertel der leer stehenden Häuser befinde sich nämlich im öffentlichen Eigentum. Deshalb strebe man eine vertragliche Regelung an. Friedliche Hausbesetzer wollte man nicht kriminalisieren. Mit anderen Worten: Der bloße Hausfriedensbruch soll nicht verfolgt werden. Allerdings wollte man neue Hausbesetzungen »nach Möglichkeit« vermeiden. Räumungen sollten nur dann vorgenommen werden, wenn der Eigentümer einen Strafantrag stelle und gewährleistet sei, dass das Haus sofort einem neuen Verwendungszweck – Renovierung oder Neubau – zugeführt werde. Alle anderen Straftaten, außer dem Hausfriedensbruch, die in den Häusern, aus den Häusern heraus oder bei Demonstrationen begangen werden, würden mit Entschiedenheit verfolgt. Diese Berliner Linie sei die des Augenmaßes, der Vernunft und der Gesprächsbereitschaft.

Das Problem war in der Folgezeit nur, dass die Hausbesetzer nicht gesprächsbereit waren. Sie wollten nämlich so lange nicht verhandeln, wie noch einige von ihnen im Gefängnis saßen. Es kam ein zweites Problem hinzu. Das waren die ersten Verurteilungen. Schon am Wochenende nach der Straßenschlacht vom 12. Dezember hatten sie auf ihren Demonstrationen erklärt, man müsse befürchten, dass die Verhafteten eine »Abschreckungsstrafe« erhielten. Nicht nur im Hinblick auf soziale Missstände in der Wohnungspolitik, sondern auch in dieser Hinsicht erwiesen sie sich als weitblickend.

Eine Woche nach der Wahl des neuen Senats erging das Urteil in dem ersten Prozess, der am Tage der Wahl begonnen hatte. Ein 24-jähriger Student, der nicht vorbestraft war, wurde zu 14 Monaten Freiheitsstrafe ohne Bewährung verurteilt. Ein empörend hartes Urteil. Schon am Abend und am nächsten Wochenende gab es wieder schwere Ausschreitungen im ganzen West-Berlin. Die Polizei wurde mit einer neuen Taktik überrascht. Diesmal ging man in kleinen Gruppen vor und zerschmiss die Fensterscheiben von Geschäften und Banken. Es wurde wieder geplündert. Bauwagen wurden umgestürzt. 130 Fensterscheiben gingen allein am ersten Abend zu Bruch. Die Berliner Linie des Augenmaßes, der Vernunft und der Gesprächsbereitschaft war in Gefahr, die Empörung in der Öffentlichkeit groß. Eine Woche später erging das nächste Urteil. Es fiel noch schlimmer aus. 18 Monate Freiheitsstrafe für einen 22-jährigen, der ebenfalls nicht vorbestraft war. Und auch sie wurde nicht zur Bewährung ausgesetzt. Eine große Demonstration folgte, sogar ein Protest von Richtern und Staatsanwälten, die in der ÖTV organisiert sind.

Inzwischen wurden immer mehr Häuser besetzt. Im Dezember waren es 20, Anfang Februar schon 50, am Ende des Monats 100, Ende April etwa 160. Im März wurden zum ersten Mal wieder Häuser geräumt, auf der Berliner Linie. Drei Häuser am Fraenkelufer, darunter die Nr. 48, deren Besetzung am 12. Dezember noch verhindert worden, am nächsten Tag aber doch geglückt war. Straßennamen mit Hausnummern in Kreuzberg wurden inzwischen in Berlin wie Weinmarken mit Jahrgang gehandelt. Fraenkelufer 48 war eine bekannte Marke. Dort lokalisierte man einen harten Kern des militanten Teils der Hausbesetzer. Dort sollten Straftaten begangen worden sein, die über den Hausfriedensbruch hinausgingen. Bei der Durchsuchung und Räumung waren 800 Polizisten im Einsatz, Dienstag früh, 24. März. 26 Personen wurden festgenommen. Haftbefehle ergingen.

Zwei Tage lang gab es wieder Krawalle in Kreuzberg. So ging es im April und Mai weiter. Teile der Hausbesetzer wurden weich. Es kam zu Verhandlungen mit dem Senat, denn im Juni nahten Neuwahlen. Auch die Justiz reagierte nicht mehr ganz so hart. Es ergingen Urteile, in denen die Strafen zur Bewährung ausgesetzt wurden, und Freisprüche, wegen Unglaubwürdigkeit der Aussagen von Polizisten. Es gab allerdings auch wieder Durchsuchungen von Häusern. Der Senat versuchte des Öfteren, sie zu verhindern, weil er wusste, dass sich danach das Verhandlungsklima wieder verschlechterte.

Aber die Staatsanwaltschaft setzte sich durch. Anschließend gab es jeweils Krawalle, die schlimmsten nach der Durchsuchung zweier Häuser in Schöneberg, Dienstag, 27. Mai. In der Nacht zum Mittwoch herrschten in Schöneberg Zustände, die vom *Tagesspiegel* als bürgerkriegsähnlich bezeichnet wurden, mit brennenden Barrikaden, gepanzerten Wasserwerfern, Steine werfenden Demonstranten, Tränengas. Zentrum der Straßenschlacht war der Winterfeldtplatz. Sie war größer und härter als die Kreuzberger im Dezember. Mindestens doppelt so viele Demonstranten waren beteiligt. Zwei Wochen später waren Wahlen, die die CDU an die Macht brachten. Zu einer Einigung mit dem alten Senat ist es nicht mehr gekommen.

Die Probleme, mit denen Hans-Jochen Vogel sich herumschlagen musste, waren zu groß, die Zeit zu kurz. Das schwierigste Problem war die Justiz. Sie goss ständig Öl ins Feuer, mit Haftbeschlüssen, Abschreckungsurteilen und Durchsuchungsbefehlen, und machte die Einhaltung der Berliner Linie immer schwieriger. Der Senat wollte mit den Hausbesetzern ins Gespräch kommen. Er hatte seine Linie entwickelt und versuchte, bis zu den Wahlen zu retten, was zu retten war. Die ersten harten Urteile in Moabit haben die ohnehin bestehenden Schwierigkeiten außerordentlich verschärft. Der Senat hat sich dazu direkt nie geäußert. Das wäre wohl als Verletzung des Prinzips der Gewaltenteilung angesehen worden. Erst Anfang Mai hat der Justizsenator bei der Eröffnung einer Juristentagung sich dafür eingesetzt, dass man die Bewährungsmöglichkeiten im Zusammenhang mit der Strafverfolgung von gewalttätigen Demonstranten ausweiten, ihnen die Chance zur Umkehr lassen und nicht durch den Vollzug von Freiheitsstrafen bei Ersttätern ihre Haltung verhärten sollte. Das war indirekt eine Kritik an den skandalösen Urteilen in Moabit.

Eine besondere Rolle spielte in diesem Zusammenhang die Staatsanwaltschaft. Es war die große Stunde der Abteilung P, die die politischen Straftaten verfolgte. In ihr führte ein Staatsanwalt das Wort, der mit unbarmherziger Härte gegen die Hausbesetzer vorging. Jung, dynamisch, progressiv. Man tut ihm wohl nicht Unrecht, wenn man annimmt, dass ihm die Politik der CDU sehr viel näher lag als die der SPD, eine Stimmung, die in der Abteilung insgesamt vorzuherrschen schien. Auch so kann man Politik machen und Wahlen beeinflussen.

Wer waren nun diese Hausbesetzer, die gemeinsam mit der Berliner Justiz die Wahlen zu Gunsten der CDU mitentschieden haben?

> »Die vielleicht 3000 Hausbesetzer in Berlin haben sich nicht selbst zur Bewegung erklärt und schon gar nicht zu einer Jugendbewegung. Und jeder Versuch, sie und ihr so genanntes Umfeld auf einen sozialen, politischen oder kulturellen Nenner zu bringen, wird sich genauso verrennen, wie die mittlerweile eingestellten Versuche, ihre Köpfe, Drahtzieher, Rädelsführer und ›wahren Ziele‹ zu entlarven. In den 160 besetzten Häusern in dieser Stadt sitzen zweifellos durchweg Hausbesetzer, aber alles andere als eine einheitliche Bewegung«,

schreibt Benny Härlin 1981 im *Kursbuch*. Die Kreuzberger Szene war vielfältig, entstanden in den Siebzigerjahren aus antiautoritären Resten der APO. Kunzelmann trieb sich hier rum und die umherschweifenden Haschrebellen, alle in feindlicher Abgrenzung gegenüber K-Gruppen und DDR-Kommunisten, die sich in Berlin SEW nannten. Zum Beispiel ein Hausbesetzer zur SEW und ihrer Zeitung *Die Wahrheit*:

> »Da kommen doch eben die Typen von der ›Wahrheit‹, SEW und so mit'm Plakat – und dit sind nu unsere Jenossen, mit sowat jeh ick uff de Straße!«

Oder ein Toilettenspruch in der Freien Universität, einer von vielen, mit denen sich die Spontis von den dogmatischen Parolen der K-Gruppen absetzten:

> »Befreit Grönland vom Packeis! Weg mit den Alpen. Wir fordern freie Sicht auf Italien!«

Die Szene bestand nun nicht mehr nur aus linken Studenten. Auch die Unterschicht kam dazu, Hauptschüler ohne Berufsperspektive, Heimzöglinge und Lehrlinge, die ihre Ausbildung aufgegeben hatten. Sie führten ein Schattendasein in Kreuzberg, versuchten sich in allerlei alternativen Projekten, und teilweise gab es Verbindungen zur Stadtguerilla, besonders zur Bewegung 2. Juni. Spontis und – militante – Autonome. Die Beschreibung eines Zeitzeugen aus dem Jahr 1977:

> »Sie ziehen zu Tausenden hinter einem einzigen Plakat durch die Straßen, auf dem als Ausdruck für diese Wirklichkeit nur noch ›Pfui Deibel‹ steht – doch ihre Verzweiflung wird den Beobachtern am Straßenrand nicht verständlich. Passanten sehen fassungslos, wie sich Tausende mit rot und weiß bemalten Gesichtern in Phantasiekostümen zu den Klängen von Musikbands wild tanzend durch die Straßen bewegen, plötzlich vor einer Kette von Polizisten reihenweise zu Boden fallen, nach dem Todesschuß rufen, aufspringen, durch die Straßen jagen, Telefonbücher zu Konfettischnipseln zerreißen, in die Luft werfen und wieder mit dem Schrei nach dem Todesschuß umsinken – so geschehen 1977 bei der zehnjährigen Wiederkehr des 2. Juni 1967, des Todestages Benno Ohnesorgs.«

Dann kommt TUNIX im Januar 1978, ein Kongress in den Räumen der Technischen Universität Berlin, ein Höhepunkt der Spontibewegung, mit 6000 Teilnehmern aus der ganzen Bundesrepublik, auf dem sie sich gegenseitig Mut machen und triumphieren können über den Niedergang der K-Gruppen. Ein Schritt vorwärts, und es schlägt ihre große Stunde in Kreuzberg mit den Hausbesetzungen. Die beginnen 1979. Den Anfang macht eine Bürgerinitiative, die sich SO 36 nennt nach der alten Bezirksbezeichnung für denjenigen Teil Kreuzbergs, der besonders heruntergekommen ist.

Die Bürgerinitiative SO 36 stammt aus einer Arbeitsgruppe der

Kritischen Universität von 1967/68 und wird 1977 mit dem Ziel gegründet, Einfluss auf Behörden und Wohnungsbaugesellschaften im Sinne einer Neuorientierung der Sanierungspolitik zu nehmen. Nicht mehr aufwändige Renovierungen mit Abriss der Rückgebäude in den Hinterhöfen und Verdrängung von Mietern, die hinten vertrieben werden oder vorn die neuen Wohnungen nicht mehr zahlen können. Stattdessen Erhaltung der Rückgebäude, vorsichtige Renovierung vorn und hinten, Erhaltung der in Jahrzehnten gewachsenen Bevölkerungsstruktur im Kiez, einschließlich der vielen Ausländer, meist Türken, Studenten und der alternativen Szene.

Als die größte – städtische – Wohnungsbaugesellschaft nicht einlenkt, besetzt 1979 die Bürgerinitiative zuerst einzelne leer stehende Wohnungen, dann auch ganze Häuser, die schon »entmietet« sind. Die Bürgerinitiative besteht aus jüngeren Intellektuellen, Architekten, Städteplanern, Pfarrern, ambitionierten Lokalpolitikern und normalen Gewerbetreibenden, unter ihnen der dann bald stadtbekannte Drogist Werner Orlowski. Auch alternative Gruppen der Kreuzberger Szene gehören dazu. Und die Szene hat nun für die nächsten Jahre ihr Thema gefunden. Action gibt satisfaction.

Die Pilgerströme von Straßenkämpfern aus der ganzen Bundesrepublik werden immer größer, nachdem sich rumgesprochen hatte, dass hier was los ist. Aber auch der eher friedliche Teil der Hausbesetzer bleibt erhalten. Dazu kommen die von ihnen APO-Opas genannten Älteren als Unterstützer. Ende Juli 1981 sind 43 Professoren, Journalisten, Pfarrer und Schriftsteller als Paten in zehn besetzte Häuser eingezogen, um Räumungen zu vermeiden, die der neue CDU-Senat plante. Unter ihnen Helmut Gollwitzer, inzwischen 72 Jahre alt, der vorfährt mit einer Matratze, die er eindrucksvoll auf dem Rücken in ein besetztes Haus trägt. Am nächsten Tag ist das Bild in den Berliner Zeitungen, die Gott sei Dank nicht wissen, dass er abends zurückgegangen ist in sein ruhiges Dahlemer Schlafzimmer. Sogar ein 25-jähriger Polizeiobermeister übernimmt die Patenschaft eines Hauses:

»Ich habe Schwierigkeiten einzusehen, warum so viele Häuser leerstehen müssen, warum Luxusmodernisierungen von den kleinen Leuten mit ihren Steuern finanziert werden sollen, die sich dann die Wohnungen oft kaum leisten können. Ich halte diese Politik für falsch. Außerdem haben die jungen Leute, die anders leben wollen, denen wir mit unseren, sagen wir mal bürgerlichen Lebensformen nicht viel entgegenzusetzen haben, auch ein Recht auf einen Raum, wo sie das machen können… Ich bin ja auch als Polizist nicht völlig unpolitisch… Wir müssen über die Häuser reden, und da halte ich polizeiliche Aktionen für falsch.«

Er wird vom Dienst suspendiert und bald entlassen. Ähnliche Erklärungen werden abgegeben in Form von Anzeigen in Zeitungen von Selbstständigen und Unternehmern, die nicht entlassen werden können. Militante Autonome sehen das gar nicht gern. Sie sind dem Frankfurter Revolutionären Kampf nicht unähnlich und fürchten, besonders die Paten könnten als Vermittler auftreten für Verhandlungen mit dem Senat über Verträge nach der »Berliner Linie«, die Richard von Weizsäcker fortsetzen will. Allerdings macht er gleichzeitig Heinrich Lummer zum Innensenator, der seine Polizei im September 1981 einige Häuser räumen lässt, gegen diese Linie des Augenmaßes, der Vernunft und der Gesprächsbereitschaft. Wobei dann noch das Unglück passiert, dass einer der Autonomen – Klaus-Jürgen Rattay – beim Protest dagegen mit vielen anderen von der Polizei gejagt wird. Er gerät unter einen Omnibus und wird getötet. Trotzdem nehmen verhandlungsbereite Besetzer allmählich Verhandlungen auf gegen den Widerstand der Autonomen, die nur verhandeln wollen über die Freilassung von verurteilten Demonstranten, »Eins, zwei, drei, lasst die Leute frei!«

So geht es drei Jahre hin und her. Hier mal ein Vertrag, dort mal eine Räumung, und dann wieder Bürgerkrieg in Kreuzberg oder am Kurfürstendamm. Schließlich steuert die große Berliner Hausbesetzerbewegung allmählich auf ihr Ende zu. Nach fünf Jahren, im November 1984, wird das letzte besetzte Haus mit einem Vertrag legalisiert. Die Besetzer erbringen eigene Leistungen bei der Instandsetzung, erhalten dafür staatliche Zuschüsse und das Haus, wie es die von Hans-Jochen Vogel verkündete Berliner Linie vorgesehen hat. Richard von Weizsäcker ist jetzt schon ein halbes Jahr Bundespräsident, etwa 65 Häuser sind polizeilich geräumt, 25 freiwillig aufgegeben und 78 Häuser nicht nur auf diese vertragliche Weise gerettet, sondern die Sanierungspolitik ist ganz allgemein verändert worden im gemeinsamen Kampf von Autonomen und verhandlungsbereiten Hausbesetzern, die sich selbst Instandbesetzer nannten. Die einen und die anderen. Ohne die einen hätten sie es nicht geschafft, und ohne die anderen auch nicht. Ähnlich im Berliner Senat. Auf der einen Seite Richard von Weizsäcker, der überzeugend eine seriöse Liberalität verkörperte, sich aber gleichzeitig einen Innensenator leistete, der auf dieser Seite eher das gewesen ist, was bei den Hausbesetzern die Autonomen gewesen sind. Ob ein Minus oder Plus uns verbleibt, zeigt der Schluss. Der war gar nicht so schlecht. Wie in Frankfurt zehn Jahre zuvor. Oder in Hamburg die Hafenstraße, 1987 der Pachtvertrag über die Häuser und 1995 der Verkauf an die dazugehörige Genossenschaft. Ähnlich an vielen anderen Orten, wo es nicht so spektakulär zuging.

Grün und Rotgrün

Die Grünen sind das deutlichste Ergebnis der Studentenrevolte, nicht nur in der Bundesrepublik. Nachdem sie hier am 12. Januar 1981 als Bundespartei gegründet waren, breitete sich die grüne Welle in Westeuropa schnell aus, mit Parteien in fast allen Ländern. Ein deutsches Exportprodukt.

Es beginnt Ende der Siebzigerjahre. Am Anfang des bedrückenden Jahres 1977 waren einige grüne Wählergemeinschaften in Gemeinderäte oder Kreistage gewählt worden. Aber diejenigen, die bald eine Parteigründung diskutieren würden, interessierten sich noch nicht für Wahlen. Erst am Ende dieses Jahres und am Anfang des nächsten geht es los. Dann kommen sie, aktive Linke aus Bürgerinitiativen der Antiatomkraftbewegung und aus den K-Gruppen. Aus zwei Gründen.

Erstens wurde der staatliche Druck – auch der polizeiliche – auf linke Aktionen im deutschen Herbst 1977 während der Entführung Hanns-Martin Schleyers durch die Rote Armee Fraktion immer stärker und richtete sich auch gegen Demonstrationen von Atomkraftgegnern, am schlimmsten in Kalkar am 24. September. Schleyer war seit fast drei Wochen entführt. Jutta Ditfurth, eine derjenigen, die im Januar 1980 die Grünen gegründet haben, beschreibt das Vorgehen der Polizei, vielleicht ein wenig übertrieben, aber eindrucksvoll:

> »Zwischen 80 000 und 100 000 Menschen wollten am 24. September 1977 am Niederrhein gegen den im Bau befindlichen schnellen Brüter (heute ein Freizeitpark) demonstrieren. Nur 60 000 Menschen erreichten Kalkar. Überall in der Bundesre-

publik wurden AKW-GegnerInnen stundenlang aufgehalten. Die Bürgerrechte wurden von der SPD/FDP-Bundesregierung und von der nordrheinwestfälischen SPD-Landesregierung in einem Maße außer Kraft gesetzt wie selten zuvor. Der Staat nutzte das Ereignis für eine bundesweite Bürgerkriegsübung und organisierte das größte Polizeiaufgebot der Nachkriegszeit. Er probte die Notstandsgesetze, gegen die sich einmal die APO gebildet hatte.

Ein Nahverkehrszug von Duisburg nach Kleve wurde von BGS-Hubschraubern auf freiem Feld gestoppt. Bundesgrenzschützer und Polizisten mit Schlagstöcken, Gasmasken, Tränengasabschußgeräten und Maschinenpistolen umstellten den Zug und schikanierten die Fahrgäste. Wer so aussah, wie Polizisten sich DemonstrantInnen und Linke vorstellten, wurde genötigt, auf freiem Feld den Zug zu verlassen.

Sie stoppten im ganzen Land unsere Busse, sperrten Autobahnen. Sie flogen mit großen BGS-Hubschraubern im Tiefflug über DemonstrantInnen, landeten, prügelten und flogen davon. Sie beschlagnahmten Freßpakete und Tampons und zählten ähnlich gefährliches Zeug auf ihrer Triumphpressekonferenz zu den gefundenen ›Waffen‹, die ihren Einsatz rechtfertigen sollten.

Einige zehntausend DemonstrantInnen erreichten an diesem Tag nicht einmal die Region um Kalkar. Trotz allem: Es wurde unsere bis dahin größte Demonstration gegen Atomanlagen. Aber es war auch der größte und enthemmteste Polizeieinsatz, den die meisten von uns je erlebt hatten.«

Im Krisenstab in Bonn dachte man nach über standrechtliche Erschießungen der Stammheimer Gefangenen, die allgemeine Nervosität nahm zu, und die Antiatomkraftaktivisten wollten nicht mehr »in die Gewaltfalle des Staates tappen«, wie Jutta Ditfurth es formuliert. Also diskutierte man über andere Wege. Einer war der über Parlamente in Gemeinden, Kreisen, Ländern und im Bund. Die K-Gruppen waren mit ihren eigenen Parteien ohnehin am

Ende, sahen, eine andere Partei würde Erfolg haben, und waren auch jetzt dabei.

Zur selben Zeit wurden in konservativen und sogar in rechtsextremen Kreisen der NPD ökologische Parteien geplant. Umweltschutz war keine linke Erfindung. Im Gegenteil. Die APO hatte sich dafür überhaupt nicht interessiert. Willy Brandt ist es gewesen, der im Wahlkampf 1961 den blauen Himmel über der Ruhr versprochen hatte und seit 1969 mit der sozialliberalen Koalition zum ersten Mal eine Gesetzgebung einleitete, die der Beginn von Umweltrecht war, dazu das Bundesumweltamt in Berlin und der Rat von Sachverständigen für Umweltfragen. Ähnlich die Konservativen, Ernst Forsthoff zum Beispiel, Professor in Heidelberg, 1970 mit einer Schrift *Der Staat der Industriegesellschaft* oder Herbert Gruhl, Mitglied der CDU, 1975 mit dem Bestseller *Ein Planet wird geplündert.* Gruhl verließ die CDU, die nicht genug Einsatz zeigte für die Umwelt und gründete 1978 seine Grüne Aktion Zukunft – GAZ – als bürgerliche Partei. Ähnlich August Haußleiter mit seiner Aktion Unabhängiger Deutscher – AUD –, und in Hamburg und Niedersachsen trat eine bürgerliche Partei bei Landtagswahlen auf, die Grüne Liste Umweltschutz – GLU – hieß.

Inzwischen waren die Linken seit Wyhl ebenfalls bei der Ökologie und dem Problem von Atomstrom angekommen. Dieses Thema wollten sie den Bürgerlichen nicht überlassen, nachdem es sich als populär und als Hebel gegen liberale kapitalistische Wirtschaftspolitik erwiesen hatte. Außerdem hatten Atomkraftgegner erstaunliche Erfolge gehabt bei Kommunalwahlen in der Nähe der Atomkraftwerke Grohnde und Brokdorf Ende 1977, Anfang 1978. Noch einmal Jutta Ditfurth:

> »Von Flensburg bis Starnberg stritten Anti-AKW-Initiativen und FeministInnen, AntimilitaristInnen, HausbesetzerInnen und InternationalistInnen darüber, ob eine bundesweite Partei eine beschissene Idee sei, eine Art Unterwerfung oder gar eine neue politische Waffe, um die bundesdeutsche Gesellschaft radikal zu verändern. Linke AktivistInnen aus der Um-

welt- und der Anti-AKW-Bewegung gründeten bunte, alternative und manchmal auch grüne Listen.«

Eine beschissene Idee? Warum? Ganz einfach. Weil mit der Gründung einer Partei die Gefahr verbunden war, dass grüne Politik nur noch in Parlamenten stattfindet, dass damit die außerparlamentarische Opposition von Bürgerinitiativen überflüssig und erdrückt wird, die Partei sich anpasst an den oben üblichen Machtpoker, es schließlich nur noch um Posten von Machteliten geht und nicht mehr um Durchsetzung ökologischer Politik. Die Umweltpolitik bleibt auf der Strecke, weil sie von unten nicht mehr vorangetrieben werden kann und von oben blockiert wird durch das, was man Realpolitik nennt.

Oder eine neue politische Waffe, um die bundesdeutsche Gesellschaft radikal zu verändern? Damit war gemeint, dass sie nicht eine der üblichen Parteien gründen wollten, sondern eine Antiparteienpartei, die den Machtpoker der etablierten nicht mitmacht und den Parlamentarismus verändert durch Basisdemokratie, Rotationsprinzip und Trennung von Amt und Mandat. Basisdemokratie, das heißt, dass die da oben im Parlament machen müssen, was die da unten in der Partei beschließen, in starken Kreis- und Landesverbänden und auf Parteitagen. Das Rotationsprinzip soll die Bildung von Machteliten verhindern, indem Abgeordnete in Parlamenten und Minister in Regierungen nur für eine Wahlperiode bleiben dürfen und dann den Platz freimachen müssen für andere, die ebenfalls wieder gehen sollen, wenn die nächsten vier Jahre vorüber sind.

Und die Trennung von Amt und Mandat ist eine zusätzliche Machtbeschränkung innerhalb der Partei und ebenfalls gerichtet gegen die Entstehung von Machteliten. Sie bedeutet zweierlei. Erstens darf niemand gleichzeitig ein Amt haben in den Gremien der Partei und ein Mandat im Parlament. Zum Beispiel: Mitgliedschaft im Parteirat und im Bundestag schließen einander aus. Und das setzt sich – zweitens – nach oben fort. Niemand darf Mitglied im Parlament sein und gleichzeitig Minister. Abschreckendes Beispiel damals war Helmut Kohl. Der war Parteivorsitzender der CDU, Mitglied des Bundestages und Kanzler. Was nicht förderlich war für die Demokratie. Die Idee einer Antiparteienpartei ist nicht schlecht gewesen, nur bestand die Gefahr, dass nicht diese Partei den Parlamentarismus verändern würde, sondern umgekehrt der Parlamentarismus diese Partei. Eine Entwicklung, die zum großen Teil stattgefunden hat.

Es blieb aber das andere Dilemma. Es blieb die Gefahr der Gründung bürgerlicher ökologischer Parteien, die den Linken das Thema von oben wegnehmen könnten. Und es blieb der immer stärker werdende staatliche und polizeiliche Druck auf Aktionen von Bürgerinitiativen. Deshalb entschloss sich eine große Gruppe von Linken zur Gründung einer Partei, und zwar gemeinsam mit den Bürgerlichen um Gruhl und Haußleiter, weil sich in Hessen gezeigt hatte, dass keiner von ihnen bei Wahlen eine Chance hat, wenn sie gegeneinander auftreten, weil die Stimmen für die Ökologie sich zersplittern und jeder an der Fünfprozenthürde scheitert. Jutta Ditfurth:

> »Das Ergebnis der Diskussionen in linken und alternativen Kreisen war die Erkenntnis: Eine grüne Partei würde nur eine Chance haben, wenn sich – einmalig in der Bundesrepublik Deutschland – Bürgerliche und Linke einigten. Gewiss nicht irgendwelche Bürgerlichen und nicht alle Linken. Ein solcher Gedanke konnte nur aufkommen – und ist in die heutige Zeit nicht übertragbar –, weil wir in harten gesellschaftlichen Konflikten wie dem Deutschen Herbst oder der Anti-AKW-Bewegung bestimmte Erfahrungen gemacht haben: Es gab ganz normale Bürgerliche, die aus Protest gegen Atomkraftwerke Strommasten umsägten und so mit einem Teil ihrer Identität in Widerspruch zum bürgerlichen Staat gerieten. Es gab christliche Pazifisten, die hier oder da Sabotage an der Militärmaschinerie betrieben und keineswegs an Gewissensbissen hinsichtlich dieser Form der Militanz litten. Die Älteren unter uns hatten in der alten Friedensbewegung, wir Jüngeren in der

APO und gemeinsam hatten wir in der Anti-AKW- und in der neuen Friedensbewegung gelernt, daß solche Bündnisse einiges aushalten konnten. Im Deutschen Herbst hatten sich manche Fronten noch einmal verschoben: In radikaldemokratischen bürgerlichen Kreisen gab es eine ungeheure Wut über die Demontage demokratischer Rechte.«

Wobei man den Linken wohl nicht Unrecht tut, wenn man annimmt, sie würden schon damals im Hinterkopf gehabt haben, sie könnten mit ihrer Mehrheit die nächste Gelegenheit nutzen, um die anderen zu verdrängen. Wie es bald geschah. Aber erst mal kamen sie am 12. Dezember 1980 in der Karlsruher Stadthalle zur Gründung zusammen. Linke Aktivisten der Antiatomkraftbewegung, Bauern aus dem Kaiserstuhl, Hausbesetzer, Friedenbewegte, Bürgerliche um Herbert Gruhl, August Haußleiter und den Ökobauer Baldur von Springmann, Feministinnen und starke Restbestände von K-Gruppen. Das Parteistatut wird basisdemokratisch mit Rotationsprinzip und Trennung von Amt und Mandat beschlossen. Eine Antiparteienpartei. Herbert Gruhl eröffnet den Kongress und feiert ihn als Jahrhundertereignis. Petra Kelly – früher in der SPD und Verwaltungsrätin bei der Europäischen Gemeinschaft – verliest Grußadressen aus aller Welt.

Zwei Monate später wird in Saarbrücken das Grundsatzprogramm mit den vier Grundsätzen »ökologisch, sozial, basisdemokratisch, gewaltfrei« beschlossen. Sie werden ausgehandelt wie in einem orientalischen Basar zwischen August Haußleiter als Wortführer der Bürgerlichen und Jürgen Reents für die Linken. Das beschreibt Jo Müller, später einer der Realos:

»›Ökologisch‹ stand an erster Stelle, dann folgten ›sozial, basisdemokratisch, gewaltfrei‹. ›Sozial‹ hätte man in der Gründungsversammlung natürlich bei sehr vielen lieber als ›sozialistisch‹ gehabt, das ging nicht. Kompromiß war: dafür bekommt ihr ›basisdemokratisch‹. Dafür bekommen wir ›ökologisch‹ an erster Stelle. ›Gewaltfrei‹ war schon aus taktischen Gründen notwendig (›Deutschland im Herbst‹) und wurde auch mehrheitlich so getragen. Dann wurde von den Ökosozialisten das Prinzip der Gewaltfreiheit angegriffen und das Prinzip der Basisdemokratie hochgefahren. Das Soziale hat man dann wieder in sozialistisch umgewandelt. Das Ökologie-Prinzip hat man dabei irgendwie verdrängt. Daraufhin wurde Ökologie von der anderen Seite wieder hochgefahren …«

Auf dem Dortmunder Parteitag im Juni 1981 nehmen die Spannungen zwischen Linken und Bürgerlichen zu. Haußleiter tritt zurück. Gruhl wird nicht wieder gewählt. Die Spaltung ist vollzogen nach einem halben Jahr. Gruhl und Haußleiter treten bald aus, und die Grünen werden eine linke Partei, in der nun der Kampf beginnt zwischen denen, die sehr weit links stehen und Fundamentalisten genannt werden, und jenen, die eher zu Kompromissen bereit sind, den Realos. Hier Jutta Ditfurth und Thomas Ebermann, da Joschka Fischer, Otto Schily, Antje Vollmer. 1983 kommen sie in den Bundestag. 1985 die erste Koalition in einer Landesregierung, mit der SPD in Hessen. Sie entwickeln sich allmählich in die Richtung der anderen Parteien, scheitern 1990 bei der Bundestagswahl im Westen mit 4,7 Prozent an der Fünfprozentklausel, wodurch sich die innerparteilichen Konflikte verschärfen und die meisten Fundamentalisten die Partei verlassen. 1993 vereinigen sich Ostgrüne und Westgrüne zum Bündnis 90/Die Grünen und erreichen im nächsten Jahr mit 7,3 Prozent bei der Bundestagswahl ihr bisher bestes Ergebnis. Schließlich erreichen die Realos ihr Ziel nach der Bundestagswahl 1998, nämlich eine rotgrüne Bundesregierung, selbst ein wenig geschwächt durch das Wahlergebnis von nur 6,7 Prozent.

Rotgrün. Da sind nun einige in der Bundesregierung, die tatsächlich aus der APO kommen. Selbst der Bundeskanzler. Auch er ist geprägt durch die Erfahrungen der Generation von 1968, war 24 Jahre alt in jenem Jahr und zehn Jahre später Bundesvorsitzender der Jungsozialisten. Die waren damals näher dran an der APO und ihren Ausläufern als an der SPD, deren Jugendorganisation sie bis heute geblieben sind. Er war Jusovorsitzender, als er verteidigte im Oldenburger Mescalero-Prozess, sich allerdings nicht so weit links profilierte wie sein Innenminister Otto Schily. Der war 1968 schon Anwalt in Berlin und zählte zur linken Szene, allerdings immer mit einer gewissen Distanz – Anzug, Weste, Schlips, goldene Taschenuhr, goldene Uhrkette – und immer bedacht auf strikte Einhaltung der Regeln von Recht und Verfassung. Nannte sich – eher ironisch – einen liberalen Kommunisten. Aber was soll's? Man kann wirklich mal seine Meinung ändern. Oder nicht? Wurde 1980 Mitglied der Grünen und wechselte neun Jahre später zur SPD. Ihm Vorwürfe zu machen, er habe Gudrun Ensslin verteidigt und sei jetzt Bundesminister des Inneren, ist Unsinn. Denn Gudrun Ensslin hat er verteidigt, weil gerade solche Angeklagten Verteidiger brauchen, die strikt darauf achten, dass rechtsstaatliche Regeln eingehalten werden, was in Stammheim nicht der Fall war und von ihm immer wieder zur Sprache gebracht worden ist.

Ganz anders Joschka Fischer, der nicht ein Freund des Rechtsstaats war in jener Zeit, als er Mitglied im Revolutionären Kampf gewesen ist und sich herumprügelte mit der Frankfurter Polizei wegen der Räumungen im Westend, dessen Substanz dadurch jedoch immerhin erhalten geblieben ist. Seine Wende ist wohl am extremsten. Aber wenn Otto Schily seine politischen Auffassungen ändern darf, darf Joschka Fischer das auch. Vierter im Bunde ist Jürgen Trittin, zur Zeit des Mescalero Mitglied im Kommunistischen Bund in Göttingen, KBNord. Seine Wandlung ist nicht so extrem. Innerhalb der Grünen zählt er immer noch zu den Linken, und die Frage ist nur – wie auch für die anderen drei –, ob er eine gute Politik in seinem Amt macht. Die muss von Wählern und Historikern beantwortet werden. Wie immer die Antwort lautet, eines ist sicher: Ohne die APO würde es diese Regelung nicht geben, auch wenn sie nur vier Mitglieder hat, die zur Generation der Achtundsechziger gehören und sich da engagiert haben: Fischer, Schily, Schröder, Trittin. Denn ohne die APO würde es die Grünen nicht geben, und ohne Grün kein Rotgrün.

Die verspielte Revolution

Die Revolte begann mit einem Protest in Westberlin 1965, springt 1967 über in die Bundesrepublik, findet 1968 global statt, hat damit ihren Höhepunkt überschritten und läuft aus in einer langen Welle mit Nachwirkungen bis in die Gegenwart, in der man sich immer noch darüber streitet, was das wohl gewesen ist. »Eine dümmere Revolution als die von 1968« habe es nie gegeben, meint Johannes Groß. Eine »angelesene Revolution«, sagt Günter Grass. Einen »romantischen Rückfall« nennt es Richard Löwenthal oder »bestenfalls der Höhepunkt der Pubertät«, eine Formulierung von Franz Schneider, der ein empörtes Buch über die APO geschrieben hat. Andere machen es wissenschaftlich und sprechen von einer neuen sozialen Bewegung. Das ist ein moderner Begriff. Er kommt aus der Physik und wurde übertragen auf gesellschaftliche Entwicklung zuerst von Charles Fourier. Ein so genannter Frühsozialist. Der lebte von 1772 bis 1837. Ein neuer Begriff? Blabla.

Ist es nun eine Revolution gewesen oder eine Revolte oder eine Bewegung? Oskar Negt, heute Professor in Hannover, war 1967 im Berliner Republikanischen Club und schreibt darüber:

> »Mir ist eine Begebenheit in lebhafter Erinnerung, die ausdrückt, wie stark der Impuls der Veränderung den Blick auf die Machtverhältnisse bestimmte; wie sehr, trotz der demonstrativ zur Schau gestellten politischen und ökonomischen Analyse der Klassenverhältnisse, die politischen Wachträume die Wirklichkeit überlagerten. Als Gast bei einer Vorstandssitzung des Republikanischen Clubs in Westberlin im Herbst 1967 nahm ich mit einer gewissen Verblüffung eine

von Horst Mahler angeregte und mit konkreten Vorstellungen eingeleitete Diskussion auf, in der es um die personelle Zusammensetzung eines Westberliner Rätekongresses ging, der demnächst einberufen werden müsse, da sich von Tag zu Tag die Zeichen mehrten, daß der politische Senat seinen Bankrott erklären werde. Niemand in der Runde fühlte sich zum Lachen gereizt oder machte Anstrengungen zu widersprechen; auch gestandene Gewerkschafter, die dabei waren, rückten nichts zurecht. Mein eigenes Schweigen suchte ich nachträglich damit zu entschuldigen, daß ich ja nur Gast gewesen sei und Westberlin aufgrund seiner prekären Lage ohnehin einen Bonus an zulässigen Verzerrungen habe. Das ist natürlich eine Ausrede gewesen, denn für ganz ausgeschlossen, daß wir siegen könnten, habe auch ich es nicht gehalten.«

Selbst einer der klügsten Köpfe der westdeutschen Linken hat es für möglich gehalten, es könnte eine Revolution sein. Rudi Dutschke sowieso und Hans-Jürgen Krahl, die Wortführer der Studenten in Berlin und Frankfurt, und viele andere auch, die später in die K-Gruppen gegangen sind und in die Stadtguerilla und ihre Umgebung. Ebenso manche Spontis wie Cohn-Bendit oder Joschka Fischer, vielleicht auch der Mescalero. Aber nicht alle.

Diejenigen, die an die Revolution geglaubt haben, sie haben verspielt. Nicht so sehr die Revolution. Die war nicht zu gewinnen. Aber ihre Jahre und manches andere, einige sogar ihr Leben. Zum Teil waren sie auch verspielt wie Dieter Kunzelmann oder Fritz Teufel, die gesagt haben, Revolution müsse Spaß machen. Was ja nicht das Schlechteste ist, wenn über Revolutionen gesprochen wird in einem Land, das in seiner Verfassung als wehrhafte Demokratie – Artikel 18 und 21 Absatz 2 – den Grundsatz verkündet, »keine Freiheit für die Feinde der Freiheit«, wie es schon von Louis Antoine Léon de Saint Just formuliert war, den sie mit seinem Freund Robespierre 1794 auf die Guillotine gebracht haben. Und die waren auch nicht lustig, ebenso wenig wie unsere Berufsverbote oder der große Krisenstab 1977 unter Helmut Schmidt. Also eine verspielte Revolution. Und was hat sie gebracht?

Viele Tote. Das muss ja auch mal gesagt werden. Es fing an mit Benno Ohnesorg, dann der Höhepunkt 1977 mit Siegfried Buback, Jürgen Ponto, Hanns-Martin Schleyer und ihren Fahrern und Begleitern, dem Piloten Jürgen Schumann in der entführten Lufthansa-Maschine und Holger Meins, Ulrike Meinhof, Andreas Baader, Gudrun Ensslin, Jan-Carl Raspe, zwei Jahre später Rudi Dutschke, bis schließlich 1993 in Bad Kleinen mit Michael Newrezella vom Bundesgrenzschutz und Wolfgang Grams von der Roten Armee Fraktion und vielen anderen dazwischen.

Sonst ist alles umstritten im Großen und Ganzen. Die einen machen die APO für alles verantwortlich, was uns heute bedrückt: Gewalt in der Schule, Jugendgewalt von rechts, Rücksichtslosigkeit im Straßenverkehr, Rechtschreibreform, Porno-Welle, Kindesmissbrauch, sexuelle Enthemmung, verspätete Züge, Korruption, Verwahrlosung, Drogen oder besser Rauschgift, Versagen unserer Bildungsinstitutionen, Verrohung der Sprache, besonders durch Fäkal- oder Genitalterminologie, Werteverfall, Antisemitismus, Politikversagen und Parteiverdrossenheit. Die Arbeitslosigkeit ist bisher noch nicht genannt worden.

Eine andere Kritik kommt von der anderen Seite und hat mit dem zu tun, was alles verspielt worden ist. Verspielt wurde die Diskussionskultur der APO durch die APO selbst. Diese Kultur fand einen besonderen Ausdruck im Teach-in, nicht nur hier, aber hier besonders. Im Teach-in, an dem sich alle beteiligen, das öffentlich ist und deshalb in höherem Maße demokratisch als die normale Diskussion in einer normalen demokratischen Gesellschaft. Oskar Negt:

> »Das Stimmengewirr, Rituale der Wortmeldungen, durch die immer neue Wendungen in der politischen Diskussion angekündigt oder verworfen werden, das alles ist Ausdruck einer die Menschen plötzlich erfassenden Stimmung, daß über alles geredet werden kann, ohne sich schämen zu müssen.«

Als die Einheit der APO in Zerfaserung endete, der SDS sich auflöste und eine Meinungskonkurrenz von verschiedenen Gruppen sich bildete, verschwand diese Form des öffentlichen Diskussionsprozesses. An seine Stelle trat, was Oskar Negt Demonstrationsöffentlichkeit nennt, die sich darin erschöpft, den eigenen Erfolg zu messen am Grad der Aufmerksamkeit, den man mit seinen Aktionen in den Medien erreicht. Noch einmal Oskar Negt:

> »Eine zur Demonstrationsöffentlichkeit abgemagerte Form der Öffentlichkeit ist medienabhängig, und der einzige wirkliche Produktionsprozeß, der in ihr stattfindet, ist Radikalität, freilich nicht als Kritik, um unterschlagene Wirklichkeit öffentlich zu machen, Einstellungen und Bewußtsein konkret zu verändern, sondern als rhetorische Kompetenz der Freund-Feind-Zuordnung und der übersichtlichen Klassifikation von vorhandenen Einstellungen und Meinungen. Die Auseinandersetzung mit diesen sichtbaren Rückbildungen der ursprünglich theoriegeleiteten Konzeption von Demokratie und Öffentlichkeit, an denen die Frankfurter Spontis unter Daniel Cohn-Bendit und Joschka Fischer genauso aktiv beteiligt waren wie die Organisationsfetischisten der Marxisten-Leninisten in maoistischer Verkleidung, bildet die Grundlage, damit die unter dem Schein permanenter Öffentlichkeit durch Dauermobilisierung verborgene Sprach- und Kommunikationslosigkeit mit Hilfe neuer Formen des politischen Arbeitsprozesses überwunden werden kann.«

Alles klar? Alles klar. Ich hab es ja auch schon ein wenig erklärt. Da ist tatsächlich eine große Chance verspielt worden für mehr Demokratie in der Bundesrepublik. Eine verspielte Revolution ist eben nur eine Revolte. Aber wir brauchen die Hoffnung nicht aufzugeben, meint Johannes Agnoli 1998:

> »Dennoch war die Revolte nicht nur notwendig, sondern überdies, obzwar kein Erfolg, geschichtlich wirksam. Revolten ken-

nen im allgemeinen nur das Scheitern, sonst wären sie Revolutionen. Die gescheiterte Revolte indessen greift in die Geschichte ein, sie setzt Zeichen, die teils verschwinden, um später wieder aufzutauchen, sie verändern doch die Welt.«

Er kennt sich aus in deutscher Geschichte, denkt vielleicht an die Burschenschaften von 1815, als zum ersten Mal Studenten in Deutschland sich zusammengeschlossen haben links vom Establishment, um als Demagogen verfolgt zu werden, bis zur gescheiterten Revolution der Liberalen und der Arbeiter von 1848, die eigentlich auch nur eine Revolte war. Eine Revolte, die politisch gescheitert ist wie die APO und zunächst nur Folgen hatte unten in der Gesellschaft, in der sich allmählich das Bürgerliche durchgesetzt hat gegen Adel und Militär. Was 1815 begann und 1848 scheiterte, taucht 1918 und 1949 wieder auf als demokratische Republik. Vielleicht meint er das. So könnte man es sehen. Einiges deutet darauf hin.

Es deutet darauf hin, was manche mit der Feststellung beschreiben, politisch sei die Revolte gescheitert, sie habe aber kulturelle Folgen. Wobei darüber gestritten werden darf, ob das eine zulässige Unterscheidung ist. Manchmal wird sogar von Kulturrevolution gesprochen. Allein das plötzliche Auftreten einer zweiten Generation linker Studenten in Deutschland nach 150 Jahren wäre es ja eigentlich schon.

Die kulturellen Folgen fangen bei der Kleidung an, legeres Auftreten, legere Sitten, legeres Sexualverhalten. Was man auch positiv sehen kann. Es lässt sich sogar sagen, die ökologische Bewegung sei ein Erfolg der Revolte, die die Lawine von Wyhl losgetreten hat. Am meisten haben die Frauen profitiert in den letzten Jahrzehnten. Ein Erfolg der APO? Die Gleichberechtigung von Männern und Frauen stand 1949 mehr oder weniger nur auf dem Papier des Grundgesetzes. In den nächsten Jahren wurde es nicht viel besser. Erst mit der neuen Frauenbewegung hat sich das geändert, angefangen mit den Tomaten Sigrid Rügers. Die Kinderläden gehören dazu, Wohngemeinschaften und Schülerläden, die es immer noch gibt. Auch das befreiende Lachen der Bundesrepublik darf nicht vergessen werden über Fritz Teufel, der vor Gericht aufstehen soll, über die Wahrheitsfindung spricht und damit den Ton in unseren Gerichten verändert hat. Ein »klein bisschen weniger Kaiser Wilhelm«, sagt Wolfgang Lefèvre. Sogar in der Medizin bewegte sich manches in Richtung Emanzipation. Der mündige Patient bedeutete einen dramtischen Wechsel weg von den Halbgöttern in Weiß zur Partnerschaft mit dem Arzt. Außerdem, Ärzte denken nicht mehr nur biologisch-naturwissenschaftlich, stattdessen schon öfter in gesellschaftlichen Zusammenhängen. Stadtplanung und Sanierungspolitik haben sich grundlegend verändert nach den Hausbesetzungen. Und selbst Gerd Langguth – Mitglied im Vorstand der Konrad-Adenauer-Stiftung und wirklich kein Freund der Revolte – spricht über sie als »Epoche, die … zu den wichtigsten der deutschen Nachkriegsgeschichte gehört« und einen »Modernisierungsschub« gebracht habe auch für die »Partizipationsbereitschaft in der Demokratie«.

Was wissen wir schon? Ist die Antwort, die Jürgen Habermas auf die Frage gegeben hat, was geblieben sei von '68 – »Frau Süssmuth« –, ist sie richtig jenseits der Ironie, wie er meinte? Also Auflösung männlicher Dominanz als Folge der Tomaten Sigrid Rügers? Zweifel sind berechtigt, wenn man sich die Daten der letzten 50 Jahre über Wirtschaftliches und Soziales ansieht. Zum Beispiel die USA. 1940 sind 14 Prozent aller Frauen verheiratet und gleichzeitig berufstätig, 1980 über 50 Prozent, und zwar nicht wie früher in Industrie und Landwirtschaft, sondern im so genannten tertiären Sektor. Das sind Dienstleistungen auch höherer Art. Oder der Anteil von Frauen in der Studentenschaft westlicher Länder. Nach dem Zweiten Weltkrieg lag er zwischen 15 und 30 Prozent. 1980 war er gestiegen auf 50 Prozent, also derselbe wie der ihrer männlichen Kommilitonen. Ist das der »Hintergrund für das eindrucksvolle Aufleben der feministischen Bewegung« und »ohne diese Entwicklung … die Frauenbewegung gar nicht zu erklären«, wie Eric Hobsbawm meint? Oder war die Frauenbewegung Ursache dieser Entwicklung und nicht ihre notwendige Folge? Wo ist das

Verdienst der APO? War es vielleicht einfach die Folge zunehmenden Wohlstands? Wie die APO selbst ja auch ein Luxusprodukt des Wirtschaftswunders war, Studenten, die sich keine Sorgen machen mussten über ihre Zukunft, wenn sie ihr Examen gemacht hatten. Was heute nicht mehr möglich ist. War die Emanzipation der Frauen – in der Sprache der APO – nur eine Folge veränderter Produktionsweisen innerhalb der kapitalistischen Produktionsverhältnisse, die dazu die neue Mechanisierung von Hausarbeit lieferten wie Waschmaschinen und neue Produkte wie Fertiggerichte – »Miracoli« – und Tiefkühlkost? Jedenfalls, die Zeit war reif, und Frau Rügers Tomaten waren es hoffentlich auch.

Ein Stelldichein von Fragen und Fragezeichen. Aber selbst wenn es diese Fortschritte ohne die APO gegeben hätte, vielleicht etwas später, bleibt ihr Verdienst, dass sie Anstoß gegeben hat gegen viele Widerstände. Die gibt es heute noch, wie der Streit über Segen oder Fluch der Revolte zeigt. Der Kampf ist nämlich noch nicht zu Ende. Eine Art Kulturkampf, der sogar stattfindet auf der Ebene der hohen Politik bei Auseinandersetzungen darüber, was die Bundesminister Fischer und Trittin gemacht haben in jener Zeit. »Noch ist nichts entschieden«, sagt Wolfgang Lefèvre über diesen Kulturkampf heute. So wird es noch lange bleiben.

Literaturnachweise

Allgemein

Die Literatur zur Studentenrevolte, APO, '68 ist unübersehbar. Literaturlisten bei *Wolfgang Kraushaar*, 1968 als Mythos, Chiffre und Zäsur, 2000, *Gerd Koenen*, Das Rote Jahrzehnt, 2001, S. 523–537, und *Ingrid Gilcher-Holthey*, Die 68er Bewegung, 2001, S. 128–132. Hier nur kurz eine Auswahl derjenigen Bücher, die ich für die besten halte:

Zuerst:
Tobias Mündemann, Die 68er … und was aus ihnen geworden ist, 1988 (sehr anschaulich).
Oskar Negt, Achtundsechzig. Politische Intellektuelle und die Macht, 3. Aufl. 2001 (hervorragend, ab und zu nicht so leicht zu lesen).

Dann:
Stefan Aust, Der Baader-Meinhof-Komplex, erw. Aufl. 1997.
Gretchen Dutschke, Wir hatten ein barbarisches, schönes Leben. Rudi Dutschke. Eine Biographie, 1996.
Tilman Fichter/Siegward Lönnendonker, Kleine Geschichte des SDS, 1977.
Karl-Heinz Heinemann/Thomas Jaitner, Ein langer Marsch. 1968 und die Folgen, 1993 (Interviews mit 68ern).
Ute Kätzel, Die 68erinnen. Porträt einer rebellischen Frauengeneration, 2002 (Interviews mit den Frauen).
Dieter Kunzelmann, Leisten Sie keinen Widerstand! Bilder aus meinem Leben, 1998.
Rainer Langhans/Fritz Teufel, Klau mich, 1968 (sehr witzig über ihre Prozesse).
Sabine Stamer, Cohn-Bendit. Die Biographie, 2001.

Ankunft

Zu Theodor Maunz und Karl Larenz: *Michael Stolleis*, Theodor Maunz – Ein Staatsrechtslehrerleben, Kritische Justiz 1993, S. 393–396; *Ralf Frassek*, Karl Larenz (1903–1993) – Privatrechtler im Nationalsozialismus und im Nachkriegsdeutschland, Juristische Schulung 1998, S. 296–301. Der Vortrag von *Wolfgang Kunkel*: Der Professor im Dritten Reich, in: Die Deutsche Universität im Dritten Reich, 1966, S. 103–133. Zum Berliner »Vorschaltgesetz« vom 10.10.68: *James F. Tent*, Freie Universität Berlin, 1988, S. 377f.

Vorspiel auf dem Theater

Ludwig v. Friedeburg/Jürgen Horlemann/Ulf Kadritzke/Jürgen Ritsert/Wilhelm Schumm, Freie Universität und politisches Potential der Studenten, 1968, S. 241–310. *James F. Tent*, Freie Universität Berlin, 1988, S. 311–328. Krippendorf hatte Recht: *Jürgen Miermeister*, Rudi Dutschke, 1986, S. 56f. Zum SDS: *Tilman Fichter/Siegward Lönnendonker*, Kleine Geschichte des SDS, 1977, zur Subversiven Aktion: S. 78–81. Zu Berkeley: *W.J. Rorabough*, Berkeley at War, 1989.

Die Revolte beginnt

Tilman Fichter/Siegward Lönnendonker, Kleine Geschichte des SDS, 1977, das Zitat S. 99. *Ludwig v. Friedeburg/Jürgen Horlemann/Ulf Kadritzke/Jürgen Ritsert/Wilhelm Schumm*, Freie Universität und politisches Potential der Studenten, 1968, S. 311–355. *James F. Tent*, Freie Universität Berlin, 1988, S. 328–350. Zu Sit-in und Teach-in damals schon in der Zeitschrift des SDS: *Michael Vester*, Die Strategie der direkten Aktion, *neue kritik* 1965, Heft 30, S. 12–20. Das Bild mit Lieber und Nevermann: *Michael Ruetz*, »Ihr müßt diesen Typen nur ins Gesicht sehen, 1980, S. 10. Die Denkschrift des SDS ist noch einmal neu erschienen: *Wolfgang Nitsch/Uta Gerhardt/Claus Offe/Ulrich K. Preuß*, Hochschule in der Demokratie, 1965. Zum Treffen in Kochel: *Dieter Kunzelmann*, Leisten Sie keinen Widerstand!, 1998, S. 45–49, dort auch zur Kommune 1: S. 59–73. Zur 21. Delegiertenkonferenz des SDS: *Gretchen Dutschke*, Wir hatten ein barbarisches, schönes Leben. Rudi Dutschke. Eine Biographie, 1996, S. 104–107. Der Artikel in der *Zeit* zitiert nach: *Jürgen Miermeister*, Rudi Dutschke, 1986, S. 72. Zu den Demonstrationen am Kurfürstendamm vor

Weihnachten 1966: *Dokumentation FU Berlin*, Freie Universität Berlin 1948–1973, Teil IV 1964–1967 (1975), S. 130, S. 132, dort auch S. 126 zur »November-Gesellschaft«. Zu den Vorgängen in Frankfurt, Februar 1967: *Wolfgang Kraushaar*, Frankfurter Schule und Studentenbewegung, Band 1, 1998, S. 246.

Hast du Rudi Dutschke gesehen?

Jürgen Miermeister, Rudi Dutschke, 1986; *Ulrich Chaussy*, Die drei Leben des Rudi Dutschke, 1993; *Gretchen Dutschke*, Wir hatten ein barbarisches, schönes Leben. Rudi Dutschke. Eine Biographie, 1996, das Zitat mit der Geschichte von 1967 auf S. 158f. Der Artikel in der *BZ* vom 21.12.66 zitiert nach: *Dokumentation FU Berlin*, Freie Universität Berlin 1948–1973, Teil IV 1964–1967 (1975), S. 376f.

Die Revolte breitet sich aus

Ludwig v. Friedeburg/Jürgen Horlemann/Ulf Kadritzke/Jürgen Ritsert/Wilhelm Schumm, Freie Universität und politisches Potential der Studenten, 1968, S. 355–401. *James F. Tent*, Freie Universität Berlin, 1988, S. 346–351. Die Rede Peter Schneiders beim Sit-in am 19. April 1967 vor dem Polizeieinsatz im Henry-Ford-Bau: *Peter Schneider*, Ansprachen, 1970, S. 7–14. Zum Puddingattentat, der Räumung der K1 in der Niedstraße und die neuen Räume am Stuttgarter Platz: *Dieter Kunzelmann*, Leisten Sie keinen Widerstand!, 1998, S. 59–73, dort auch S. 79 die Wiedergabe des Kaufhausbrandflugblatts. Zum Kongress in Hannover mit der Kontroverse Dutschke – Habermas: *Wolfgang Kraushaar*, Frankfurter Schule und Studentenbewegung, Band 1, 1998, S. 258f. Zu Dutschke bei der Beerdigung von Holger Meins: *Gretchen Dutschke*, Wir hatten ein barbarisches, schönes Leben. Rudi Dutschke. Eine Biographie, 1996, S. 346–349. Die vier Vorlesungen Marcuses an der FU vom 10.–13. Juli 1967: *Dokumentation FU Berlin*, Freie Universität Berlin 1948–1973, Teil V 1967–1969 (1983), S. 35–37, das Zitat auf S. 36.

Der SDS reagiert auf den 2. Juni

Zur Free University Berkeley: *Ronald Fraser*, 1968 – A Student Generation in Revolt, 1988, S. 163–165, der dort S. 164 genannte »old-guard

SDSer« war Wolfgang Nitsch (hat er selbst zugegeben). Zur Kritischen Universität: *Friedeburg/Horlemann/Kadritzke u. a.*, Freie Universität und politisches Potential der Studenten, 1968, S. 402–415. Zur Architekturgruppe: *James F. Tent*, Freie Universität Berlin, 1988, S. 351. Das Ende der KU: *Dokumentation FU Berlin*, Freie Universität Berlin 1948–1973, Teil V 1967–1969, 1983, S. 334f. (Dokument 896). Zur Springer-Kampagne: *Ingrid Gilcher-Holthey*, Die 68er-Bewegung, 2001, S. 69–71. Zur Justizkampagne: *Friedeburg/Horlemann/Kadritzke u. a.*, a. a .O., S. 434–440. Anonym (= Reiner Geulen), Welche praktische Solidarität erfordert die Konfrontation mit der Justiz?, in: *neue kritik* 1969, S. 10–18. *Jürgen Miermeister/Jochen Staadt*, Provokationen, 1980, S. 177–196.

Die Alten Nazis

Die vielen Theorien über Faschismus: *Reinhard Kühnl*, Faschismus-Theorie, in: Wolfgang Fritz Haug (Hg.), Historisch-kritisches Wörterbuch des Marxismus, Band 4, 1999, S. 165–186. Zu Reinhard Strecker: *Tilman Fichter/Siegward Lönnendonker*, Kleine Geschichte des SDS, 1977, S. 167f. Anm. 109. Die sehr vorsichtige Verdächtigung Streckers wieder bei *Hubertus Knabe*, Der diskrete Charme der DDR, 2001, S. 254.

Die Revolte auf dem Höhepunkt

Für die Ereignisse in Berlin: *Dokumentation FU Berlin*, Freie Universität Berlin 1948–1973, Teil V 1967–1969, 1983, S. 40–98. Frankfurt: *Wolfgang Kraushaar*, Frankfurter Schule und Studentenbewegung, Band 1, 1998, S. 268–340. Die Rektoratsübergabe in Hamburg: *Tobias Mündemann*, Die 68er… und was aus ihnen geworden ist, 1988, S. 119–132, das Photo S. 120f. Der Satz von Fritz Teufel: *Dokumentation FU Berlin*, a. a. O., S. 57 (29. November 1967), die Zitate von Langhans und Teufel in: *Rainer Langhans/Fritz Teufel*, Klau mich, 1968, das Buch hat keine Seitenzahlen, nach meiner Zählung das Zitat von Langhans auf der 80. Seite, von Teufel auf der 146. Seite, die Überschrift des Artikels in der *Zeit* auf der 91. Seite. Kurt Tucholsky in der *Weltbühne* am 31. 5. 1927 in: *Kurt Tucholsky*, Gesammelte Werke, Band 5, 1975, S. 223f. Der Film von Holger Meins: *Jürgen Miermeister*, Rudi Dutschke, 1986, S. 90. Zur Kaufhausbrandstiftung und dem Prozess: *Stefan Aust*, Der Baader-Meinhof-Komplex, 1985, erw. Aufl. 1997, S. 64–68, S. 74–77. Die Rede von Heinrich Albertz am 15. April 1968: *Dokumentation FU Berlin*, a. a. O., S. 296f., dort auch S. 306f. die von Wolfgang Lefèvre.

Der Pariser Mai

Ingrid Gilcher-Holthey, »Die Phantasie an die Macht«, Mai 68 in Frankreich, 1995.

Vietnam

Marc Frey, Geschichte des Vietnamkrieges, 5. Aufl. 2000.

Die amerikanischen Freunde

Berkeley: *W. J. Rorabough*, Berkeley at War – The 1960s, 1989. Der SDS und die anderen Universitäten: *Ronald Fraser*, 1968 – A Student Generation in Revolt, 1988; *Tom Hayden*, Reunion – A Memoir, 1988, dort S. 417 zu den Toten der Kent State University. Zu den Weathermen: *Ron Jacobs*, Woher der Wind weht, deutsch 1999.

1968 global

Wolfgang Kraushaar, 1968 – Das Jahr, das alles verändert hat, 1998, vgl. das Ortsregister S. 338–342, S. 57 die *Spiegel*-Umfrage vom Februar 1968 und S. 11 das Titelblatt von *Pardon* im Januar. Zur Tschechoslowakei und allgemein zur Globalität und ihren Gründen: *Beate Fietze*, »A Spirit of Unrest«. Die Achtundsechziger – Generation als globales Phänomen, in: *Rainer Rosenberg/Inge Münz-Koenen/Petra Boden* (Hg.), Der Geist der Unruhe. 1968 im Vergleich Wissenschaft-Literatur-Medien, 2000, S. 3–25. Zu Italien: *Luisa Paserini* in *Ronald Fraser*, A Student Generation in Revolt, 1988, S. 248–260, und *Jan Kurz*, Die italienische Studentenbewegung 1966–1968, in: *Ingrid Gilcher-Holtey* (Hg.), 1968 – Vom Ereignis zum Gegenstand der Geschichtswissenschaft, 1988, S. 64–81. Zu England: *Ronald Grele* in: Ronald Fraser, a. a. O., S. 272–284. Zu den Gründen allgemein: *Wolfgang Kraushaar*, 1968 als Mythos, Chiffre und Zäsur, 2000, S. 46 (»mehr oder weniger unbefriedigend«) und S. 334–337; im Einzelnen: *Alain Tourain*, Die postindustrielle Gesellschaft, 1972; *Ronald Inglehart*, The Silent Revolution, 1977; *Wolfgang Welsch*, Unsere postmoderne Moderne, 1997; *Immanuel Wallerstein*, 1968, Eine Revolution im Weltsystem, in: *Etienne-François/Matthias Middell/Emmanuel Terray/Dorothea Wieling* (Hg.), 1968 – Ein europäisches Jahr?, 1997, S. 19–33 (ein Vortrag von 1988); *Eric Hobsbawm*, Das unwahrscheinliche Jahr, in: Magnum Photos, 1968 – Ein Jahr, das die Welt bewegt, 1998, S. 8–10; *ders.*,

Das Zeitalter der Extreme. Weltgeschichte des 20. Jahrhunderts, 1995, S. 372–380.

Die Internationale aus der Musikbox

Das Zitat mit den Schwertern gegen die Stunde der Welt: *Gottfried Benn*, Gesammelte Werke in vier Bänden, hg. v. Dieter Wellershoff, 3. Band Gedichte, 6. Aufl. 1978, S. 182 (»Dennoch die Schwerter halten«). Im Übrigen Zitate nach: *Dokumentation FU*, Freie Universität Berlin 1948–1973, Teil V 1967–1969, 1983, S. 366 (Juristen-VV), S. 126 (AStA-Flugblatt), S. 370 (Kai Hermann).

Niedergang der Revolte

Zur Situation des SDS 1968–1970: *Tilman Fichter/Siegward Lönnendonker*, Kleine Geschichte des SDS, 1977, S. 140–143. Für die Ereignisse in Berlin: *Dokumentation der FU*, Freie Universität Berlin 1948–1973, Teil V 1967–1969, 1983, S. 98–113; *James F. Tent*, Freie Universität Berlin, 1988, S. 356–378. Für die Ereignisse in Frankfurt: *Wolfgang Kraushaar*, Frankfurter Schule und Studentenbewegung, Band 1, 1998, S. 333–364.

Gewalt

Die Schlacht am Tegeler Weg, das Flugblatt des SDS vom 6. November, die Vollversammlung in Dahlem am 7. November 1968 und die Zitate aus den Reden: *Dokumentation FU Berlin*, Freie Universität Berlin 1948–1973, Teil V 1967–1969, 1983, S. 115f. Beate Klarsfelds Ohrfeige und der Blumenstrauß von Böll: *Wolfgang Kraushaar*, 1968, das Jahr, das alles verändert hat, 1998, S. 282–284. Das Urteil des Amtsgerichts gegen Beate Klarsfeld und die Änderung durch das Landgericht Berlin: *Dokumentation FU Berlin*, a.a.O., S. 116, S. 160f. Der Prozess gegen Kunzelmann und die Fesselung bei *Kraushaar*, a.a.O., S. 293f.

Aktiver Streik in Frankfurt am Main

Wolfgang Kraushaar, Frankfurter Schule und Studentenbewegung, Band 1, 1998, S. 373–458, dort auch das Foto des Rektors Rüegg mit dem Stuhl auf S. 386, der Brief Adornos an Horkheimer vom 14. 2. 1969 auf S. 405 und das Zitat aus der *Süddeutschen Zeitung* vom 23. 7. 1969 auf S. 448. Die Erklärung von Rektor Rüegg in *ders.*, Band 2 Dokumente, 1998, S. 531 f. Die Erklärung der vier Juraprofessoren vom 9. 1. 1969 in: *Zoller* (= Peter Zollinger, Hg.), Aktiver Streik, 1969, S. 180.

Hans-Jürgen Krahl

»Angaben zur Person« in: *Hans-Jürgen Krahl*, Konstitution und Klassenkampf, 1971, S. 19–30, darin auf S. 115–117 auch »Ontologie und Eros«. Die Angaben zu seinem Werdegang, soweit nicht in den »Angaben zur Person«, nach den Immatrikulationsunterlagen der Universität Frankfurt. Die Beschreibung durch Oskar Negt: *Oskar Negt*, Achtundsechzig, 3. Aufl. 2001, S. 341. Die Aktivitäten Krahls von 1967–1970 nach *Wolfgang Kraushaar*, Frankfurter Schule und Studentenbewegung, Band 1, 1998, passim (vgl. Index im 3. Band), darin auch der Brief Adornos an Marcuse S. 405 und der Briefwechsel Adornos mit Grass S. 366. Das Lied »Unser Krahl will saufen ...« in *Zoller (Hg.)*, Aktiver Streik, 1969, S. 280. Das Zitat aus der Diskussion über Habermas bei *Kraushaar*, a. a. O., S. 482. Die Beschreibung seiner Person beruht auf mündlichen Berichten von Freunden und Bekannten.

Weiberräte und Kinderläden

Neue Frauenbewegung: *Lottemi Doormann*, Die neue Frauenbewegung, in: *Florence Hervé*, Geschichte der deutschen Frauenbewegung, 3. Aufl. 1987, S. 255–294, und *Manfred Görtemaker*, Geschichte der Bundesrepublik Deutschland, 1999, S. 634–637. Zur alten: *Paul Noack*, Olympe de Gouges, 1992, dort S. 164–169 ihre Erklärung der Rechte der Frau, und *Birgit Meyer*, *Elisabeth Selbert*, in: Kritische Justiz (Hg.), Streitbare Juristen, 1988, S. 427–439. Zur Entwicklung der Frauenarbeit im 20. Jahrhundert: *Eric Hobsbawm*, Das Zeitalter der Extreme, 1998, S. 390–401. Die Tomaten beim amerikanischen SDS: *Görtemaker* a. a. O., S. 635. Die Tomaten beim deutschen SDS: *Wolfgang Kraushaar*, Frankfurter Schule und Studentenbewegung, Band 1, 1998, S. 355–357. Zum Berliner »Aktionsrat«: *Kristina Schulz*, »Bräute der Revolution«, in: Westfälische Forschungen 1998, S. 100–101, dort S. 98–100 auch zu den Tomaten in Frankfurt und S. 100 der Rückblick von Sigrid Rüger. Zum Aktionsrat in Berlin, zu Helke Sander und den Kinderläden dort und auch zu den Tomaten in Frankfurt, zuletzt: *Ute Kätzel*, Die 68erinnen, 2002, S. 161–179. Der Rückblick Antje Vollmers bei *Winfried Schlaffke*, Die Entfaltung der APO in Gesellschaft, Wissenschaft und Bildung, in: Franz Schneider (Hg.), Dienstjubiläum einer Revolte – »1968« und 25 Jahre, 1993, S. 116f. Das Zitat aus der Rede Helke Sanders nach *Tilman Fichter/Siegward Lönnendonher*, Kleine Geschichte des SDS, 1977, S. 142. Die Delegiertenkonferenz in Hannover: *Kraushaar*, a.a.O., S. 371f. Das Flugblatt des Weiberrats Frankfurt: *Jürgen Miermeister, Jochen Staadt*, Provokationen, 1980, S. 223f. Zu Alice Schwarzer: *Alice Schwarzer*, So fing es an, 1981, s. 23f. Habermas über Frau Süssmuth: *Kraushaar*, a.a.O., S. 599. Zu den Kinderläden: *Oskar Negt*, Achtundsechzig, 3. Aufl. 2001, S. 298f.; *Lutz von Werder*, Die Auseinandersetzung mit der Realität hat einem die Scheuklappen beseitigt, in: *Karl-Heinz Heinemann/Thomas Jaitner*, Ein langer Marsch, 1993, S. 11–27, dort auch *Monika Seifert*, Diese Wiederholung zu durchbrechen…, S. 72–82, die Zitate S. 75ff.

Antiautoritäre Erziehung und sexuelle Befreiung

Zur neuen Pädagogik: *Hartmut von Hentig*, Aufwachsen in einer Welt, in der sich zu leben lohnt, in: Neue Sammlung, 1993, S. 171–192, zu seiner eigenen Position, der von Neill und Fromm und zur Kritik, die Jugendgewalt der Neunzigerjahre sei eine Folge der antiautoritären Erziehung: *Sonja Düring*, Sexuelle Befreiung, in: *Christiane Landgrebe/Jörg Plath* (Hg.), '68 und die Folgen, 1998, S. 109. Das Zitat aus Wilhelm Reich bei *Oskar Negt*, Achtundsechzig, 3. Aufl. 2001, S. 292. Das Tauschgeschäft hessischer Schüler: *Franz Schneider* (Hg.), Dienstjubiläum einer Revolte, 1993, S. 159. Bundesverfassungsgerichts 21. 12. 1977: Entscheidungen des Bundesverfassungsgerichts, Band 74, S. 146, das Zitat aus dem Schulbuch: Neue Juristische Wochenschrift 1978., S. 807.

Kunzelmann und Kommunen

Charles Fourier, Theorie der vier Bewegungen und der allgemeinen Bestimmungen, 1908. *Friedrich Engels*, Der Ursprung der Familie, das Privateigentum und des Staates, 1884, in: *Karl Marx/Friedrich Engels*, Werke (MEW) Band 21, 1972, S. 25–173. Der Text der Subversiven Aktion über die Kohorte bei *Reimut Reiche*, Die Kommune I, in: *Johann August Schülein* (Hg.), Kommunen und Wohngemeinschaften, 1978, S. 73f. Über Kunzelmann: *Dieter Kunzelmann*, Leisten Sie keinen Widerstand! Bilder aus meinem Leben, 1998, dort die Todesanzeige auf S. 205. Zum Versuch Gretchen Dutschkes: *Ute Kätzel*, Die 68erinnen, 2002, S. 282–284. Zur K1: *Reimut Reiche*, a. a. O., und *Dieter Kunzelmann* a. a. O., S. 59–73. Zur K2: *Christi Bookhaken/Eike Hemmer/Jan Raspe/Eberhard Schulz/Marion Stergar*, Versuch der Revolutionierung des bürgerlichen Individuums, 1969. Zur Geschichte der Familie: *Uwe Wesel*, Frühformen des Rechts in vorstaatlichen Gesellschaften, 1985, S. 78–81, dort auch zu Engels' Theorie S. 229f. Das Ende der K1: *Dokumentation FU Berlin*, Freie Universität Berlin 1948–1973, Teil VI 1969–1973 (1990), Dokument 999, S. 219.

Wohngemeinschaften und Randgruppen

Johann August Schülein (Hg.), Kommunen und Wohngemeinschaften 1978. Zu den Staffelbergern: *Wolfgang Kraushaar*, Frankfurter Schule und Studentenbewegung, Band 1, 1998, S. 441–444.

Abschied vom SDS

Zu den einzelnen Organisationen: *Gerd Langguth*, Protestbewegung. Entwicklung – Niedergang – Renaissance. Die neue Linke seit 1968, 1983. Viele sehr persönliche Bemerkungen dazu auch bei *Gerd Koenen*, Das rote Jahrzehnt. Unsere kleine deutsche Kulturrevolution 1967–1977, 2001. Das Gesetz vom tendenziellen Fall der Profitrate: *Karl Marx*, Das Kapital, 3. Band, Marx-Engels-Werke MEW Band 25, 1971, S. 221–277 (3. Abschnitt). Zu Mao Tse-tung und seiner Kulturrevolution sehr gut: *Eric Hobsbawm*, Das Zeitalter der Extreme, 1998, S. 578–583. Die Auflösung des SDS: *Tilman Fichter/Siegward Lönnendonker*, Kleine Geschichte des SDS, 1977, S. 140–143; *Wolfgang Kraushaar*, Frankfurter Schule und Studentenbewegung, Band 1, 1998, S. 489f., dort auch das Zitat von Udo Knapp im *Spiegel*. Zu den K-Gruppen noch: ohne Autor, Wir waren die stärkste der Parteien… Erfahrungsberichte aus der Welt der K-Gruppen, 1977. Zu den Spontis: *Manfred Görtemaker*, Geschichte der Bundesrepublik Deutschland, 1999, S. 637–641 (der aber einiges durcheinander bringt).

Hochschulreform

Die Denkschrift des SDS ist 1965 noch einmal herausgegeben worden, erweitert und neu formuliert mit einem Vorwort von Jürgen Habermas: *Wolfgang Nitsch/Uta Gerhardt/Claus Offe/Ulrich K. Preuß*, Hochschule in der Demokratie, 1965. Auch Helmut Schelskys Schrift ist noch einmal erschienen, um einen Nachtrag erweitert: *Helmut Schelsky*, Einsamkeit und Freiheit, 2. Aufl. 1970. Das Zitat aus dem Gutachten VDS: Studenten und die neue Universität, 1962, S. 16. Das Kreuznacher Hochschulkonzept: Schriften der Bundesassistentenkonferenz, Heft 1, 1968. Das Gesetz über die Universitäten des Landes Berlin in: *Dokumentation FU Berlin*, Freie Universität Berlin 1948–1973, Teil V 1967–1969, 1983, S. 412–430. Vgl. im Übrigen: *Uwe Wesel*, Zur gegenwärtigen Situation der Hochschulreform, in: *Neue Rundschau* 1972, S. 87–105.

Stadtguerilla

Zu Rudi Dutschke und Hans-Jürgen Krahl mit ihrem Organisationsreferat: *Wolfgang Kraushaar*, Frankfurter Schule und Studentenbewegung Band 1, 1998, S. 208–270, Band 2, 1998, S. 287–290, Band 3, 1998, S. 15–33; *Gretchen Dutschke*, Rudi Dutschke, 1996, S. 413. Die ersten Anfänge: *Stefan Aust*, Der Baader-Meinhof-Komplex, 1985, S. 100–114; *Dieter Kunzelmann*, Leisten Sie keinen Widerstand!, 1998, S. 119–129. Das Zitat der Haschrebellen bei *Jürgen Miermeister/Jochen Staadt*, Provokationen, 1980, S. 201–203. Zur RAF: *Stefan Aust*, a.a.O., *Gerd Langguth*, Protestbewegung, 1983, S. 203–216; die Gründungserklärung: *Jürgen Miermeister/Jochen Staadt*, a.a.O., S. 209–211. Zur 2. bis 4. Generation: *Tobias Wunschik*, Baader-Meinhofs Kinder, 1997. Zum Gunfight am O. K. Corral in Tombstone: *Jean-Louis Rieupeyrout*, Der Western, 1963, S. 102–107. Zur Bewegung 2. Juni: *Gerd Langguth*, a. a. O., S. 218–223; *Tobias Wunschik*, a. a. O., S. 383–387; *Bommi Baumann*, Wie alles anfing, 1975; *Ralf Reinders/Ronald Fritzsch*, Die Bewegung 2. Juni, 1995. Das Zitat von *Dieter Kunzelmann*, a. a. O., S. 129. Zu den Revolutionären Zellen: *Gerd Langguth*, a.a.O., S. 224–228; *Gerd Koenen*, Das rote Jahrzehnt, 2001, S. 336–340; *Oliver Tolmein*, www.freilassung.de; *Jacob Augstein*, *Süddeutsche Zeitung*, 21. 1. 2002, www.freilassung.de.

Die Nofu

Marburger Manifest: *Dokumentation FU Berlin*, Teil V, 1983, S. 299f. Zur Notgemeinschaft allgemein: *BdWi, Marvin, Theißen, Vogt, Uherek*, Die Nofu, Rechtskräfte an der FU, 1979; *James F. Tent*, Freie Universität Berlin, 1988, S. 403–408, dort auch S. 405f. zu den schwarzen Listen. Die Anzeigen in den Berliner Zeitungen: *Dokumentation FU Berlin*, Teil VI, 1990, S. 360f., dort S. 85, S. 95, zum Bund Freiheit der Wissenschaft und der »akademischen NPD«. Zu Shepard Stone, der Ford-Foundation und US-Militärmission: *James F. Tent*, a. a. O., S. 219, 335, 345, 349, 358f., 369f., 379, 389, 417. Der Artikel im *Time Magazine* in deutscher Übersetzung: *Dokumentation FU Berlin*, Teil VI, 1990, S. 183, 384f., v. Simson in *Die Welt* am 14. 12. 1969: *Dokumentation FU Berlin*, Teil VI, 1990, S. 27. Die Novellierung des Berliner Universitätsgesetzes: *James F. Tent*, a. a. O., S. 438–447.

Im Präsidialamt

Dokumentation FU Berlin, Teil VI, 1990, S. 75–105, dort S. 304f. der Artikel der *FAZ* vom 5. 2. 1971, in dem auch Prof. Rüthers zitiert wird und S. 307 der Artikel aus der *Stuttgarter Zeitung* vom 8.2.1971, auf S. 308–311 ein langer Artikel aus der *Zeit* vom 26. 3. 1971 mit der Erklärung der drei Dozenten und der Äußerung Prof. Szondis. Der Artikel von Dietrich Bächler in der *Zeit* vom 5.2.1971 S.14.
Dokumentation FU Berlin, Teil VI, 1990 behandelt die Zeit von der Wahl Kreibichs bis zu meinem Rücktritt, November 1969 bis Juni 1973. Dort S. 308 der Artikel Rudolf Walter Leonhards in der *Zeit* vom 7. 4. 1972, S. 280–285 der Bericht des Berliner Senats über die Roten Zellen, S. 250–251 der Bericht über die Protokolle aus dem Schülerladen »Rote Freiheit« (*Tagesspiegel* vom 3. 4. 1972), zum Löffler-Plan das Streitgespräch zwischen Gerd Löffler und mir im *Spiegel* vom 19.2.1973 auf S. 400–404 und mein Rücktrittsschreiben S. 421–422. Über die Zeit vom November 1969 bis Juni 1973 auch noch *James F. Tent*, Freie Universität Berlin, 1988, S. 383–460.

Das letzte Parteiverfahren

Zu den ersten beiden: *Dokumentation FU Berlin*, Teil VI, 1990, S. 99, 150, 168, 184, 209. Der Artikel im *berliner EXTRA-dienst*: Ansprache an den KSV, Jahrgang 1974, Heft 1/2, 3.1.1974, S. 9–12. Der Unvereinbarkeitsbeschluss vom 14. 11. 1970: *Manfred Görtemaker*, Geschichte der Bundesrepublik Deutschland, 1999, S. 522.

Berufsverbote

Der Wortlaut des Radikalenerlasses: *Hanspeter Knirsch/Bernhard Nagel/Wolfgang Voegeli (Hg.)*, »Radikale« im öffentlichen Dienst. Eine Dokumentation (Fischer Taschenbuch 1973, S. 12, dort auch der Artikel von Herbert Wehner S. 59–61 und S. 167f., das Dossier über Ilse Jacob. Zur Praxis der Anhörungen: *Peter Schneider*, Die Praxis der Anhörungen, in: *3. Internationales Russell-Tribunal zur Situation der Menschenrechte in der Bundesrepublik Deutschland*, Rotbuch Verlag Berlin, Band 1, Rotbuch 185, 1978, S. 124–136, das Beispiel dort auf S. 131, ein anderes S. 130. Prof. Rudolph, Ethnologe, mit dem Wort verfassungsfeindlich: *Dokumentation FU Berlin*, Teil VI, 1990, S. 55, dort S. 76 der Brief Senator Steins vom 19.10.1970 und die Antwort des Präsidialamts FU und TU vom 13.11.1970 auf S. 84. Der Artikel von Ulrich K. Preuß und die Äußerungen der beiden ehemaligen Verfassungsrichter Geller und Scholtissek bei *Knirsch/Nagel/Voegeli* a. a. O., S. 118–125 und S. 151f. Der Beschluss des Bundesverfassungsgerichts zu den Berufsverboten vom 22. 5. 1975 in: Neue Juristische Wochenschrift 1975. S. 1641–1652, das Zitat auf S. 1645. Die Zahlen von Überprüfungen und negativen Entscheidungen sind geschätzt, es gibt nur unvollständige amtliche Angaben; vgl. *3. Internationales Russell-Tribunal zur Situation der Menschenrechte in der Bundesrepublik Deutschland*, Rotbuch Verlag Berlin, Rotbuch 195, Band 2, 1978, S. 10, 23–27. Das Urteil des Europäischen Gerichtshofs für Menschenrechte vom 26. 9. 1995 in: Neue Juristische Wochenschrift 1996, S. 375–381, die Zitate auf S. 377. Die Höhe der Entschädigung für Frau Vogt: *FAZ* vom 3.9.1996 Seite 2.

Bundesverfassungsgericht und Hochschulreform

Das Urteil des Bundesverfassungsgerichts vom 29. 5. 1973 in: Neue Juristische Wochenschrift 1973, S. 1176–1190, das Zitat daraus auf S. 1180, aus dem Minderheitenvotum S. 1185f. Zu den Novellierungen in Berlin: *James F. Tent*, Freie Universität Berlin, 1988, S. 438–447. Zum Streik von 1988/89 gibt es eine Dokumentation der Notgemeinschaft »Boykott – Winter 88/9«, die angefordert werden kann unter »Notgemeinschaft für eine Freie Universität Berlin e. V.«, Postfach 330445, 14195 Berlin. Das Zitat von Karl Krauss: mein Gedächtnis. Das von Nietzsche: *Friedrich Nietzsche*, Jenseits von Gut und Böse. Zur Genealogie der Moral, Kröners Taschenausgabe Bd. 76 (1930), S. 91. Die Denkschrift Humboldts unter dem genannten Titel in: *Ernst Anrich (Hg.)*, Die Idee der deutschen Universität, 1956, S. 375–386.

Frankfurter Häuserkampf

Wolfgang Kraushaar, Fischer in Frankfurt, 2001, S. 38–75, dort S. 40f. zur Vorgeschichte von Hausbesetzungen, S. 44f. das Zitat von Til Schulz, S. 72 das von Joschka Fischer. Das Zitat von Knut Müller: *Sabine Stamer*, Cohn-Bendit, 2001, S. 268.

Bürgerinitiativen

Peter Cornelius Mayer-Tasch, Die Bürgerinitiativbewegung, 5. Aufl. 1985. Zur Arbeitsgemeinschaft Westend: *Wolfgang Kraushaar*, Fischer in Frankfurt, 2001, S. 38–45. Die Zahlen der Mitglieder von Bürgerinitiativen um 1980: *Udo Kempf* in: *Bernd Guggenberger/Udo Kempf* (Hg.), Bürgerinitiativen und repräsentatives System (2. Aufl. 1984), S. 408. Zu Wyhl: *Bernd Nössler/Margret de Witt (Hg.)*, Wyhl – kein Kernkraftwerk in Wyhl und auch sonst nirgendwo, 1976; *Christoph Büchele/Irmgard Schneider/Bernd Nössler*, Der Widerstand geht weiter – Der Bürgerprotest gegen das Kernkraftwerk von 1976 bis zum Mannheimer Prozess, 1982; ein vorzüglicher Bericht über die Platzbesetzung: *Wolfgang Sternheim*, Der Alltag des Widerstands, in: *gewaltfreie aktion*, Heft 33/34 (1977), S. 34–50. Über die Entwicklung danach: *Dieter Rucht*, Von Wyhl nach Gorleben, 1990, dort S. 95 das Zitat von Willy Brandt. Das letzte Zitat: *Benjamin Hederich*, Gründliches mythologisches Lexicon 1770 (Ndr. 1996), Spalte 612f.

Stammheim, Deutscher Herbst und Staatsräson

Der Bericht folgt im Wesentlichen der Beschreibung von *Stefan Aust*, Der Baader-Meinhof-Komplex, erw. Ausgabe, 1. Auflage 1997, 4. Kap.: »Der Prozess«, 5. Kap.: »Vierundvierzig Tage im Herbst«. Die Entscheidung des Bundesverfassungsgerichts vom 16. 10. 1977: Neue Juristische Wochenschrift 1977, S. 2255–2259. Die Untersuchung über Ursachen des Terrorismus: *Fritz Sack/Heinz Steinert*, Protest und Reaktion (Analysen zum Terrorismus, hg. vom Bundesminister des Inneren, Band 4, Abt. 2), 1984.

Mescalero

Johannes Agnoli und 13 andere, »... da ist nur freizusprechen«, 1979 (zum Berliner Prozess) und *Thomas Blanke, Peter Brückner, Mechthild Düsing, u. a.*, Der Oldenburger Buback-Prozess, 1979, hier auf S. 38 und S. 49 die Zitate aus der *Süddeutschen Zeitung* und *Die Welt*, auf S. 39 das Zitat des niedersächsischen CDU-Vorsitzenden Hasselmann, in beiden Büchern am Ende der vollständige Text des Buback-Nachrufs. Das Zitat über die Mescaleros: Encyclopaedia Britannica, Micropædia, Band 5 (15. Aufl. 1983), S. 815. *Klaus Hülbrock*, in: *die Tageszeitung* vom 10. 2. 2001, S. 1, 3 und 4. Das Zitat aus der Broschüre der Adenauer-Stiftung: *Stefan Eisele*, in: *Gerd Langguth, Stephan Eisele*, Mythos '68. Zur APO und ihren Folgen, 2001, S. 42 f.

Die Gefahr geht von den Menschen aus

Sebastian Cobler, Die Gefahr geht von den Menschen aus, 1976, dort S. 9 das Zitat aus der Begründung des Entwurfs der Bundesregierung für ein neues politisches Strafrecht 1950, zu den Einzelheiten danach: *Uwe Wesel*, Geschichte des Rechts, 2. Aufl. 2001, Rdz. 350, S. 564 f. Das Zitat Otto Schilys: *3. Internationales Russell-Tribunal zur Situation der Menschenrechte in der Bundesrepublik Deutschland*, Band 4, 1979, S. 55 f. Die Entscheidung des Bundesverfassungsgerichts gegen seinen Ausschluss als Verteidiger Gudrun Ensslins: Neue Juristische Wochenschrift 1973, S. 696–698. Zur Entwicklung seit 1976: *Uwe Wesel*, Das Doppelte im Namen der Wende, in: Kursbuch 87, 1987, S. 172–176. Das Vermummungsverbot und Verbot von passiver Bewaffnung oder »Schutzwaffen« jetzt in §§ 17a, 29 Versammlungsgesetz. Die Kronzeugenregelung: *Theodor Kleinknecht/Lutz Meyer-Goßner*, Strafprozessordnung (Kommentar), 44. Aufl. 1999, S. 1652–1660, nämlich Artikel 4 des Gesetzes zur Änderung des Strafgesetzbuches... und zur Einführung einer Kronzeugenregelung bei terroristischen Straftaten vom 9. Juni 1986.

Russell-Tribunal

3. Internationales Russell-Tribunal zur Situation der Menschenrechte in der Bundesrepublik Deutschland. Dokumente, Verhandlungen, Ergebnisse, hg. v. Deutschen Beirat und Sekretariat, 4 Bände, 1978, darin der Fall Maria Leiterer, Band 1, S. 28–35. Das Zitat aus dem Brockhaus: *Brockhaus Die Enzyklopädie*, 18. Band, 1996, S. 648.

Die neue Friedensbewegung

Lorenz Knorr, Geschichte der Friedensbewegung in der Bundesrepublik, 2. Aufl. 1984 (zur alten und neuen); *Manfred Görtemaker*, Geschichte der Bundesrepublik Deutschland, 1999, S. 645–648. Zu den Prozessen in Schwäbisch Gmünd wegen Mutlangen: *Ute Finckh und Inge Jens*, Verwerflich? Friedensfreunde vor Gericht, 1985. Zitat aus dem Laepple-Urteil des Bundesgerichtshofs: Neue Juristische Wochenschrift 1970, S. 1772. Die Entscheidung des Bundesverfassungsgerichts von 1986: Neue Juristische Wochenschrift 1987, S. 43–50, die von 1995: Neue Juristische Wochenschrift 1995, S. 1141–1144.

Hausbesetzer in Berlin

Benny Härlin, Von Haus zu Haus – Berliner Bewegungsstudien, in: Kursbuch 65, 1981, S. 1–28, das Zitat dort auf S. 14. *Joseph Scher/Jan Espert*, Deutschland, Deutschland, alles ist vorbei. Alternatives Leben oder Anarchie? Die neue Jugendrevolte am Beispiel der Berliner »Szene«, 1982, dort S. 17 und S. 123 die Zitate der Hausbesetzer zur SEW und der Spontis zu den K-Gruppen, auf S. 31 das Zitat des Berliner Zeitzeugen – Uwe Schlicht – aus dem Jahr 1977 und auf S. 120 der Polizeiobermeister. *Bernd Sonnewald/Jürgen Raabe-Zimmermann*, Die »Berliner Linie« und die Hausbesetzerszene, 1983. Zu den Strafverfolgungen und strafrechtlichen Problemen: *Uwe Wesel*, Der friedliche und der unfriedliche Bruch des Friedens, in: Kursbuch 65, 1981, S. 29–49 und *Heiko Artkämper*, Hausbesetzer, Hausbesitzer, Hausfriedensbruch, 1995. Zum Hintergrund und der Entstehung der Berliner Linie: *Klaus Hübner*, Einsatz – Erinnerungen des Berliner Polizeipräsidenten 1969–1987, 1997, S. 335–356. Zur Hamburger Hafenstraße: *Michael Herrmann/Hans-Joachim Lenger/Jan Philipp Reemtsma/Karl-Heinz Roth*, »Hafenstraße«, Chronik und Analysen eines Konflikts, 1987, und *Walter Lehne*, Der Konflikt um die Hafenstraße, 1994. Allgemein zu Hausbesetzungen: *Stefan Aust/Sabine Rosenbladt (Hg.)*, Hausbesetzer, wofür sie kämpfen, wie sie leben und wie sie leben wollen, 1981, und *Ingrid Müller-Münch/Wolfgang Prosinger/Sabine Rosenbladt/Linda Stibler* u.a., Besetzung – weil das Wünschen nicht geholfen hat, Köln, Freiburg, Gorleben, Zürich und Berlin, 1981.

Grün und Rotgrün

Joachim Raschke, Die Grünen. Wie sie wurden, was sie sind, 1993, fortgesetzt: *ders.*, die Zukunft der Grünen, 2001. *Wilhelm Bücklin/Russell J. Dalton*, Das Ergrauen der Grünen, in: *Hans-Dieter Klingemann/Max Kaase* (Hg.), Wahlen und Wähler. Analysen aus Anlass der Bundestagswahl 1990, 1994, S. 264–302. *Manfred Görtemaker*, Geschichte der Bundesrepublik Deutschland 1999, S. 631–634, 648–649. Die Zitate aus *Jutta Ditfurth*, Das waren die Grünen, 3. Aufl. 2001 (Taschenbuch) S. 62f., 65 und 66. Das Zitat von Jo Müller bei *Joachim Raschke*, a.a.O., S. 133.

Die verspielte Revolution

Johannes Groß: zitiert bei *Franz Schneider* (Hg.), Dienstjubiläum einer Revolte. »1968« und 25 Jahre, 1993, S. 9. Günter Grass: zitiert bei *Jürgen Miermeister*, Rudi Dutschke, 1986, S. 65. *Richard Löwenthal*, Der romantische Rückfall, 1970. Franz Schneider: zitiert in der *Frankfurter Allgemeinen Zeitung*, 9.7.1993, S. 35. Neue soziale Bewegung: *Ingrid Gilcher-Holthey*, »Die Phantasie an die Macht«. Mai 68 in Frankreich, 1995, S. 15–43, vgl. *Wolfgang Kraushaar*, 1968 als Mythos, Chiffre und Zäsur, 2000, S. 210–212, dort S. 223 die Aufzählung von Vorwürfen gegen die APO. Rauschgift und Gewalt bei *Franz Schneider*, a.a.O., S. 27f., 161ff., Verrohung der Sprache, dort S. 71ff. Eine schöne Antwort auf den Vorwurf, Jugendgewalt von rechts als Folge der antiautoritären Erziehung: *Hartmut v. Hentig*, Aufwachsen in einer Welt, in der sich zu leben lohnt, in: Neue Sammlung 1993, S. 171–206. Der Vorwurf Politikversagen und Parteiverdrossenheit kommt von Kurt Sontheimer: *Wolfgang Krausshaar*, Frankfurter Schule und Studentenbewegung, Band 1, 1998, S. 605. Die Zitate von Oskar Negt: *Oskar Negt*, Achtundsechzig. Politische Intellektuelle und die Macht (3. Aufl. 2001), S. 153, 168f., 183. Das von Johannes Agnoli: *Johannes Agnoli*, 1968 und die Folgen, 1998, S. 10. Die Unterscheidung zwischen politisch und kulturell für die Studentenrevolte z.B. bei *Eric Hobsbawm*, Das unwahrscheinliche Jahr, in: *Magnum Photos*, 1968 – Ein Jahr, das die Welt bewegt, 1998, S. 10. Die Zitate von Wolfgang Lefèvre über Kaiser Wilhelm und es sei noch nichts entschieden bei *Tobias Mündemann*, Die 68er… und was aus ihnen geworden ist, 1988, S. 213f. Die Zitate von Gerd Langguth: *Gerd Langguth/Stephan Eisle*, Mythos '68 – zur APO und ihren Folgen, hg. v. d. Konrad-Adenauer-Stiftung 2001, S. 17 und S. 5. Habermas und Frau Süssmuth: *Wolfgang Kraushaar*, Frankfurter Schule und Studentenbewegung, Band 1, 1998, S. 599. Die Zahlen zur

Frauenarbeit und zum Anteil unter Studenten bei *Eric Hobsbawm*, Das Zeitalter der Extreme, 1998, S. 391 f., dort S. 392 auch die Zitate über »Hintergründe« der neuen Frauenbewegung.

Außerdem

habe ich viel gelernt in Gesprächen mit denen, die damals aktiv waren: Detlev Claußen, Tilman Fichter, Regina Fuchs-Hammoser, Reiner Geulen, Hartmut von Hentig, Niels Kadritzke, Dorothea Kießling, Siegward Lönnendonker, Luise Morgenthal, Oskar Negt, Ulrich K. Preuß, Dorothea Ridder, Stefan Saarbach, Christian Semler, Jürgen Treulieb. Bei ihnen bedanke ich mich hier noch einmal, sehr.

Personenverzeichnis